第 3 辑

主编　李雪涛　〔日〕沈国威

亚洲与世界

ASIA

AND

THE WORLD

社会科学文献出版社

SOCIAL SCIENCES ACADEMIC PRESS (CHINA)

目 录

东西文化的交涉

东亚间知识的环流

多元视角下的汉语研究

东西文化的交涉 >>>

德国当代哲学与唐诗的互释

李雪涛*

摘 要

德国汉学家顾彬的"唐诗解析"课程，实际上是使用诠释学的方法，对具有"时间距离"和"空间距离"的唐诗进行了创造性的阐释，使得这些产生于唐代的诗句具有了世界性意义和当代价值。

关键词

唐诗 德国当代哲学 德国汉学 诠释学

一

2012～2013 年的秋季学期，顾彬（Wolfgang Kubin，1945～ ）教授在北京外国语大学和北京师范大学同时开设了"唐诗解析"课程。当时在北京师范大学读博士的吴娇女士将讲座稿件整理为《顾彬唐诗九讲》。

有关唐诗的阐释，我认为有两种不同的方法：一是所谓的"实然"（Sein），二是"应然"（Sollen）。实际上，"实然"是从历史的角度对作者所处时代、生平的阐释，并非针对诗歌本身。在顾彬的第一讲之后，有一个学生提出的建议，正是"实然"的体现："一般文学史的注释会收集前人的理解，给一首诗作历史的定位，来看后人对这首诗的接受，这样学生学

---

* 北京外国语大学历史学院院长，主要研究方向为全球史、中国学术史以及德国汉学研究史，邮箱：xuetaoLi2013@163.com。

习时就会对这首诗的价值有一个比较客观的认识。"（《第一讲·提问》）对唐诗的所谓"客观的认识"，真的能实现吗？"应然"则是舍去作者的这些"累赘"，只针对诗歌本身进行的阐释。在"应然"的阐释者看来，诗歌产生之后，诗人（作者）就已经死了。

正是基于这样的认识，顾彬说："60 年代我在德国上大学时，我们的老师介绍作品时不谈人、不谈历史，他们觉得作品应该跟读者说话，这也符合伽达默尔对美学的看法：作品要与读者开始对话，不对话便没有价值。"（《第一讲》）因此，阐释的目的不是理解和阐释一部作品对于它的原作者意味着什么，而是理解和阐释这部作品对于现在的我们有可能意味着什么。

如何欣赏一首唐诗？传统的方法是将欣赏者作为主体，将唐诗文本作为客体，是主体认识客体的过程。但当代艺术有另外一种审美意识：欣赏者和文本都是主体，他们之间的关系是主体间的关系。文本本身并没有完成，需要欣赏者通过与文本建立一种关系，从而完成这一文本。欣赏者的经历和知识结构决定了这种关系的深度。因此，以往那种仅仅强调作品本身的观念，显然已经过时了。文本解读的关键在于欣赏者如何建立这种主体间的关系。因此，阐释带来的是一种过去与现在的对话、他者与自我的对话，这种对话发生在二者"视域融合"的瞬间。

任何文本都有其自身的历史视域（Horizont），作为研究主体在理解文本时，则又具有由历史境遇所赋予的特定视域。唐诗与其阐释者——德国汉学家顾彬在视域上存在的差距，是由时间、空间以及历史情境的变化引起的，是无法消除的。依据伽达默尔（Hans-Georg Gadamer, 1900～2002）的观点，理解的真正实现就是两种不同视域的相互融合，即在理解的过程中将阐释者与被阐释者的视域融合在一起，达到"视域融合"（Horizontver-schmelzung）。而视域是一个不断形成又不断变化、更新的过程，从长的时间段来看，它是不会固定下来的。

因此对唐诗的欣赏，与欣赏者的经历和知识结构有关。一首《黄鹤楼送孟浩然之广陵》让顾彬告别了对福音新教神学的研究，转向了汉学。他在演讲中说道：

> 北岛曾奇怪我为什么这么喜欢这首诗（《黄鹤楼送孟浩然之广陵》），他觉得这首诗不怎么样。我很不同意，我也不了解他为什么这

么说。因为"唯见长江天际流"完全解释了我们今天的生活状态——人走来走去，人走了以后，我们渴望他们再来，但是如果人一去不回，我们怎么办？这首诗的诗意就在最后一句，说明人在大地上的地位是不稳定的，大地天空随处可见，大江大河到处都有，但人不是。从这时候来看，人与大地、天空、长江比起来是次要而渺小的。（《第一讲》）

因此，顾彬对唐诗的阐释，是他个人的阐释。任何一个文本都不可能有最终且确定的意义。唐诗在其之后的不同时代被予以不同的解释，也成为很多文人学者的不同体验，这呈现的是一个意义历史发展的过程。理解的"历史性"（Geschichtlichkeit）告诉我们，没有永恒的理解，理解因瞬间而称义。①

二

在课堂上，顾彬通过文本分析（Textanalyse）告诉我们中国文学的审美究竟是什么。他通过对唐诗的分析，展现给我们这些诗歌内部的文学意义，特别是唐诗艺术所固有的价值。

顾彬特别重视概念和字词的使用，他通过对唐诗的"细读"（close-reading），挖掘出在诗歌内部所产生的意义，使我们对耳熟能详的唐诗，有了新的认识（《第一讲》）。顾彬的细读，目的是确立唐诗文本的主体性，而不主张借助作者的生平、历史背景和意识形态等因素来帮助解读文本。从根本上讲，在"细读"中，顾彬看重的依然是以内部研究为特点的文本分析。

除了我们以前知道的一些经典唐诗之外，顾彬在课堂上也选了一些不一定很典型，却很有意思的唐诗来予以阐释。套用后现代的说法，顾彬除了"捍卫经典"之外，也在不断以自己的阐释和审美"拓宽经典"（the opening-up of the canon）。《寒闺夜》并不是白居易的著名诗作，顾彬除了阐释每句诗的意义外，同时指出："为什么故事是在夜里发生的？因为通常来

---

① 刘小枫为顾彬《野蛮人来临——汉学何去何从？》（北京出版社，2017）所写的"序"的题目为《"误解"因"瞬时的理解"而称义》，见该书"序"之第 1 ~ 12 页。

讲，夜晚是属于女人的时间和空间，是与女人密不可分的。"（《第四讲》）

顾彬认为，"唯见长江天际流"是情景，是李白这首诗最重要的部分，它提出了一个哲学（也是神学）方面的问题——人跑到哪里去了？人还会在那儿吗？所以这首诗代表一种"缺席"哲学、一种"不在"哲学。顾彬接着解释道："我为什么把这首诗与'缺席'哲学联系起来呢？现代神学有一个奇怪的词语叫'隐藏的上帝'，上帝可能就存在于这首诗中——我们看不到的并不一定不存在。在诗中，我们为什么觉得已经离开的孟浩然还在呢？因为我们在诗句中一直跟随着他。这句诗让我们知道，所有隐藏的东西也可能存在，只是我们看不见，眼睛不够使而已。"对于顾彬来讲，《黄鹤楼送孟浩然之广陵》这首七言绝句的每一句，好像都充满哲学的韵味："孤帆远影碧空尽"有道教的背景，可以与"隐藏的上帝"结合起来理解；"烟花三月下扬州"说明人生短暂，而人们恰恰不接受短暂的生命，而是追求永恒——这是德国18世纪末哲学和文学最大的问题——美只有在此刻才起作用，稍纵即逝（《第一讲》）。修辞学或文学性的预设（rhetorical or literary presupposition）是顾彬阐释唐诗的关键所在。其实在李白展开诗歌叙述和抒情之前，已经有前文本的存在，也就是说，在李白的诗句之前有许多先在的句子。对这些先在句子的重构是顾彬对唐诗进行哲学阐释的重要步骤。而这样的阐释，读者很少能在中国学者那里获得。

顾彬用一个学期的时间，探讨了九个主题，分别为：绪论、赤壁、无题、渴望、孤独、幸福、放松、懒惰、笑。他的出发点都是德国当代哲学或社会学。他这样做的原因在于："唐朝诗歌提出来的问题，基本上都跟哲学有关系，都是哲学家思考的问题。"（《第九讲》）顾彬认为，如果要了解唐朝诗歌的深度，必须从当代哲学出发，对唐诗进行研究。顾彬在对唐诗进行阐释时，引用了许多当代德国哲学家的最新著作，他运用这些新思想和新理论对唐诗进行了一种全新的阐释。

顾彬对唐诗的阐释，也可以视作一种"互文性"（Intertexuality），只不过这两个发生互文关系的文本，既存在空间的距离，也有时间的距离。因此，我们可以将之看成一种宽泛语境下的跨文本文化研究。唐诗的意义永远不是孤立存在的，也不是一种完全的自我构成。只有通过古今、中外的"互读"（inter-reading），其意义才可能得以彰显。实际上，对包括唐诗在内的诗歌文本的阐释最终一定是一种互文性的解读。

三

王国维（1877~1927）认为："凡一代有一代之文学：楚之骚、汉之赋、六代之骈语、唐之诗、宋之词、元之曲，皆所谓一代之文学，而后世莫能继焉者也。"① 唐诗是中国古典诗歌的巅峰，很多的名篇流传至今，广为传诵，并且融入了当今人们的生活之中。1901年梁启超（1873~1929）在《中国史叙论》中将中国历史的发展分为三个阶段：中国之中国、亚洲之中国以及世界之中国。② 在解释这三个阶段时，他指出，第一个阶段自黄帝到秦始皇统一六国，这是所谓的"汉族自经营其内部之事"的阶段；第二个阶段是从秦至清代乾隆末年，亦即以马戛尔尼使团（Macartney-Mission）访华为标志，"中国民族与亚洲各民族交涉繁赜、竞争最激烈之时代"；"世界之中国"则是"中国民族合同全亚洲民族，与西人交涉、竞争之时代也"。③ 套用梁启超的话语方式，我们可以说唐诗的发展也经历了三个阶段，即：中国之唐诗、亚洲之唐诗，直至今天的世界之唐诗。顾彬对唐诗的现代阐释，无疑已经到了世界之唐诗的发展阶段。

前些日子我和顾彬在韩国首尔共同参加了由韩国外国语大学主办的第十六届青年学者论坛，我在开幕式的讲话中专门提到了先秦哲学和唐诗对于东亚整体的意义。这些文本在中国、韩国、日本和越南以不同的方式被阅读，因此对它们的理解也由于"去脉络化"和"再脉络化"的过程而有所不同。正如古希腊哲学、罗马文化和基督教是欧洲文化的共同源头一样，"中国文化"尽管产生于中国，也绝不只属于中国。正因为包括唐诗在内的中国经典同样在东亚的其他地区被阅读，这些经典也具备了东亚意义。顾彬指出："我认为可以用许多别的、更好的方法来了解中国，特别是唐朝诗歌。如果我可以从德国当代哲学的角度来谈唐朝诗歌，这就说明唐朝诗歌不再仅仅属于中国，也属于欧洲，它具有现实性，并没有过时。"（《第二讲》）因此，唐诗不仅是东亚人的共同文化遗产，也成了世界文明的共同财

---

① 王国维：《宋元戏曲史》，华东师范大学出版社，1995，第1页。
② 梁启超：《中国史叙论》，载《饮冰室合集》（第一册），中华书局，1989，第11~12页。
③ 梁启超：《新史学》（梁启超史学著作精校系列），夏晓虹、陆胤点校，商务印书馆，2014，第80~81页。

富。正是像顾彬这样的海外汉学家对唐诗的阐释，才使唐诗具有了世界性和现代性的意义。

从德国当代哲学来解读唐诗，是顾彬教授在北京外国语大学开设的一门课程。顾彬在 20 世纪 70 年代跟随他的导师霍夫民（Alfred Hoffmann，1911~1997）教授在波鸿鲁尔大学完成了他的博士论文《论杜牧的抒情诗》（1976）[①]；后来他的教授资格论文是《空山——中国文学中自然观之发展》（1985）[②]；在波恩大学担任教职期间，他主编了十卷本的《中国文学史》，并亲自完成了其中的《中国诗歌史》卷[③]，其中有关唐诗的部分，有非常精彩的论述。当时我建议顾彬教授，可以在北京外国语大学开设一门有关唐诗解读的课程，以帮助学生形成一种基本的诠释学（Hermeneutik）的观点，从而破除所谓"只有中国人理解中国"的偏执。顾彬接受了我的建议，并且将这门课也开到了北京师范大学。北京师范大学李山教授的弟子、现任职于重庆大学人文社会科学高等研究院的吴娇女士，负责整理了《顾彬唐诗九讲》，在此之前，我的博士后王雷女士也整理了这个讲稿。但对比两个讲稿后我发现，尽管九次演讲的主题相同，但内容方面还是存在着诸多不同。我认为，同时将顾彬在北京师范大学和北京外国语大学的演讲整理出版，是有意义的。

我们切不可忘记，除了汉学家之外，顾彬还有神学家、哲学家、诗人和翻译家的身份。这些身份具有互文性的双向作用，并在中西之间形成了一个话语空间，构成了一个文本与其他文本的对话，这同时是一个吸收、批评和互动的过程。南宋大慧宗杲普觉禅师（1089~1163）说："无著云：曾见郭象注庄子。识者云：却是庄子注郭象。"[④] 我想，有了普觉禅师的这句话，我们可以更好地理解唐诗和德国当代哲学的关系。

---

① Wolfgang Kubin, *Das lyrische Werk des Tu Mu（803 – 852）. Versuch einer Deutung*, Wiesbaden：Harrassowitz, 1976.

② Wolfgang Kubin, *Der durchsichtige Berg. Die Entwicklung der Naturanschauung in der chinesischen Literatur*, Wiesbaden：Franz Steiner, 1985（= Münchener Ostasiatische Studien；39）. 中文版为〔德〕W. 顾彬：《中国文人的自然观》，马树德译，上海人民出版社，1990。

③ Wolfgang Kubin, *Die chinesische Dichtkunst. Von den Anfängen bis zum Ende der Kaiserzeit*, Bd. 1 Die *Geschichte der chinesischen Literatur*, München：KG Saur Verlag, 2002. 中文版为顾彬：《中国诗歌史：从起始到皇朝的终结》，刁承俊译，李雪涛审校，载《中国文学史》（第 1 卷），华东师范大学出版社，2013。

④ 雪峰蕴闻编《大慧普觉禅师语录》卷二十二，载《大正新修大藏经》47 – 904 – 1。

The Mutual Interpretation of Tang Poetry and Contemporary German Philosophy

Li Xuetao

Abstract

German philosopher Wolfgang Kubin's lectures *An Analysis of Tang Poetry* are creative interpretations of Tang poems that find both temporal and spatial distance with readers today with the hermeneutical approach. In this way these poems written more than 1,000 years ago in the Tang China have attained contemporary value and world significance.

Keywords

Tang Poetry; German Contemporary Philosophy; German Sinology; Hermeneutics

科英布拉与明清间入华耶稣会士关系钩沉

薛晓涵[*]

摘　要

科英布拉耶稣会学院是耶稣会教育的重地。在科英布拉学习或执教过的耶稣会士中，不乏日后大名鼎鼎、对天主教在华事业影响重大之人。名为"耶稣会科英布拉学院评注"的系列文本是当时所有耶稣会学院解释亚里士多德思想的标准，也是明清之际若干汉译西学书籍的底本。这些书籍是入华耶稣会士与奉教士大夫在西学译介方面合作的典范。本文将运用相关中西文材料，对科英布拉与明清间入华耶稣会士的关系作一探讨。

关键词

科英布拉　耶稣会士　西学东渐

清康熙三十一年（1692），深受康熙帝信赖的葡萄牙籍耶稣会士徐日昇（Tomás Pereira，1645～1708）神父在一封写给他的"母校"科英布拉耶稣会学院的信件中提到康熙帝发布了"容教令"（Édito de Tolerância），同时表达了希望从欧洲特别是科英布拉耶稣会学院招募更多志愿进入中国开展传教事业的耶稣会士。这体现了徐日昇对由科英布拉培养出的耶稣会士推进海外传教事业能力的肯定。耶稣会士在去往"新世界"传播教义前均接受过系统的教育与培训，科英布拉耶稣会学院则是耶稣会教育的重地。在科英布拉学习或执教过的耶稣会士中，不乏日后大名鼎鼎、对在中国的传

---

* 薛晓涵，北京外国语大学全球史研究院博士生，主要研究方向为比较文学与跨文化研究、中西交通史等，邮箱：gabrielax@126.com。

教事业影响重大之人。名为"耶稣会科英布拉学院评注"（"Commentarii
Collegii Conimbricensis Societatis Iesu"）的课程讲义是当时所有耶稣会学院
解释亚里士多德思想的标准，也是《名理探》《寰有诠》等汉译西学书籍
的底本。这些书籍是入华耶稣会士与奉教士大夫在西学译介方面合作的典
范，更使得中国人由此初步接触到西方学术体系。目前，学术界对于耶稣
会士至远东前所作的学术准备已有一些论述，但具体到作为耶稣会教育重
镇的科英布拉在明清间耶稣会士入华上所发挥的作用，还存在一定的研究
空白。本文将结合中西文相关材料对此加以探讨，重点对部分耶稣会士入
华前所接受的学术训练以及科英布拉的文本译介至中国的情况进行初步
探索。

一

自 1583 年利玛窦来华至 1773 年耶稣会被教廷取缔，耶稣会在华活动近
200 年，其中康熙朝的情况尤堪注目。康熙年间的"西士风范"，是清廷在
其历史记忆中对欧洲传教士的最佳印象。活跃在这一时期的葡萄牙籍神父
徐日昇，因参与中俄《尼布楚条约》的谈判而声名卓著。自 1673 年到达
北京至 1708 年去世，徐日昇一直是康熙帝最信任的西洋传教士之一。另
外，他在耶稣会组织内部也屡居要职，担任的职务如下：1688～1689 年及
1691～1692 年任北京耶稣会学院院长，1687～1688 年及 1691～1692 年任北
京传教区巡阅使，1692～1695 年任耶稣会中国副省会长。[1] 现存一封 1692
年 7 月 20 日徐日昇写给他的"母校"科英布拉耶稣会学院的信件，他在信
中表达了希望从欧洲特别是科英布拉耶稣会学院招募更多志愿进入中国开
展传教事业的耶稣会士。[2]

在这封信件中，徐日昇首先通报了"容教令"的发布，通报的对象是
"葡萄牙教省"。这时距"容教令"发布已有约三个月的时间。一般来说，

---

[1] A. K. Wardega, S. A. Vasconcelos, *In the Light and Shadow of an Emperor*: *Tomas Pereira*, *SJ*
(*1645 - 1708*), *the Kangxi Emperor and the Jesuit Mission in China* (Newcastle upon Tyne, UK:
Cambridge Scholars Publishing, 2012), p. 362.

[2] 原件藏于葡萄牙国家图书馆，档案编号为 11356。

"容教令"被认为是耶稣会士在华传教事业的一个转折点，在当时，"已被译成多国文字"，"欧洲对这一重大事件均已知晓"。^① 当时，徐日昇认为已到达（天主教的）"中国的黄金世纪"。这一诏令的发布为招募更多欧洲传教士来华提供了可能，再度燃起了"有志青年"奔赴遥远东方传教的热情，甚至导致了欧洲社会对中国教务过分乐观的态度，出现了中国皇帝即将皈依的传闻。这样的情况对于在华传教士而言无疑是可喜的。中国传教团经常面临人手短缺的问题，因而写信呼吁更多的欧洲耶稣会士来华施展抱负，几乎成为耶稣会中国副省的一个传统。徐日昇的前辈、时任中国副省会长的南怀仁在生命的最后十年就致力于为中国传教团招募传教士这一事业。^② 1678 年 8 月 15 日在北京住院时，他在致欧洲耶稣会士的信函中，对中国副省人力资源的缺乏有非常生动的描述：

> 中国幅员之大，如果比之于天主教的欧洲，则等于意大利罗马有教士一人，另一人在都灵，第三人在西班牙马德里，第四人在葡萄牙里斯本，第五人在法国巴黎，第六人在波尔多，第七人在奥地利维也纳，第八人在美因兹，第九人在我祖国比利时的布鲁塞尔或安特卫普，余可以此类推。试问在如此众多的敌军包围之下，一个士兵能做什么？中国有多少都邑从未见过一个西洋人！可是耶稣会在欧洲有多少大学、公学，有多少优秀的、年富力强的、多年来同世俗及自身作战屡奏凯旋的、渴望能找到建树德业的新阵地的青年！我请他们瞭望敞开的中国许多省份，如果他们想望不朽的声名，请他们燃起热情……^③

常常处于人力资源极度缺乏的窘境，也与欧洲耶稣会士对入华传教的一系列顾虑有一定关系。徐日昇在信件中对此进行了回应^④：

> 中国幅员辽阔，气候多样，气候温和的地方适合身体羸弱的人，

---

① 〔法〕高龙鞶：《江南传教史》第二册，周士良译，（新北）辅大书坊，2013，第 232 页。
② 〔法〕高龙鞶：《江南传教史》第二册，周士良译，（新北）辅大书坊，2013，第 281 页。
③ 〔法〕高龙鞶：《江南传教史》第二册，周士良译，（新北）辅大书坊，2013，第 238 页。
④ 徐日昇信件的内容为本文作者自译。

而身体强壮的人可以去一些气候条件略恶劣的地方。

南部各省对于身体弱的人来说是舒适的，这不仅仅是因为那里气候宜人，而且是因为那些省份的河面上有许多舒适的船只，教士们可以乘船去往南方的所有省份。北部各省适合身体健壮、愿意持续花费体力进行陆上旅行的人，那里的冬天比想象中更为寒冷，但夏天也是非常炎热的……

这是对中国自然环境的解释。当然，因学术精神闻名于世的耶稣会士更为关心的是来华将面对的人文环境及其所需要的教育基础。徐日昇说：

数学、天文学知识的欠缺也不应成为一个人来到中国的障碍，因为仅仅对于进入北京宫廷中的传教士们而言，这些知识才能派上用场。

我们葡萄牙教省亲爱的神子们，无须惧怕学习语言的困难，经验显示，以最快速度将汉语掌握得最为精通的人，总是葡萄牙人。

徐日昇在这里点明了两个重要关切：科学训练与语言能力。科学训练，从侧面反映出在入清以来的"宫廷传教士"传教过程中科学发挥了重要作用这一事实。徐日昇却重点表达了对于开展一般性教务活动的需求，亦即中国传教团在清初所需要的是使得耶稣会可以在宫廷以外的各地方拓展活动的大量神职人员，也就是说，徐日昇认为在此时的传教路线中传教士的规模是最重要的。这反映了身处宫廷的徐日昇对中国教务真实情况的了解，他深知"容教令"的脆弱性，认为亟须从传教士的数量上巩固天主教在华的根基。这是在中国的实际情况下，教务所发生的转向。徐日昇还提到有可能令欧洲人望而生畏的语言学习问题。他尤其试图吸引葡萄牙籍耶稣会士。一般认为，徐日昇在华期间始终表现出对于葡萄牙"东方保教权"（Padroado Português do Oriente）的坚强捍卫，并出于此原因，与来华的法国"国王数学家"产生激烈冲突。诚然，这是一个事实，例如，几位法国"国王数学家"初入宫廷之时，康熙帝本打算全部留用，经徐日昇的恳请，仅留两人，其余三人则被派往外省。[1] 在担任中国传教团长上期间，徐日昇常

---

[1] 〔法〕高龙鞶：《江南传教史》第二册，周士良译，（新北）辅大书坊，2013，第276页。

常陷入两面夹击的境地：葡萄牙方面指责他没有立即驱逐法籍耶稣会士，法国人指责他是一个"民族主义者"。[①] 在华耶稣会士的国籍本是被极其淡化的问题，捍卫葡萄牙"东方保教权"的耶稣会士中也有大量非葡籍人士。是法籍耶稣会士的到来赋予中国传教团民族主义的色彩。一言以蔽之，自利玛窦、罗明坚时代起，很长一段时间内，葡萄牙的"东方保教权"是整个中国传教团得以立足的基础。徐日昇的偏好不可仅仅归因于他的国籍，他也是出于对天主教在华事业的整体保全的考虑。

二

徐日昇的招募意图如此，那么，他将信件寄往科英布拉的动机又为何？事实上，耶稣会士在来华之前均接受过系统的教育与培训，而科英布拉是耶稣会教育的重地，是世界上第一个耶稣会学院之所在。[②]

1584 年，葡萄牙全国有耶稣会士 504 人，分布在十个住院中。对耶稣会的发展来说最为重要的是皇室的恩惠。16 世纪 40 年代，若昂三世帮助耶稣会士建立了里斯本和科英布拉的住院。随着耶稣会开始将牧道的精力集中在教育上，他们获得了更多的捐赠，在整个王国开设了多个耶稣会学院。里斯本、布拉加、波尔图和丰沙尔的学院除了开设道德神学课程外，还开设了拉丁语、希腊语的语法和修辞学课程，科英布拉和埃武拉的学院除上述课程外，还开设了更高水平的哲学与神学课程。由于只有科英布拉和埃武拉的学院有见习修士职位，自 16 世纪 80 年代起，葡萄牙的耶稣会士被要求参加这两个学院其中之一的课程学习。因此，科英布拉的耶稣会学院和埃武拉的圣灵学院成为耶稣会在葡萄牙最大的社区。之后，由于具有葡萄牙国王管辖下的"东方保教权"，这里亦成为许多其他国籍的耶稣会士在踏上东方的土地前进修的最后一站。耶稣会的上级对科英布拉学院持高度褒

---

① A. K. Wardega, S. A. Vasconcelos, *In the Light and Shadow of an Emperor: Tomas Pereira, SJ (1645 – 1708), the Kangxi Emperor and the Jesuit Mission in China* (Newcastle upon Tyne, UK: Cambridge Scholars Publishing, 2012), p. 362.

② A. K. Wardega, S. A. Vasconcelos, *In the Light and Shadow of an Emperor: Tomas Pereira, SJ (1645 – 1708), the Kangxi Emperor and the Jesuit Mission in China* (Newcastle upon Tyne, UK: Cambridge Scholars Publishing, 2012), p. 367.

奖的态度，并经常向罗马教廷传递这种态度。①

在耶稣会学院中，最重要的是"人文课程"的学习。"人文课程"是一个以研究亚里士多德哲学为主要内容的为期三年的课程，它包括对逻辑和形而上学的研究以及对"自然哲学"（亦即物理与天文）的研究。当时的"人文课程"的安排是：每天学习五小时，分为上午八点至十点半与下午两点至四点半两个时间段。② 16 世纪 80 年代，科英布拉的耶稣会士因其在哲学教学方面的专长而闻名于欧洲，并应耶稣会高层的要求，开始润色他们的讲稿以供出版。亚里士多德核心著作的校注工作是由佩德罗·达·丰塞卡（Pedro da Fonseca, 1528～1599）负责的一个团队完成的，这一系列文本被后世称为"耶稣会科英布拉学院评注"，包括 1592 年的《亚里士多德物理学讲义》（8 卷），1593 年的《亚里士多德论天讲义》（4 卷）、《亚里士多德天象论讲义》、《亚里士多德自然诸短篇讲义》、《亚里士多德尼各马可伦理学讲义》，1597 年的《亚里士多德论生灭讲义》（2 卷），1598 年的《亚里士多德论灵魂讲义》（3 卷），1606 年的《亚里士多德辩证法讲义》。③ 这一系列文本，后被汇编为五巨册，成为所有耶稣会学院解释亚里士多德思想的标准。④ "耶稣会科英布拉学院评注"不仅仅是对亚里士多德思想的简单分析，也是加强希腊哲学与由托马斯·阿奎那（Thomas Aquinas, 1225～1274）于 13 世纪提出的基督教思想之间联系的一次尝试。

① L. M. Brockey, *The Visitor: André Palmeiro and the Jesuits in Asia* (Cambridge: Belknap Press of Harvard Univ. Press, 2014), p. 46.

② L. M. Brockey, *The Visitor: André Palmeiro and the Jesuits in Asia* (Cambridge: Belknap Press of Harvard Univ. Press, 2014), p. 58.

③ 相关文本为：Commentarii Collegii Conimbricensis Societatis Jesu in octo libros Physicorum Aristotelis Stagyritae (Coimbra, A. Mariz, 1592); Commentarii Collegii Conimbricensis Societatis Iesu in quattuor libros De Coelo Aristotelis Stagiritae (Lisboa: S. Lopes, 1593); Commentarii Collegii Conimbricensis S. I. in libros Metereororum Aristotelis Stagiritae (Lisboa: S. Lopes, 1593); Commentarii Collegii Conimbricensis S. I. in libros Aristotelis qui Parva Naturalia appellantur (Lisboa: S. Lopes, 1593); In libros Ethicorum Aristotelis ad Nicomachum aliquot Conimbricensis Cursus disputationes, in quibus praecipua quaedam Ethicae disciplinae capita continentur (Lisboa: S. Lopes, 1593); Commentarii Collegii Conimbricensis S. I. in duos libros de generatione et corruptione Aristotelis Stagiritae (Coimbra: A. Mariz, 1597); Commentarii Collegii Conimbricensis S. I. in tres libros De anima Aristotelis Stagiritae (Coimbra: A. Mariz, 1598); Commentarii Collegii Conimbricensis S. I. in universam Dialecticam Aristotelis (Coimbra: D. G. Loureiro, 1606)。

④ L. M. Brockey, *The Visitor: André Palmeiro and the Jesuits in Asia* (Cambridge: Belknap Press of Harvard Univ. Press, 2014), p. 45.

作为拥有"东方保教权"的葡萄牙"学术之都",科英布拉与中国可以说是有不解之缘的。欧洲最早印刷的汉字,出现在 1570 年耶稣会士在科英布拉出版的书信集中。① 在科英布拉学习或执教过的耶稣会士中,不乏日后大名鼎鼎、对中国的天主教事业影响重大之人,例如利玛窦、班安德、南怀仁、郎世宁等。上文述及的徐日昇于 1663 年加入耶稣会后,在科英布拉度过了他的初学岁月。② 他一定也研习过"耶稣会科英布拉学院评注"系列文本。

"耶稣会科英布拉学院评注"也是《名理探》《寰有诠》等汉译西学书籍的底本。"以学传教"③ 是明清之际耶稣会在华活动的一个重要特征,学术是中西文化相互交流、相互信任的基础。康熙帝曾说:"西洋人心最实皆因学问有根也。"④ 传教士通过译介并印刷出版书籍,增进了中国社会对他们的了解,树立起传教士学院精通中西文化的良好形象。其中就包括对"耶稣会科英布拉学院评注"的译介。耶稣会士与奉教士大夫合作,将其中几种编译出版,主要有《灵言蠡勺》《修身西学》《寰有诠》《名理探》等。《灵言蠡勺》是《亚里士多德论灵魂讲义》的节译本,由毕方济口授、徐光启笔录。《修身西学》根据《亚里士多德尼各马可伦理学讲义》编译而成,署名为高一志。傅汎际和李之藻合作的成果有两种:《寰有诠》与《名理探》。《寰有诠》是《亚里士多德论天讲义》的译本,《名理探》则译自《亚里士多德辩证法讲义》;《寰有诠》前有李之藻序,《名理探》则无。此外,还有可能对"耶稣会科英布拉学院评注"的内容有所参考的汉语书籍有:艾儒略的《性学粗述》,高一志的《空际格致》《寰宇始末》,毕方济的《睡答》《画答》。这几种书籍是入华耶稣会士与奉教士大夫在西学译介方面合作的典范,更使得中国的有识之士由此初步接触到西方学术体系,对于中国知识界开眼看西方学术可谓开风气之先。

---

① 《文化杂志》编《十六和十七世纪伊比利亚文学视野里的中国景观》,大象出版社,2003,第 111 页。
② 〔法〕费赖之:《明清间在华耶稣会士列传(1552 – 1773)》,梅乘骐、梅乘骏译,上海教区光启社,1997,第 436 页。
③ "以学传教"与"以学证教"的概念可参考黄兴涛、王国荣编《明清之际西学文本》,中华书局,2013。
④ Paul Rule, Claudia von Collani, *The Acta Pekinensia or Historical Records of the Maillard de Tournon Legation*(Rome:Institutum Historicum Societatis Iesu, 2015),LXXVIII.

有趣的是，《寰有诠》与《名理探》的出版地杭州，作为我国明清之际特别是明末一段时期的天主教中心，不但是西学书籍的出版中心之一，也曾尝试发展与欧洲的耶稣会学院相似的机构。杭州住院屡次试办小型"公学"，甚至"初学院"，专为培养辅助教务的传教人员。郭居静、艾儒略、费奇观、伏若望、阳玛诺等传教士曾先后担任杭州初学院的指导或教师，教会史上有名的黄明沙修士就是在杭州公学攻读神学的。

正如高龙鞶所总结的："中国传教事业的创始，得力于葡萄牙的保护，一百年间常得到葡萄牙的支持。"[①] 麦安东曾回想起自己在科英布拉漫步时的感叹："噢，我多么想成为中国人啊！"[②] 科英布拉一方面毫无疑问是耶稣会的学术重镇；另一方面，无论从所培养的来华传教士来讲，还是从所编辑并远播至中国的学术著作来讲，都是明清之际异域文化来华进程中一座曾发挥关键作用的桥梁。

On Coimbra's Relations with the Jesuits in China of Ming and Qing Periods

Xue Xiaohan

Abstract

Coimbra Jesuit College was a focus of Jesuit education. Among the Jesuits who studied or teached in Coimbra, there were many who later had a significant influence on the missionary works in China. A series of texts called "Commentarii Collegii Conimbricensis Societatis Iesu" was the standard for all the Jesuit colleges to explain Aristotle's thinking at the time, and was also the basis for some Chinese

---

① 〔法〕高龙鞶：《江南传教史》第二册，周士良译，（新北）辅大书坊，2013，第27页。

② 〔美〕柏理安：《东方之旅：1579–1724 耶稣会传教团在中国》，毛瑞方译，江苏人民出版社，2017，第248页。

versions of western learning books, which were examples of the cooperation between Jesuits and Chinese literati on the translation and introduction of western learning. This article will use relevant Chinese and western materials to discuss Coimbra's relations with the Jesuits in China of Ming and Qingperiods.

Keywords

Coimbra; Jesuits; Introduction of Western Learning in China

Newspaper 的中文译名

——基于早期英汉词典的考察

潘瑞芳[*]

摘 要

现代报纸为人们创造了一个真正意义上的公共空间。产生于欧洲的
Newspaper 随着近代东西方的交流传入中国，而早期英汉词典开了新闻用语
生成的先河。Newspaper 对应的中文译名在近代中国经历了动态的变化过
程。对此，学术界尚未有充分、深入的研究。本文基于早期英汉词典对
Newspaper 一词的动态翻译，发现其中文译名发生了从"京报"到"新闻
纸"，再到"报纸"的动态发展过程。在这一动态的过程中，我们可以看到
19 世纪至 20 世纪初中西文明碰撞的过程和痕迹，也能够发现近代中国人对
Newspaper 这一新事物的认知策略和认知水平，并可以探寻近代知识分子在
"变局"时代的艰难探索与转型之路。

关键词

英汉词典 Newspaper 新闻纸 报纸

一 引言

报纸是影响近代中国的重要西方现代性知识载体之一，其诞生为人们

---

* 潘瑞芳，北京外国语大学全球史研究院博士，外语教学与研究出版社副编审，主要研究方
向为全球史与中国、比较文学与跨文化研究。

创造了一个真正意义上的公共空间。① 报纸阅读在晚清官方初步兴起是为了实用,是"为致用而读"②,是晚清知识界"打探"西方的一种重要工具③。晚清知识界的报纸阅读,同样是中西比较、"映照"的开始。④ 在阅读报纸的过程中,晚清知识界逐步形成了有别于传统的现代国家想象⑤,同时体现了晚清文学观念流通的现代化进程⑥。因此,晚清时期的著名思想家梁启超等人,将报纸看作开发民智和改革社会的最重要的途径之一。⑦

有别于明清时期的"京报",作为近代中国新名词的"报纸"具有独特的思想史意义,具有"现代性"的品格。⑧ 作为本源的英文词语 Newspaper 经历了半个多世纪的反复变化才最终定型为"报纸",其过程反映了近代以来中外的知识迁移与语言文化接触。但是,对于 Newspaper 如何转译成"报纸"并逐步成为现代汉语的常用词,及其"现代性"的传递过程,目前尚未有深入的研究,因此也影响了今天我们对东西方在知识文化上的互动痕迹的理解。

本文基于台湾开发的近代"英华字典"数据库⑨,通过对早期英汉词典的考察,勾勒 Newspaper 中文对应词的转译及其过程,并从中探寻近代知识分子在"变局"时代的艰辛探索与转型之路。

---

① 〔德〕于尔根·奥斯特哈默:《世界的演变:19 世纪史》,强朝晖、刘风译,社会科学文献出版社,2016,第 64~65 页。

② 卞冬磊:《为致用而读:新闻纸在晚清官场的兴起(1861 – 1890)》,《新闻大学》2019 年第 5 期,第 46 页。

③ 卞冬磊:《"打探"西方:新闻纸在晚清官场的初兴(1850 – 1870)》,《新闻与传播研究》2019 年第 1 期,第 114 页。

④ 卞冬磊:《中西映照的开始:晚清新闻纸阅读中的"社会比较"》,《编辑之友》2019 年第 4 期,第 98 页。

⑤ 卞冬磊:《"世界"的阴影:报纸阅读与晚清的国家想象(1898 – 1911)》,《湖南师范大学社会科学学报》2019 年第 4 期,第 25 页。

⑥ 蔡祝青:《文学观念流通的现代化进程:以近代英华/华英辞典编纂"literature"词条为中心》,《东亚观念史集刊》2012 年第 3 期,第 275 页。

⑦ 早在 1896 年,梁启超在《变法通议》和《论报馆有益于国事》中,就详细讨论了学校、学会和报纸的重要性,谭嗣同在《湘报后叙下》中明确表达了同样的观点,认为觉醒士民之道有三:一是创学堂、改书院,二是建学会,三是办报纸。

⑧ 黄兴涛:《近代中国新名词的思想史意义发微——兼谈对于"一般思想史"之认识》,《开放时代》2003 年第 4 期,第 71 页。

⑨ 网站地址:http://mhdb.mh.sinica.edu.tw/dictionary。

二 近代"新闻纸"知识的引入与早期英汉词典

（一）近代"新闻纸"知识的引入

具有真正现代意义的报纸是由新教传教士带入中国的。[①] 在道光癸巳年（1833）郭实腊（Karl Friedrich Gutzlaff, 1803~1851）主编的现代报刊《东西洋考每月统记传》中，有一篇《新闻纸略论》，该文专门讨论了"新闻纸"这一新生事物。该文在同年十二月又重印了一次（见图1），其内容如下。[②]

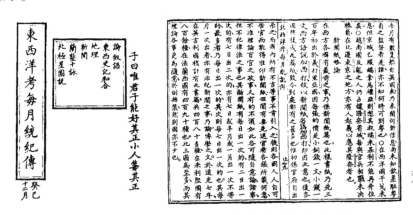

图1 《东西洋考每月统记传》中的《新闻纸略论》

在西方各国有最奇之事，乃系新闻纸篇也。此样书纸乃先三百年初出于义打里亚国，因每张的价是小铜钱一文，小钱一文西方语说加西打，故以新闻纸名为加西打，即因此意也。后各国照样成此篇纸，致今到处都有之甚多也。惟初系官府自出示之，而国内所有不吉等事不肯引入之，后则各国人人自可告官而能得准印新闻纸，但闻有要先送官看各张所载何意，不准理论百官之政事，又有的不须如此各可随自议论诸事，但不犯律法之事也。其新闻纸有每日出一次的，有二日

---

① 〔德〕于尔根·奥斯特哈默：《世界的演变：19世纪史》，强朝晖、刘风译，社会科学文献出版社，2016，第69页。

② 爱汉者等编，黄时鉴整理《东西洋考每月统记传》，中华书局，1997，第76页。原报刊用"纪"，本文采用中华书局版本，统一作"记"。

出一次的，有七日出二次的，亦有七日或半月或一月出一次不等的，最多者乃每日出一次的，其次则每七日出一次的也。其每月一次出者，亦有非纪新闻之事，乃论博学之文。于道光七年，在英吉利国核计有此书篇，共四百八十多种，在米利坚国有八百余种，在法兰西国有四百九十种也。此三国为至多，而其理论各事更为随意，于例无禁，然别国亦不少也。①

这是近代中文世界里最早讨论"新闻纸"的文献资料。从中，我们可以获得如下重要信息。

（1）"新闻纸"被认为是整个西方最"奇特"的事物之一，是作为一种"新奇"的事物引入并介绍给中国的，也是近代来华传教士乐于传播的重要西方知识之一。新闻纸产生于 17 世纪的"义打里亚国"，即现在的意大利。

（2）"新闻纸"的名称和价格有密切的关系，最初的"新闻纸"又称为"加西打"，即 gazette。因此，在近代早期英汉词典里，有时候"新闻纸"也翻译成 gazette。

（3）"新闻纸"在 19 世纪上半叶已经成为世界各国普遍存在的事物，在整个社会中都有重要作用。其出版方既有官方的，也有民间的。世界各国"新闻纸"所呈现的内容也在经历了"官方—民间"的互动与碰撞之后，才逐步达成了共识。

（4）"新闻纸"的出版频次根据社会的实际需要有所不同。有日出、双日出、周出等。其中，每月出版一期的"新闻纸"，已经不单纯是"新闻"了，而是"论博学之文"。有点类似现代出版的"期刊"，且在世界媒体领域，已经有较高的专业度区分。

（5）新闻出版的数量以英国、法国、美国为最。当时很多国家已经开始讨论新闻的管控与新闻出版的"自由"等问题。②

可见，正是通过近代来华传教士的积极努力，"新闻纸"这一新生事物

---

① 爱汉者等编，黄时鉴整理《东西洋考每月统记传》，中华书局，1997，第 66 页。
② "新闻自由"是近代新闻业讨论的重要问题之一，在世界各国有不同的表现。

和新生知识载体才走进了中华大地，逐渐进入晚清士大夫的视野之中。①

（二）近代早期英汉双语词典及其价值

外语的学习离不开工具书。"双语词典"或"双语辞典"是两种语言最直接、最简便的沟通工具。晚清以来，来华新教传教士蜂拥而至，为了加强汉语学习与跨文化交流，外汉、汉外双语词典的编纂出版工作得到了迅速发展，其间出版了一系列的双语词典、辞典、教科书、手册等，使中外语言之间的互动更为平等、规范和标准化。② 同时，这些双语互动资料，也成为传播现代新知识、新事物的重要平台。

其中，英国传教士罗伯特·马礼逊（Robert Morrison，1782～1834）1822 年出版的《英华字典》是近代中国英汉双语词典编纂的发端。③ 截至 1908 年，来华新教传教士、语言学家、海关洋员、晚清士大夫等相继编纂出版了多部汉外、外汉双语词典（见表1）。这些词典所收录的内容涵盖了当时社会生活的各种知识范畴，能够呈现当时中外文化交流与知识互动的状况，是近代中国与世界互动的缩影。而且新闻出版是当时的热门领域，承担着传递现代新知识的责任。因此，早期英汉词典中也收录了大量的新闻用语，开了新闻用语生成的先河。④

表1　近代主要汉外、外汉双语词典

出版年份	作者	书名
1822	马礼逊	《英华字典》（*A Dictionary of the Chinese Language*）
1844	卫三畏（Samuel Wells Williams，1812～1884）	《英华韵府历阶》

① 郭嵩焘（1818～1891）在欧洲期间，对"新闻纸"极为重视，不仅购买报纸阅读，还请人将重要的内容进行翻译。

② 蔡祝青：《文学观念流通的现代化进程：以近代英华/华英辞典编纂"literature"词条为中心》，《东亚观念史集刊》2012 年第 3 期，第 282 页。

③ 参见沈国威《近代中日词汇交流研究：汉字新词的创制、容受与共享》，中华书局，2010；沈国威编《近代英华华英辞典解题》，关西大学出版部，2012；仇志群《从早期外汉词典看现代汉语词汇的发展》，《中国语文》1996 年第 6 期；司佳《早期英汉词典所见之语言接触现象》，《复旦学报》（社会科学版）2000 年第 3 期。

④ 桂莉、聂长顺：《从早期英汉词典看新闻用语的生成》，《新闻与传播评论》2012 年卷，第 98 页。

续表

出版年份	作者	书名
1847	麦都思（Walter Henry Medhurst, 1796~1857）	《英华字典》
1865	马礼逊	《五车韵府》
1866	罗存德（Wilhelm Lobscheid, 1822~1893）	《英华字典》
1872	卢公明（1824~1880）	《英华萃林韵府》
1874	司登得（George Carter Stent, 1833~1884）	《中英袖珍字典》
1884	井上哲次郎（いのうえてつじろう，1855~1944）	《订增英华字典》
1899	邝其照（1836~1891）	《华英字典集成》（A Small English and Chinese Lexicon）
1908	颜惠庆（1877~1950）	《英华大辞典》
1911	卫礼贤（Richard Wilhelm, 1873~1930）	《德英华文科学字典》
1912	翟理斯（Herbert Allen Giles, 1845~1935）	《华英字典》
1913	商务书馆	《英华新字典》
1916	赫美玲（Karl Ernst Georg Hemeling, 1878~1925）	《官话词典》

三　Newspaper 中文译名的四个阶段

以 Newspaper 为检索词，在近代"英华字典"数据库中进行全文检索，在 82 个词目下，共检索到 162 笔，其变化发展情况如图 2 所示。

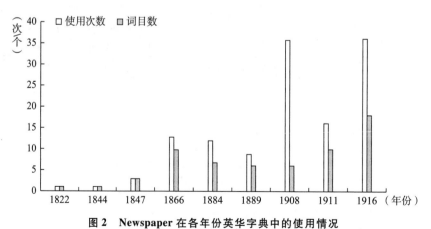

图 2　Newspaper 在各年份英华字典中的使用情况

可见，Newspaper 一词，在各词典中，不管是词目数还是使用次数，虽有的年份减少了，但均整体呈现增长趋势。笔者对 Newspaper 在早期英汉词典中的使用情况进行了系统化梳理，认为 Newspaper 中文译名经历了四个发展阶段。

（一）早期阶段："京报"与"新闻纸"的诞生

《京报》是一份半官方报纸，是朝廷信息、谕旨、奏章以及都察院呈报的大汇总，开始发行于 1730 年。[①]《京报》在晚清具有很大的影响力。1815年，马礼逊专门翻译了《京报》的部分内容，以帮助外国人了解当时中国的政治、经济和社会情况。马礼逊对《京报》的英译，是早期来华新教传教士向世界译介中国的重要案例，是马礼逊对当时被解聘译员职务的积极回应。[②]

在马礼逊的《英华字典》里，Newspaper 只出现一次，且有专门注解：

> NEWSPAPER or Peking gazette，京抄；邸报；辕门报，a sort of paper issued daily in provincial towns（第 293 页）

可见，马礼逊将 Newspaper 和"京报"对译，形成一种直接的对应关系，以帮助外国人理解。这是一种"比附"的翻译策略。需要注意的是，"新闻纸"一词在马礼逊的这部词典中，尚且没有出现。

但在《英华字典》第 293 页，出现了 News 词目（something not heard before，新闻），其对应的中文词是"新闻"，全词典中共出现 8 次。由此可见，在 1822 年前后，News 和"新闻"已经基本上建立了对应的翻译关系，至今仍在沿用。之后，卫三畏《英华韵府历阶》、麦都思《英华字典》等词典中 News 的对应词语，均包括"信息""新闻""信"等。这为 Newspaper 的中文对应词"新闻+纸"的产生创造了条件。

卫三畏《英华韵府历阶》中，就将 Newspaper 译为"新闻纸、辕门报"。麦都思《英华字典》中将 Newspaper 译为"新闻篇、京抄、邸报、辕门报、京报"等。Newspaper 的中文对应词，已经超越了单纯的"京报"对

---

① 〔德〕于尔根·奥斯特哈默：《世界的演变：19 世纪史》，强朝晖、刘风译，社会科学文献出版社，2016，第 70 页。

② 钱灵杰、伍健：《马礼逊英译〈京报〉析论》，《淮海工学院学报》（人文社会科学版）2016 年第 11 期，第 67 页。

应和比附阶段，"新闻纸"一词已经出现且基本定型。

1866 年之前，在英汉词典里，Newspaper 还属于新事物，出现的次数较少。Newspaper 的对应词，仅仅是一种对应的翻译关系，以"新闻纸""京报"为主，所涉及的关于 Newspaper 本身的知识也很有限。同时，还存在着"京报"和"邸报"这样的对应词语。①

（二）第二阶段：以"新闻纸"为主的阶段

两次鸦片战争迫使清政府"走向世界"，逐步适应与接纳"现代世界体系"。同时，Newspaper 一词也脱离了其附会的"京报""邸报"，其现代新闻与传播的本质特性也逐渐显现出来。②

然而，"新闻纸"一词对于晚清知识界来讲，依然显得十分陌生，且不易理解。于是知识界创造了"新报"一词来指代这一新鲜事物。这一创举，在中国新闻思想史上具有重要意义，堪称开天辟地之举。③"新报"不仅被用作报刊刊名，也被当作西式报刊的代名词。向芬、刘晓平研究认为，19世纪 70 至 90 年代，有 15 种报刊以"新报"为刊名，占当时总数的五分之一。④但是，在近代"英华字典"数据库中，"新闻纸"是作为 Newspaper的主要对应词出现的。

1. 1866～1869 年罗存德与《英华字典》

来华德国传教士罗存德编著的《英华字典》是 19 世纪汉外词典编纂的最高成就。⑤从近代"英华字典"数据库的检索结果来看，罗存德的《英华字典》是"新闻纸"对应译名阶段的典型代表。

---

① "京报"一词在 10 个词目下，共找到 19 笔用例。但是在 1918 年赫美玲《官话词典》中已经找不到这一词语，该词已经从双语词典中退出了。与之命运类似的，还有"邸报"一词，全文搜寻后，只在 5 个词目下，共找到 11 笔用例。20 世纪以后的大辞典中，"邸报"一词也已经绝迹。
② 黄旦：《耳目喉舌：旧知识与新交往——基于戊戌变法前后报刊的考察》，《学术月刊》2012 年第 11 期，第 139 页。
③ 黄旦：《耳目喉舌：旧知识与新交往——基于戊戌变法前后报刊的考察》，《学术月刊》2012 年第 11 期，第 134 页。
④ 转引自向芬、刘晓平《从 news 到"新闻"，从 newspaper 到"报纸"——兼论近代新闻语词的衍变路径以及话语实践》，《新闻与传播研究》2016 年第 6 期，第 122 页。
⑤ 沈国威：《近代英华辞典环流——从罗存德，井上哲次郎到商务印书馆》，《关西大学东西学术研究所纪要》第 47 辑，2013，第 21 页。

在罗存德《英华字典》里的 10 个词目下，共找到 13 笔用例。其中包括"忙速写一款新闻""落新闻纸、卖落新闻纸、附落新闻纸、附入新闻纸""日报、日录""首款、首段""写新闻者""出新闻纸""新闻纸""通报""管新闻纸、出新闻纸""新闻纸名"等丰富的用法和译法。可以看出，罗存德《英华字典》对 Newspaper 的翻译，已经基本固定为"新闻纸"了。同时，"日报"一词也已经出现。更值得关注的是，出现了跟"新闻纸"出版、编写相关的表述，如"写新闻者""管新闻纸、出新闻纸""出新闻纸""新闻纸名"等，反映了当时的新闻报纸出版、发行、管控等情况。这说明晚清不仅有了比较多的新闻出版业务，也有了相应的运营部门、政府管理机构等，"新闻纸"已经成为当时社会生活的重要组成部分。

1884 年井上哲次郎出版的《订增英华字典》是罗存德《英华字典》的升级补充版。两者的内容大同小异，不再赘述。

2. 1899 年邝其照与《华英字典集成》

Newspaper 在邝其照《华英字典集成》的 5 个词目下，共有 9 笔用例。其中，Newspaper 词目直接对译为"新闻纸、日报"。《华英字典集成》中关于 Newspaper 的收词很值得关注，有如下特点。

一是出现了专业的"新闻纸主笔"一词，即 Editor（one who superintends，revises or proparos a work for publication；the conductor of a newspaper，journal，magazine，&c.）及其中译对象"篡修书籍人、日报馆主笔人"。这是晚清士大夫和近代口岸知识分子转型为"报人"的重要反映。[①]

二是出现了专门的"新闻纸夹"（Newspaper file：a contrivance for holding and preserving newspapers in order for reference）这一反映日常新闻纸用品的术语，足见在当时的社会生活中，阅读报纸已经成为人们生活中的重要组成部分了。读书人不仅读报，而且要将报纸进行整理。

三是出现了有关新闻报纸的专业出版机构和办公室——"日报馆、新闻纸馆"，即 Newspaper-office（the place where a newspaper is published）。可见，在当时新闻纸出版已经逐渐转向专业化和职业化。

四是收录了不同刊期的新闻纸词语，如周报（Weekly newspaper or Weekly）、季报（Quarterly newspaper or Quarterly）、日报（Daily newspaper or

---

① 比如近代"口岸知识分子"王韬（1828～1897）在上海墨海书馆等出版机构做报刊的编辑。

Daily）等。可见，对国外新闻纸的出版频率、类型已经有比较深入的了解。而且，这一记述和郭实腊关于"新闻纸"的论述比较接近。

五是出现了比期刊出版周期稍长的"新闻书"（Magazine：a periodical publication or pamphlet as distinct from a newspaper），也就是现在所说的"杂志"。

总之，在邝其照《华英字典集成》里，可以看到与"新闻纸"有关的知识、职业、用品等多个方面的词语已经从日常生活进入词典，反映了时代对新知识的吸收，以及新事物对社会文化生活的影响。

（三）第三阶段："报纸"的产生与混合应用阶段

"报纸"一词产生于 1873 年①，在 1908 年首次进入双语词典。可见，词典记录新的词语，是带有滞后性的；反过来说，收入词典中的词语，一般要具备相当的稳定性和广泛性。因此，双语词典中所收录的词语，能够很好地反映当时社会和时代的发展情况。

从早期英汉词典来看，Newspaper 的对应词"报纸"在 20 世纪初才正式进入双语词典的词汇系统之中。但是在当时，呈现的是"报纸"与"新闻纸"混合应用的状态。

1. 1908 年颜惠庆与《英华大辞典》

在颜惠庆《英华大辞典》中的 35 个词目下，共检索到 36 笔用例。其中，对应的词语十分丰富，包括"新闻纸""日报""落新闻纸，上新闻纸，附入新闻纸，登入新闻纸""报张，新闻纸""新闻纸，报章""写新闻""发行新闻纸，出新闻纸""日报，新闻纸""印刷物，新闻纸，报章，丛报""新闻纸名""报，报纸，报章""报章，新闻纸""官报，京报，邸报"等不同的用法。

（1）"报纸"的产生

在《英华大辞典》9 个词目下，共检索到 9 笔"报纸"的用例。其中，最重要的是收录了"报纸"这一中文对应术语，并对报纸的价值做出官方的肯定式表述，即"a newspaper is the organ of a political party，报纸乃政党

---

① 李玲：《从刊报未分到刊报两分——以晚清报刊名词考辨为中心》，《近代史研究》2014 年第 3 期，第 148 页。

之机关"。此外，还有"a semi-official newspaper，半官报"。"报纸"的具体用例包括"一卷报纸""报纸之短评""报纸卷""报、报纸、报章""新闻记者业""报纸业、新闻业"等。还介绍了"报纸"的先锋——Newsletter，即"七日报，通传新闻之七日信（报纸之先锋也）"，以及法国的"滑稽报纸"，即"（法国）讽刺之画报，讥刺之报纸，滑稽报纸"。对于 Journal 也有专门的对译词，"a newspaper published daily，or otherwise，报，日报，杂志，新闻纸"。另外，出现了报纸上的主要栏目，如"社说，论说（新闻杂志的）"等。

（2）新闻出版的产业化

新闻纸的出版发行，已经形成了专门的产业，且整个产业链条已经较为成熟。相关词语如"出版发行""印新闻纸，印报，出报""出印，发行，出版""出新闻纸""每日出版""发行书籍"。

同时，在出版发行领域，已经产生一种新的雇佣关系，相关说法如"在新闻纸馆中作事""报馆之各职员，报馆之办事人""News-boy，卖新闻纸之童"，以及一种新的职业，即"社（公司）或新闻纸馆之代理人"。

在社会上，也有了"定阅""订购"等行为。社会也在关注"新闻纸之销数"，即销量。

（3）丰富的报纸类型和出版元素

产生了很多"快报"类的新闻纸，即"速传新闻之物，捷传消息之物，新闻纸"。还有一种是"号外"，即"新闻纸之额外出版，号外，额外报张（即俗所谓传单）"。新的报纸类型还包括"七日报，通传新闻之七日信（报纸之先锋也）""每半星期一次的，一星期两次的；半星期出一次之报，每星期出二次之报，半星期报"。

在新闻纸的出版方式上，报纸里还插入了"图画"，即"插图入报中"。

在出版印刷的技术上，出现了"黑边铅条，丧事铅条（印报时用阔铅条，排在字中以印黑色圈边）"这一标记特殊事件的方式。

在报纸的阅读方式上，也收录了"略读"一词，即"略读一书或新闻纸"。

（4）国外知名报纸

在词典里，还介绍了国外的知名报纸，如"*The Times Newspaper*，伦敦泰晤士报"。

2. 1912 年翟理斯与《华英字典》

在翟理斯《华英字典》的 14 个词目下，共找到 16 笔用例，仍然是"报纸"和"新闻纸"混合使用。翟理斯采用"以词释字"的方式对汉字进行注释，即"新：a newspaper 新闻纸""闻：a newspaper 新闻纸"。

但是，"报"已经逐渐超越了"新闻纸"，成为 Newspaper 的主要对应词。关于"报纸"一词，有两例。其他部分，所收录的字、词，与"报纸"有密切关系。在"板"一字下，有"板：出板"；在"状"一字下，有"此棚中人售报之情状"；在"访"一字下，有"访事人"，也就是后来的"记者"。其他用例如：

"登"："not to be inserted, – in a newspaper 不得登载"；

"录"："to publish for general information, – as in a newspaper 登录宣布"；

"笔"："leader-writer or editor of a newspaper 主笔"；

"缀"："continued from a previous issue, – of a newspaper 缀录前报"。

可见，单体的"报"已经承担了"新闻纸""报纸"的功能。

此外，翟理斯《华英字典》还专门介绍了上海出版的第一份中文报纸——《申报》，"申：the *Shên Pao* or *Shun-pau*, – the first Chinese newspaper published in Shanghai, so called from 申江 an old name for the river *Whangpoo* 申报"。在"都"字之下，介绍了《都门纪事》报。

3. 1913 年商务书馆《英华新字典》

在商务书馆《英华新字典》的 1 个词目下，仅找到 1 笔"新闻纸"用例，即"Newspaper 新闻纸、报张"。

在 1913 年商务书馆《英华新字典》中搜寻"报纸"，在 3 个词目下，共找到 3 笔用例，即"News：消息、新闻、报纸""Gazetteer：地名辞书、新闻、报纸、记载新闻者""Intelligencer：报告者、通知者、广告、报纸"。此时，"报纸"已经占据了绝对的上风。

（四）第四阶段："报纸"的时代

通过全文检索，从整体来看，"报纸"在 1908 年首次出现在早期英汉词典中，之后其使用频率呈持续上升的态势。

在晚清，报纸大体上是政府的主要读物。"This newspaper is a Government Organ. 这报是政府的机关报。"Newspaper 在这一阶段，有"新闻纸"

"报章""新闻报""报"等多个对应词。

在赫美玲《官话词典》的 33 个词目下，共找到 68 笔用例，在整体使用量上达到了最高点。其中"报""报纸"占据了绝对上风。"报纸"一词在《官话词典》的 9 个词目下，共找到 11 笔用例。其中，Newspaper 已经直接翻译成"报纸"，如"Journal：periodical 报纸""To contribute to a newspaper 供给报纸文稿""Press：newspapers generally 报纸"。

值得注意的是，"A newspaper paragraph 报纸一段"一词说明当时"读报"已经成为社会风尚。"篇""条"等量词，也和 Newspaper 在一起使用，成为日常用语。"Trade Paper（Econ.）（部定）贸易报纸"成为"部定"的专有名词。"（新）报纸碎锦"成为当时的新词语。同时，还出现了专门的"报纸业（Journalism）"和专门从事报纸稿件撰写的"Journalist 报纸主笔"等新兴行业与职业。

在 20 世纪初，关于双语词典中的 Newspaper 收录情况，有三个方面值得关注。

1. 与报纸相关的活动增多

"Advertise in a newspaper 在新闻报上登告白""Contribute to a newspaper 给新闻□投稿""Put in the newspaper 登报""Insert as into a newspaper，book，etc. 登、上""Interview of newspaper reporters 访问之谒见""Skim a newspaper 挑着看新闻报；大概齐理了一理新闻报""Contribution to a newspaper 投稿""Contributed Articles（newspaper）来稿""From regular correspondent to newspaper 投函、来函"等活动都与报纸相关，反映出阅读报纸已经在人们的生活中占据重要的地位。

"（文）定购（Subscribe as to a newspaper）"成为文化领域的专用词语，"Subscribe as to a newspaper 定；预定；收；收新闻纸""Subscription to a newspaper 报费；报资"等也成为日常用语。

在晚清近代时期，对新闻有较为严格的控制。因此，常常有"Suspend a newspaper 封闭报馆"的现象，相关词语也被收入英汉双语词典中。

2. 报纸出版本身的类别增加

在报纸的"类别"上，出现了"A special Edition（newspaper）（新）号外刊行；（新）外刊""Supplement of a newspaper（Trigon.）（新）外度；附张；（新）外角""Cutting as from a newspaper 摘条儿；裁条儿"等。还有专

门的栏目，如"Obituary：portion of a newspaper 挽辞集""Article of a newspaper 论说""Leader in a newspaper 论说；首论"等。"Newspaper clippings（新）报纸碎锦"也作为新词进入词典。

在报纸上经常出现的"已完（Concluded：as at end of newspaper article)""未完（To be Continued：at end of a newspaper article)"等词语，也进入了词典。

"发行所"也作为新词进入词典，如"Forward of a newspaper（新）发行所"。

3. 与报纸出版相关的职业词语大量涌现并定型

"Writer as of a newspaper article 记者；编辑人""Correspondent of newspaper or reporter 通信员；报馆访员；访事人；访事员""Reporter of newspaper 访事员""Staff of a newspaper 报馆（馆）各职员；报馆里的办事人""Contributor to a newspaper 投稿人""Editor of a newspaper, etc. 主笔；总主笔""Editor of a newspaper, etc.（文）总撰述""Reporter of newspaper（新）新闻记者"成为常用的新词，进入双语词典，丰富了新闻从业者的职业称谓。[①]

（五）小结

报纸、杂志等现代媒体和传播的产物，是现代社会的公共领域，同时影响着现代中国的公共舆论。[②] 传统的京抄、邸报，仅用于记录上谕和奏议，虽然也是定期出版发行，但是与现代传媒意义上的 Newspaper 式报纸相差甚远。从最早的马礼逊《英华字典》的简单"比附"，到 1916 年赫美玲《官话词典》的丰富多元，早期英汉词典对"新闻"类用语的收录越来越多、越来越丰富，也越来越规范化、专业化，整个新闻出版领域已经形成了完整的产业链。近代中国的知识界，也真正进入了报纸的时代，与报纸相关的知识、职业等全面进入英汉词典的系统里，开启了真正的传媒现代化。[③]

---

① 周光明、唐宇：《"记者"的前身与本身：晚清新闻从业者职业称谓之演变》，《新闻与传播评论》2018 年第 4 期，第 22 页。

② 许纪霖：《重建社会重心：近代中国的"知识人社会"》，《学术月刊》2006 年第 11 期，第 142 页。

③ 司佳：《早期英汉词典所见之语言接触现象》，《复旦学报》（社会科学版）2000 年第 3 期，第 64 页。

四 从"新闻纸"到"报纸"的动态过程

（一）"新闻纸"与"报纸"的用例数量比较

如图 3 所示，Newspaper 的中文对应词——"新闻纸""报纸"的用例数量在早期双语词典中呈现动态的发展过程。

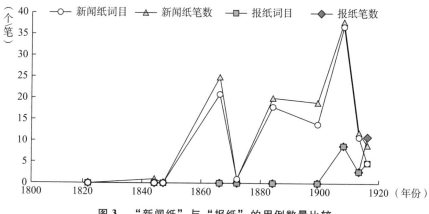

图 3 "新闻纸"与"报纸"的用例数量比较

在这一动态的过程中，我们可以看到 19 世纪至 20 世纪初中西文明碰撞的过程和痕迹，尤其是晚清时期的中国与世界之间的知识迁移与互动。同时，可以看出，语言接触产生新词语并融入汉语的词汇中，需要一个曲折的选择过程。这一互动的选择过程正体现了中西方思维的差异和碰撞①，我们从中能够发现近代中国人对 Newspaper 这一新事物、新知识的认知策略和认知水平也在不断发生变化。而且，关于"新闻纸""报纸"的知识、职业、发行等方面的词语都逐步被纳入双语词典之中，成为近代中国社会发展的一个缩影，展示了中外语言文化接触的痕迹。

（二）对新闻报纸与社会发展的反思

新闻业所开创的"公共空间"，也是社会自我反思的一个新平台。② 因

---

① 司佳：《早期英汉词典所见之语言接触现象》，《复旦学报》（社会科学版）2000 年第 3 期，第 60 页。

② 〔德〕于尔根·奥斯特哈默：《世界的演变：19 世纪史》，强朝晖、刘风译，社会科学文献出版社，2016，第 64 页。

此，Newspaper 的中文译名不断变化的过程，也是近代中国社会通过"打探"西方不断进行自我反思的过程。①

咸丰十年（1860）以后，随着中外交往的不断增多，阅读报纸的氛围在官场中逐渐形成，且晚清的官员们也在处理国际事务中关注新闻纸上的世界动态，并将其作为决策的重要参照。② 同时期出访的晚清官员们，同样十分重视对国外新闻纸的阅读和收集。③

芮玛丽（Mary Wright，1917~1970）指出，"阅读外国报纸和公共文献，以便与变动不定的世界事务同步而行"④ 是同治时期（1862~1874）一个显著的政治现象。因此，1866 年前往欧洲考察的斌椿使团，就对当时欧洲的"新闻纸"及其出版印刷机构做了初步的考察。⑤ 在斌椿使团的欧洲日记《乘槎笔记》《航海述奇》中，"新闻纸"已经成为他们在欧洲的信息资讯与知识来源的一部分。如："（7 月 31 日）阅新闻纸内云：布、敖两国罢兵，系法国为之解和。其所争之地，法分四分之一，其三分皆归于布国。"⑥

到了光绪三年（1877），总理各国事务衙门上奏，并提出建议，要求出使世界各地的官员，除了记日记以外，还要将"内有关系交涉事宜"的图书、新闻纸等一起收集报送，"以资考证"。⑦ 可见，官方对新闻纸也越来越重视。随着"电报""电话"等新技术的应用，报纸上的知识更新变得越来越快捷，报纸对社会也越来越有价值。

1895 年甲午战争以后，出于对战败的积极反思，国内知识界对报纸的需求也越来越强烈。作为现代知识和观念代表的"新闻纸""报纸"，也逐渐走向大众，成为大众的日常读物，成为整个社会了解世界的窗口。同时，作为知识和观念的载体，也在影响着大众的思维方式和价值观念，并且不

---

① 卞冬磊：《"打探"西方：新闻纸在晚清官场的初兴（1850－1870）》，《新闻与传播研究》2019 年第 1 期，第 125 页。
② 卞冬磊：《为致用而读：新闻纸在晚清官场的兴起（1861－1890）》，《新闻大学》2019 年第 5 期，第 48 页。
③ 郭嵩焘：《伦敦与巴黎日记》（走向世界丛书），岳麓书社，1984，第 100 页。
④ 〔美〕芮玛丽：《同治中兴：中国保守主义的最后抵抗（1862－1874）》，房德邻等译，中国社会科学出版社，2002，第 299~301 页。
⑤ 斌椿：《乘槎笔记》（外一种），钟叔河辑校，谷及世校点，湖南人民出版社，1981，第 23 页；张德彝：《航海述奇》（走向世界丛书），岳麓书社，1985，第 519~520 页。
⑥ 张德彝：《航海述奇》（走向世界丛书），岳麓书社，1985，第 569 页。
⑦ 沈云龙：《近代中国史料丛刊》第 34 辑，文海出版社，1969，第 8 页。

断产生强烈的社会效应。同时，"京报"的价值变得越来越低，并逐渐退出了历史舞台。[1]

（三）现代"报人"职业团体与近代知识分子的转型

从 19 世纪中期开始，越来越多的士大夫、"口岸知识分子"投身到新闻纸、报纸的写稿、编辑、出版、发行之中，实现了从"士人"到"报人"的身份转变。"报人"对近代的知识迁移和文化接触起到了巨大的推进作用。

现代"报人"职业团体的出现和新闻出版业的产业化、规范化，使晚清士大夫在一定程度上完成了对自我、文化以及中国的重新认知。[2] 在接受新事物并结合传统中国文化实际的基础上，他们接触、理解、尊重"他者"的文化，并与之开展积极的对话。Newspaper 的中文对应词，从"京报"到"新闻纸"，再到"报纸"，其发展变化经历了曲折的话语实践过程，这其实体现了晚清政治、文化、社会等宏观语境下，中国士大夫、知识分子逐渐学习现代新闻知识、接受新闻理念、开展新闻出版实践，并逐渐形成近代中国新闻思想的复杂图景。同时，在现代性的传递过程中，也折射出晚清士大夫在中外比较、文明互鉴过程中的艰难探索与转型之路。[3]

五　结论

"新闻纸"既是一种新的技术，也是一种全新的、充满现代性的知识类型。[4] 现代新闻业为人们创造了一个真正意义上的"公共空间"，有力地促进了"空间生产和知识转型"。[5] 产生于欧洲的 Newspaper 随着近代东西方的交流传入中国，早期英汉词典则开了新闻用语生成的先河。Newspaper 对

①　邵志择：《机事不密则殆：京报、新闻纸与清政府保密统治的式微》，《新闻与传播研究》2018 年第 5 期，第 95 页。

②　卞冬磊：《"世界"的阴影：报纸阅读与晚清的国家想象（1898－1911）》，《湖南师范大学社会科学学报》2019 年第 4 期，第 30 页。

③　向芬、刘晓平：《从 news 到"新闻"，从 newspaper 到"报纸"——兼论近代新闻语词的衍变路径以及话语实践》，《新闻与传播研究》2016 年第 6 期，第 123 页。

④　卞冬磊：《中西映照的开始：晚清新闻纸阅读中的"社会比较"》，《编辑之友》2019 年第 4 期，第 104 页。

⑤　章清主编《新史学：近代中国的旅行写作》，中华书局，2019，第 1 页。

应的中文译名在近代中国经历了动态的变化。基于早期英汉词典对 Newspaper 一词的动态翻译，笔者发现其中文译名发生了从"京报"到"新闻纸"，再到"报纸"的动态发展过程。在这一动态的过程中，我们可以看到19 世纪至 20 世纪初中西文明碰撞的过程和痕迹，能够发现近代中国人对 Newspaper 这一新事物、新知识的认知策略和对社会的反思，也能总结出近代知识分子在"变局"时代的艰难探索与转型之路。

Chinese Translation of Newspaper

Based on Earlier English-Chinese Dictionaries

Pan Ruifang

Abstract

The birth of modern newspaper has led to a true public space. The Europeans had created newspaper and sometime later through exchanges the idea of newspaper came to China. The earlier English-Chinese dictionaries have helped created news language in Chinese. And the Chinese translation of the English word *Newspaper*, which hasn't attracted much attention from scholars, have seen numerous changes. This article has found that the Chinese translation of the word has changed from *Jingbao*, *Xinwenzhi* to *Baozhi*. Looking at the evolved translation, we are able to feel the exchanges and conflicts of western and eastern civilizations in the nineteenth and early twentieth century, and find how Chinese people, especially officials and scholars, recognize newspaper and try to find a way to adapt in a volatile time.

Keywords

English-Chinese Dictionaries; Newspaper; *Xinwenzhi*; *Baozhi*

近代东亚《绝岛漂流记》中的文化翻译问题初探

——以沈祖芬版与高桥雄峰版译本为中心

李　云[*]

摘　要

英国作家丹尼尔·笛福发表于 1719 年的《鲁滨孙漂流记》，于 19 世纪与 20 世纪之交开始被翻译到东亚来。本文试图从文化交涉学的角度，分析该英国作品在被译介到东亚，特别是日本和中国时，所发生的变化。通过比较其异同之处，即透过译本的言语表象，研究潜藏于内的文化翻译情况。本文将主要从五个方面去讨论中日译本中的异同，及其与英文版原作之间的异同，以期讨论译文中出现的文化翻译情况。

关键词

《绝岛漂流记》　家族观念　时间概念　文化翻译

一　沈祖芬版与高桥雄峰版之间的关系

英国作家丹尼尔·笛福（Daniel Defoe，1660～1731）发表于 1719 年的小说《鲁滨孙漂流记》（*Robinson Crusoe*），被译介到东亚地区始于日本嘉永三年（1850），第一个版本是由荷兰语翻译成日语，题为《漂荒纪事》。后来这部小说逐渐在东亚普及开来，中国初次译介是在光绪二十八年（1902），

---

* 李云，日本关西大学东亚文化研究科文化交涉学博士，北华大学外国语学院东方语言文学系助教，主要研究方向为文化交涉学中的言语表象问题，邮箱：yunkinkle-lee@hotmail.com。

朝鲜半岛始于隆熙三年（1909）。据笔者统计，到 1911 年为止，东亚共有 33 版译文面世，其译名虽不尽相同，但多为主人公名字 Robinson Crusoe 的音译与第一部中故事发生地点的文字组合。

本文研究的两部译作，分别是日本博文馆发行于明治 27 年（1894）、由高桥雄峰翻译、题为『ロビンソンクルーソー一絶島漂流記』（上卷、中卷、下卷）的日文版（下文称"高桥雄峰版"），以及由上海开明书店发行于 1902 年、译者署名为"钱唐跛少年"、题为《绝岛漂流记》的中文版（下文称"沈祖芬版"）。

笔者将两部译作放到一起比较，其原因有二：一是它们具有各自国家的时代特征并拥有一定的影响力，二是沈祖芬版与高桥雄峰版之间有直接关联。具体说来，沈祖芬版的"译者志"中，明确说明了其中文译名的来源："日人译以和文名绝岛漂流记兹用其名乃就英文译出……戊戌仲冬译者志。"① （见图 1） 我们需要推测出沈祖芬版在翻译的时候，具体参考了哪一

图 1 沈祖芬版"译者志"

---

① 〔英〕丹尼尔·笛福：《绝岛漂流记》，沈祖芬译，上海开明书店，1902，第 1 页。

版的日人译本。首先需要明确"译者志"中出现的时间信息,"戊戌"换成西元纪年为 1898 年,"仲冬"为农历的十一月,"戊戌仲冬"也就是 1898 年 12 月。此前出版的日文版都有可能成为沈祖芬版的命题源头。

综观 1898 年 12 月前出版的日文版本,其题目分别有『漂荒紀事』『魯敏遜漂行紀略』『英國魯敏孫全傳』『回世美談』『九死一生魯敏孫物語』『英國魯敏孫嶋物語』『魯敏孫漂流記』『新譯魯敏遜漂流記』『ロビンソン、クルソウ』『ロビンソンクルーソー絶島漂流記』『ロビンソンクルーソー直譯註釋』。在此之中,有"绝岛漂流记"字样的仅有『ロビンソンクルーソー絶島漂流記』一版。虽然高桥雄峰版『ロビンソンクルーソー絶島漂流記』的传播范围尚不明确,但可以推断出,此版本是当时中国人能够接触到的一种译本,也是本文讨论的沈祖芬版能够参考到的一个日文版本。

因此,本文将日文版高桥雄峰翻译的『ロビンソンクルーソー絶島漂流記』与沈祖芬版《绝岛漂流记》进行对比,是有事实依据的,得出的结果也是有一定参考价值的。

二 关于译文的底本问题

首先来看沈祖芬版,它于光绪二十八年(1902)由上海开明书店出版发行。序言与译者志中虽提及此版本译文题目的来源,却并未具体提及是由哪一版本的英文译出,所以沈祖芬版所参考的译文底本尚不明确。具体说来,就是不清楚沈祖芬版参考的是英文第一、二部的原本,还是第一、二部的缩写本。不弄清楚这个问题,就没办法继续讨论在沈祖芬版翻译过程中译者主动性如何、具体做了哪些部分的改变等问题。通过将沈祖芬版的具体文本内容与原著进行比对可知,译者并没有对原著进行结构性的打乱或重组。

具体说来,笔者认为沈祖芬版的第一章至第十三章前四分之一部分为 *Robinson Crusoe* 原著第一部内容的缩译,从第十三章后四分之三部分到最后的第二十章为原著第二部内容的缩译。故此,笔者的判断与前辈研究者观点[①]的不同之处集中在第十三章。笔者作出上述判断的理由如下。

---

① 崔文东在《晚清 *Robinson Crusoe* 中译本考略》〔清末小説から(通訊)no. 98,2010. 7. 1,第 20 页〕一文中指出:"《绝岛漂流记》分为二十章,包括《漂流记》(第一至十三章),《续记》(第十四至二十章)两书内容。"

第十三章的前四分之一部分，即到"生三子"为止，具体包括主人公卖掉巴西的产业，将自己的一切托付给已故船长的太太打理，将两个侄儿分别培养，最后自己娶妻生子的情节，以上皆为原著第一部分所涉及的内容，且与原著内容相符。在后四分之三的内容中，即从"相聚已久"至第十三章结束，沈祖芬版则增添了很多只有原著第二部才有的细节部分。例如：妻子亡故后，主人公在侄儿的劝说下再次出海，具体写出"在备特覆郡稍置田亩"、"重往伦敦"，以及得知主人公再次航海计划后的船长夫人从"极力劝阻"到"伊亦首肯"，帮主人公照顾三个幼小孩子等情节。因此，此部分应当归属于原著的第二部。

在此需要说明的是，原著第一部出版于 1719 年 4 月，数月之后第二部续篇才出版，第三部则于 1720 年出版发行。这三部虽然彼此之间相互关联，但是作为独立的出版物，少不了各自所必需的开头与结尾部分。在原著第一部出版（1719 年）至译者志标注的时间（1898 年）的 180 年间，笔者排查了能找到的英文版本。首先排除了只有原著第一部分的版本，接着校对第一、二部合集版或第一、二、三部合集版，看是否有采取了与沈祖芬版同样处理方式的英文版本。这样做的原因是，笔者试图以对第一部与第二部衔接部分的处理方式为依据，判断其英文底本是哪个版本。但是，在进行了具体的文本对比研究之后，笔者发现在上述的有效时间段内，并没有完全符合条件的英文版本。虽然有的英文版采取了类似沈祖芬版的衔接方式，但其中缺少沈祖芬版中出现的情节要素，因此也不能看作其翻译时参考的底本。[①] 不缺乏情节要素的英文版，却没有与沈祖芬版相似的衔接方式。

因此，关于沈祖芬版参考的英文版，笔者目前的结论是，其参考版本极有可能是原著第一、二部的合集出版物。进而可以推定的是，沈祖芬版的第十三章，并不是简单地对英文原著进行翻译，而是通过译者主动地取

---

① 例如由波士顿的 J. S. Locke 和 Company 出版于 1876 年的 *The Life and Strange Surprising Adventures of Robinson Crusoe, of York, Marine* 版本，就在原著两部分的基础上分了 24 章（Section XLIV），并且在第一部分与第二部分的衔接处，即第 14 章（Section XXIX）的收尾部分对原著内容进行了删减处理。但是笔者将保留下来的内容与沈祖芬版内容对比后发现，由于缺少必要情节要素，又能排除此版本为其参考的英文底本的可能。目前笔者所排查的其他版本，也均是此种情况。其中包括由 James Plumptre 编辑过的新版本（1826 年出版），后由 Society for Promoting Christian Knowledge（S. P. C. K.）于 1882 年再版，虽然内容情节要素没有欠缺，但衔接方式等与沈祖芬版的处理方式有所不同。

舍，达到了完美衔接原著中第一部结尾与第二部开篇的效果，使得沈祖芬版得以行文顺畅，情节合理，无重复拖沓之感。

本文讨论的高桥雄峰版，即沈祖芬版译者志中提到的日人译本，笔者已在本文的第一部分论证过。那么，高桥雄峰版又是以哪一版为翻译底本的呢？

笔者在研究 *Robinson Crusoe* 东亚译本问题的最初阶段，曾经试图通过比较各版本中出现的插图来找到大多数译本之间的关系。① 正是通过这样的努力，笔者找到了高桥雄峰版可能参考的英文底本，即出版于 1891 年、配有 Walter Paget（1863～1935）所绘插画的英文版。② 这一英文版对于后来出版发行的其他日文版本，也有较大的影响。在此，可以举出仅从插画就能确定以此英文版为底本进行翻译的其他日文版，如直接使用了插图的学窗余谈社版③，以及在此基础之上进行再创作的大江小波版④。

通过与 1891 年 Paget 插图版的内容相对照，可以发现高桥雄峰在行文上基本是按照原本进行翻译的，但是没有按照原书中的 Part I 和 Part II 进行分卷，而是将这两部分分成了上卷（第一至十二回）、中卷（第十三至二十三回）、下卷（第二十四至三十二回），并且给每一回都取了标题。标题为每一回故事的主要情节，由四到五句话构成。例如第一回的标题是："ロビンソン年十九にして海上冒険を企つ。　父母の訓戒。断然乗船。暴風波に愕く。難船。助命。船長の苦言。"对于读者而言，非常便于检索，而且通过标题便可以知道每一回的故事主线。英文底本虽然没有划分章回、小节等，但是在每一奇数页页眉处都有一句简短的话，提示此页的主要内容。如开篇第 3 页页眉处是 "MY FATHER'S AD-VICE"，第 5 页则是 "AFTER THE STORM"，虽然译文的标题内容没有与英

---

① 关于这一方面，笔者已在第二届欧亚博士论坛上做了相关的报告，在此基础上修改完善的论文于 2019 年 11 月出版。拙论的信息如下：LI Yun, The Study of Illustrations of *Robinson Crusoe* in Early Modern East Asia,《亚洲与世界》（第 2 辑），2019。

② Daniel Defoe, *The Life and Strange Exciting Adventures of Robinson Crusoe, of York, Mariner*, as Related by Himself. With 120 original illustrations by Walter Paget, London, Paris, and Melbourne: Cassell, 1891.

③ 學窓餘談社译、『ろびんそんくるそう冒険奇談奮闘の生涯』、春陽堂、1909；學窓餘談社译、『奮闘美談ろびんそんくるそう』（合巻）、春陽堂、1911。

④ 大江小波（巌谷季雄）译、『無人島大王ロビンソン漂流記』、博文館、1899。

文底本的页眉关键词相一致，但是可以推测出，英文底本奇数页页眉提示关键词的做法，给译者提供了灵感，所以才会有每一回标题的出现。

三 译文中对于时间观念的把握

原著中的一大特色便是日期的精确表达，主人公出生、离开老家赫尔城第一次登船航海以及到达荒岛等重大事件的年月日，都在行文中被强调出来。尤其是在来到荒岛十一二天后，主人公为了区分休息日和工作日，特意竖立起一根大木柱，将其做成十字架，计算星期和年月。在高桥雄峰版中，译者一一按照原文译出。在沈祖芬版的正文中，也都是按照原著所述，根据译者缩译情节需要，有选择地进行了翻译。例如"遂于 1651 年 9 月 1 号买舟至伦敦"等。值得注意的是，沈祖芬版的译者志或者序言中，记录时间时使用的是"戊戌仲冬"或"光绪二十八年五月二十日"，其西历日期分别是"1898 年 12 月""1902 年 6 月 25 日"。

这种时间表述上的中西共用，与当时的西学在中国的传播情况有很大的关系。中西历法是对两种不同政治文化观念的反映。"对于西历的态度，康有为既不像刘锡鸿、黎庶昌等早期出洋士人那样保守、排斥，也不似钱单士厘、梁启超等人积极倡导改用西历。实际上，康在考察了世界上的几大历法并在游历欧美各国过程中吸收了 20 世纪初最新的天文学成就后，认为'中西各历皆昧昧，且误谬已甚，不可不尽革之矣'〔康有为 1990，页189〕。"① 创刊于 1853 年的《遐迩贯珍》，在创刊号上一开篇便介绍了中西月份的差异，更是在封面上用西历纪年，用中历纪月，即"一千八百五十三年八月朔旦"。可见，在西学的不断刺激下，中西糅合的做法也是当时知识分子采取的一种策略。

作为英国文学翻译者的"钱唐跛少年"，同时是一位中国文学家。"钱唐跛少年"本名沈祖芬，出生于浙江钱塘（今杭州），字子渊，号诵先，自号钱唐跛少年、钱唐跛公。他早年接受儒家教育，因自幼患有足疾，无意于仕途，转而学习传统医术。众所周知，甲午战败在中国士人中引发了学

---

① 转引自程俊俊、吕凌峰《晚清出洋知识分子对西历的态度》，《科学文化评论》2012 年第 1 期，第 61 页。

习西学的热潮，沈祖芬也不例外。亲友为其撰写的传记均指出了甲午战争对他人生道路的影响。1895 年，其父执汤寿潜（1856～1917）路经上海，与沈祖芬谈及甲午之败，痛心疾首，认为"我国偾事，失在不知外情，欲知之，必先知其文字尔"。沈祖芬大受震动，"愤国耻，尽弃所学，肆力于英文"，"六阅寒暑而学成，移译著述甚富，于是远近交聘，先后为上海、苏州、扬州诸学堂教习，成就者甚众"。沈祖芬的移译著述，主要是具有教育功能的史传类作品，包括《戈登传》《华盛顿传》《希腊罗马史》，可见他对英美小说其实并无浓厚的兴趣。那么，他为何选择翻译小说？这很可能是受到维新思想的影响。虽然译者的传记都没有提及译者的政治观点，但是沈祖芬的亲友均积极投身维新变法，汤寿潜曾加入康、梁组织的强学会，其兄沈祖绵于1897 年以浙江省公费生身份赴日本留学，服膺于康、梁思想，戊戌变法期间回上海宣传救国，被清政府通缉，亡命日本。可以想见，未及弱冠的沈祖芬在他们影响下，应该是服膺维新思潮的，可能接触到康有为、严复等人倡导翻译域外小说的文章，他翻译小说的实践也许正是对康有为、严复借小说启发民智的响应。[1]

再如主人公给救助下来的野人命名时，译文是这样说的："名之曰勿赖代（西人谓礼拜五谓勿赖代因伊系礼拜五至故以勿赖代名之）。"西历中对日期最小的分段是"星期制"，是随着明末传入中国的天主教一起传来的。其真正在中国普及，是在晚清鸦片战争后大量新教传教士涌入中国、教徒猛增之际，基督教七天一礼拜的仪式逐渐为中国人所熟知。洋务运动时期工业快速发展，工人劳动时间也开始采用"礼拜"制度，如当时葛元煦在上海就观察到西人七天一礼拜的休息制度："七日一礼拜，为西人休息之期……是日也，工歇艺事，商停贸易，西人驾轻车、骑骏马，或携眷出游，或赴堂礼拜。华人之居停西商者，于先一日礼拜六夜，征歌命酒，问柳寻花。戏馆、倡寮愈觉宾朋满座云。［葛元煦 1989，页 13］"[2] 这里译者已将"礼拜五"这一时间观念作为中国人具有的常识，译文中出现的解释说明部分

① 转引自崔文东 "Politics vs. Poetics: A Study of Chinese Translations of *Robinson Crusoe* in Late Qing", for the Degree of Master of Philosophy at The University of Hong Kong, September 2011, p. 20。

② 转引自程俊俊、吕凌峰《晚清出洋知识分子对西历的态度》，《科学文化评论》2012 年第 1 期，第 53 页。

则为西人是如何以其语音来表达这个概念的。

可以说，中文译者在译介原著给中国读者时，对于已被中国读者接受的一般性西方观念，依照原文译出；而对于那些中国读者所不熟悉的部分，则采取或改写或删除的方式来处理。这样的做法，会使得译作更加顺畅地被中国读者接受，不会因为不易理解而使读者出现厌烦的情绪。但这也限制了中国读者了解原著的机会，使得译作较原著相比，逊色不少，其文学性也大打折扣。不过，这是译介文学在另一个目的语环境下，特别是特定历史条件下为获得重生必然要经历的阶段与过程。

综观高桥雄峰版与沈祖芬版对于时间的把握，可以看出东亚国家虽然也在接受欧洲的文化概念，但是对于自己的传统文化并没有因此而摒弃不用。虽然他们都从外来文化中汲取新的养分，但也都是在本土文化的根基上进行的，并没有产生切割、抛弃本土文化的极端做法。以下笔者还会就这一点进行其他方面的具体说明。

四 译文中对于宗教观念与家族观念的取舍

在高桥雄峰版的"例言"中，译者首先介绍了这部小说在世界上的定位是如何之高，即"此書は世界三大奇書の一にして而して亦實に三大奇書中の最大奇書たり"[1]，特别是在欧美国家的家庭教育中这部小说是不可或缺的，即"欧米諸国に於ては人として之を読まざるなく家として之を備へさるなし"，随后又具体介绍了这部小说受到世界各国学者的追捧、翻译本如何畅销，以至于世界各国无不有此书的译本存在。因此，其将这本书作为"世界文库"的一部分出版并非出于偶然。

同样，沈祖芬版中位于开篇部分的译者志，虽然也对原著做了概括性评价，即"在西书中久已脍炙人口莫不家置一编"，但更引人注目的是对于原作家的介绍集中在其身世上，例如"因事系狱抑郁无聊"，"述其不遇之志"。沈祖芬版除了译者志外，位于其前、由闽学会的主干译者高凤谦所作的序言中，也着重强调了作家个人经历对作品的深刻影响，并希冀借此译

---

① 引自高桥雄峰译『ロビンソンクルーソー絶島漂流記』（上卷），博文馆，1894，例言第1页。

作来"激发其国人冒险进取之志气"。

可以说中日版本从开篇便表明了各自翻译目的的区别所在，高桥雄峰版倾向于与全世界接轨、向欧美国家看齐，沈祖芬版倾向于鼓励正身处逆境中的少年、激发其斗志。正是因为这两个版本的翻译目的不同，所以即便同处于 19 世纪末（高桥雄峰版出版于 1894 年，沈祖芬版翻译于 1898 年）的东亚，其译本所呈现的状态也是截然不同的。

在沈祖芬版译文中，很少能够看到原著中那种对于宗教的描述，反而是原著中很少出现的家族情感描写被译者或放大，或改写，或添加。这样的做法在高桥雄峰版中没有出现，可以说，高桥雄峰版更尊重原文，将原著的内容尽量如实地用日文表达出来。这样的做法与原著传播到日本时间已久、大量的日文翻译版亦已出版发行、原著的内容接受程度高、读者群广是分不开的。

这里提到的读者群问题，与当时明治政府推行的教育不无关系。明治政府于 1871 年新设置了文部省，次年便公布了"学制"。这是参考法国等的学区制制定出的统一学制，也是近代日本第一次提出关于学校构想的法令。日本全国的府县划分成 8 个大学区，一个大学区划分成 32 个中学区，一个中学区划分成 210 个小学区，当时是这样一个庞大的计划。但是这个计划由于忽视了地方的实际情况，遭到了政府内外的反对，于 1879 年被废止。之后，以明治 14 年 10 月明治天皇颁发开设国会的敕谕为契机，教育问题随着自由民权运动受挫而逐渐浮出表面，政党势力也都向各个方向分散。如自由党左派便是在反复的武装起义中，感受到了挫败。似乎是与之呼应，教育界的独立运动和教育舆论在此时变得活跃起来。明治 23 年 10 月公布的小学校令共八章九十六条，其中详细规定了小学的宗旨、种类、编制、就学、设置、校长、教员、管理、监督等内容。特别值得注意的是其中的第一条："小学校ハ児童身体ノ発達二留意シテ道徳教育及国民教育ノ基礎並其ノ生活二必須ナル普通ノ知識技能ヲ授クルヲ以テ本旨トス。"[1] 这明确提出了小学教育的目的以及宗旨。但是日本文部省议（确切地讲是专门学务局长长浜尾新提出的修正案）主张："小学校は帝国臣民に欠く可らざる

---

[1] 转引自山本幸彦『明治教育世論の研究（下）－教育・政治・経済界編－』，福村出版刊，1972，第 22 页。

普通教育を施すを以て旨とす。"这样的既定方针，与坚持原案的参事官江木千之等强硬派的意见相左，但是日本教育界对此并没有表示非要确定其中某一个，无论哪一种想法或立场，都是体制内部集中于权力层的选择问题。

这些都没有阻挡平民教育在日本的发展，反倒是更加快速地提升了全民的教育普及程度。到明治 13 年，出现了日本第一个近代图书馆，就是文部省的东京图书馆，"衆庶ノ縦覧ヲ聴ス者"。明治 17 年的统计结果表明，来馆者总计 115986 人，平均每天来馆 350 人。到明治 18 年，日本全国共有 23 间图书馆，阅览人数多的地方，则增加到了 43700 多人。这些数据都反映出了被看作"众庶"的民间大众中的读书人自由读书的欲望有多么强烈。①

本文研究的沈祖芬版则是第一部介绍到中国的译本，读者对原著知之甚少。为了达到传播的目的，译者在翻译时必然要做出适当的取舍。在宗教内容锐减的同时，增加的是中国传统的家族观念，对于孝敬父母、与妻子伉俪情深都有生动的描写。例如，对于主人公离开荒岛回归故乡之后发现父母均去世的部分，原著中是一笔带过的，高桥雄峰版也是照样译出。沈祖芬版中却将主人公的悲愤自责之情添加了出来："回约克郡至则父母均去世自思前欲图报将来今则已归泉下一念及此不觉流涕满面抢地呼天百身莫赎遂往墓上供献花圈略展孝忱以报万一。"② 这样的处理在文中还有多处。

可以说，沈祖芬版这样的处理方式背离了原著，却也以自己适应目的语文化的策略获得了新生。在此处，文化的翻译就不仅仅局限在语言文字上，更是体现在文化冲突发生时。译者处理文化引起的冲突，使之影响程度降到最低，为读者所接受，而不是一经面世，便遭到强烈的抵制或无视，继而失去译本生命。

五　译文中对欧洲具体事物概念的译法

原著中提及的很多事物是当时的亚洲国家所不了解不熟悉的，在面对这样的翻译难题时，沈祖芬主要采取了音译方式来介绍西洋事情，体现出

---

① 参考自長谷川泉「近代読者の機構とその変遷」、『新批評・近代日本文学の構造 2 近代文学の読者』（長谷川泉・馬渡憲三郎編、国書刊行会、1980）、頁 13。

② 〔美〕丹尼尔・笛福：《绝岛漂流记》，沈祖芬译，上海开明书店，1902，第 1 页。

了对外来文化主动接受的学习者态度。这里主要表现为对名词的音译加注释，还体现在行文过程中，为使人物关系更加明确，译者也会在其后做注，例如："阿喀秀蜡（黑童名）""可墨（摩哈熟所著书）""黑人（此黑人为贼首仆）""新地（指荒岛）"等。对于外国的计量单位与中国有所区别的部分，也会做注说明，如："辨士（英银名）""法晨（一法晨计中国四尺八寸）"等。译者在对英文中的地名进行音译的同时，对其地理位置也会做出简要的说明，如开篇介绍主人公父亲的出生地不来梅时译作"伯里门（今德地）"，种植园所在国家"勃腊西尔（又名巴西）"，以及"力士本（葡萄牙京城）""拉丁（欧洲古国）""好望角（在阿洲）""孟加拉（印度省城）""剔林达尼岛（在南美洲）"等皆属此类。进而需要注意的是，译者在对简单的人物称呼上，也采取音译加注释的方式，将西洋人之间的礼貌称谓用语进行介绍，例如："西拿（英人年长之称）""首（西人尊称）""考宾格（俄军士之称）""兰特（译言岸也）""麦思得（译言主人）"等。对于英文中的简单应答，译者同样采用了音译加注释的方式加以说明，如"咸史（译言是也）""拿（译言非也）""哑（译言惊吓声）""沙罗（译忧也）""败特（译言不好）"等。

可见，译者特别重视对英文词语的发音介绍，包括给故事主人公的随从命名时，本文第二节讨论对时间观念的把握时提到过的"勿赖代"，其解释也是着重于其英文的发音。这样的做法较之高桥雄峰版，虽然两者都是以音译为主，但日文版的解说应该说更为全面与具体，更加倾向于知识性介绍。

高桥雄峰版采用的是假名音译、旁注解说的方式，例如：主人公在找食物的时候，遇到了青柠，但是当时在日本并没有广泛食用这种食物，所以译者在此处用接近英文发音的日文假名"ライム"来表达，在其后的括号中做注解，"ライム（檸檬属の果実暖帯に生じ通常の檸檬より形小にして滋味あり）"①。这里对于青柠（ライム）的描述以科属起，以读者熟悉的柠檬作比，最后以口味特征收尾。这样的三段式解说多用于新物种，而针对出现的人名、地名、动物名等，译者也会在其后注上具体指代的是什么。这样一来，有助于读者充分地理解译文，达到虽然不曾去过主人公生

① 高桥雄峰译『ロビンソンクルーソー絶岛漂流记』（上卷），博文馆，1894，第124页。

活的地方，但可以想象出主人公所经历的生活。

可以说，在日本译文出版的明治 27 年（1894），日本对于欧洲新事物的接受已经形成了良好的机制。普通民众都是以一种积极的态度去接受新的信息，不会以反感的态度拒绝，更不会无视。反观沈祖芬版译文，有注释部分的多为英语中对人物或事物称谓的简单说明，注重的是其英文的发音，将西洋文化按照原汁原味的状态搬进汉语的语境当中，可谓沈祖芬版的一种选择。这样的译法，无不体现出西洋文化在译介到汉语语境中时，所面临的困难。如何将新概念放到新语境中，成为当时翻译者需要解决的一个重要问题。沈祖芬版采取了迎合西洋文化的做法，尽量将新概念原汁原味地引入汉语语境中，译者无非想让他的读者，尽快地适应新的文化内涵，通过改变自身来对接西洋文化。所以，译本中绝大多数解释直接将英文单词以发音相近的汉字来表示，再在其后注上汉语意思。沈祖芬版与高桥雄峰版虽然都以音译为主，但在解释的环节，侧面表现出了中日之间在接受西洋文化时候的差别，显然日本更胜一筹。

六　小结

本文通过对比日本博文馆发行于明治 27 年（1894）、由高桥雄峰翻译的『ロビンソンクルーソー一絶島漂流記』（上卷、中卷、下卷），以及由上海开明书店发行于 1902 年、译者署名为"钱唐跛少年"的《绝岛漂流记》，分析了该英国作品在被译介到东亚，特别是日本和中国时，所发生的变化及其异同之处，集中在对译本底本的讨论、对时间观念的把握、对宗教观念与家族观念的取舍、翻译欧洲新事物时采取的处理方式等方面。透过译本的言语表象，研究潜藏于内的文化翻译。综观高桥雄峰版与沈祖芬版，可以看出东亚国家虽然也在接受欧洲的文化概念，但是对于自己的传统文化并没有因此摒弃不用。当观念差异巨大时，如何进行处理便是文化翻译的重要体现。此处文化翻译就不仅仅局限在语言文字上，更体现在文化冲突发生时，译者是如何处理冲突，使其影响程度降到最低，为读者所接受的，而不是一经面世，便遭到强烈的抵制或无视，继而失去译本生命。这是译介文学在另一个目的语环境下，特别是特定历史条件下为获得重生必然要经历的阶段与牺牲。

A Preliminary Study of the Cultural Translation in *Zeetōhyōryūki* in Early Modern East Asia

Centered on the Translations of Shen Zufen's Version and Takahashi Yūhō's Version

Li Yun

Abstract

Since the 19th century, *Robinson Crusoe* has been translated into mainly two East Asian's languages: Japanese and Chinese. The purpose of this study is to analyze the changes in the British work from the perspective of cultural interaction when it is translated into East Asia, especially Japan and China. By comparing the similarities and differences, that is, through the linguistic representations of the translated text, we can study the cultural translation that is hidden in it. This paper will mainly discuss the similarities and differences between the Chinese and Japanese translations and their differences from the English version of the original from five aspects in order to discuss the cultural translation.

Keywords

Zeetōhyōryūki; Family Concepts; Time Concepts; Cultural Translation

关于汉译伊索寓言中方言译本的研究

——以福建方言译本为中心

陈　旭[*]

摘　要

19 世纪中叶，随着清政府的战败，西方传教士纷纷来华传教。为了将基督教普及到民众中去，他们在将《圣经》等作品翻译成各地方言的同时，又编辑普通话及方言教科书供来华传教士们学习。翻译的作品中就包括伊索寓言。

管见所及，由西方传教士编著的方言译本有福建方言、上海方言、广东方言三种译本，其中福建方言译本数量较多、篇幅较长，特点也最为鲜明。本文试图利用 19 世纪传教士编写的方言词典，在解读上述方言版本内容的同时，将其译回汉字，并从内容、语言、出版、传播途径、作品影响等方面进行探讨和分析。在此基础之上，还试图将其与其他汉译伊索寓言进行对比研究。

关键词

伊索寓言　福建方言　方言译本　白话字　传教士

引　言

第一次鸦片战争以后，清政府被迫与英国签订《南京条约》，开放了广

---

*　陈旭，日本关西大学东亚文化研究科博士生，主要研究方向为文化交涉学语言与表象。邮箱：Kansaiuniversity18d2204@ gmail. com。

州、厦门、福州、宁波、上海五处通商口岸；准许英国派驻领事；准许英商及其家属自由居住。在这样一个国门大开的时代背景下，基督教传教士纷纷来华传教。一方面，他们为了将基督教普及到民众中去，把《圣经》等作品翻译成各地的方言以便普通民众阅读。另一方面，他们致力于编辑普通话与方言教科书供来华传教士们学习。伊索寓言也作为其中之一被翻译成方言。

管见所及，现存汉译伊索寓言的福建方言译本主要有以下三种。

（1） *Esop's Fables* ; *as Translated into Chinese by R. Thom Esqr. Rendered into Colloquial of the Dialects Spoken in the Department of Chiang-Chiu , in the Province of Hok-Kien* ; *and in the Department of Tie-Chiu , in the Province of Canton by S. Dyer and J. Stronach*[①] （1843，东洋文库 P-Ⅲ-a-1267）。

（2） *Aesop's Fables in the Amoy Vernacular* （1885，香港大学图书馆藏）。

（3） *Long-Sim Ju-Gian* （《养心喻言》）（1893，所在不明）。

提到福建方言译本就不得不提白话字[②]。上述三个方言版本都是由以罗马字为基础的闽南白话字标注而成。所谓白话字（Peh-ōe-jī），就是一种以拉丁字母书写的闽南语。最初由基督教长老教会在福建厦门创造并推行，后来又被称为"教会罗马字"（Kàu-hōe Lô-má-jī）。它是用拉丁字母编创的，含有 6 个母音、17 个子音、8 个声调，能拼切出厦门方言语音和全部汉字读音。[③]

传教士们想将基督教普及到民众中去，于是他们将《圣经》翻译成各地的方言，以便普通民众阅读。起初，他们借助汉字来翻译。最早的版本是 1847 年在上海出版的《圣经》。但是用汉字翻译遇到了困难，于是改用罗马字拼音。贾立言和冯雪冰的《汉文圣经译本小史》中提到："第一，有些方言，有音无字，所以不能写出，这样《圣经》的翻译就显得极其困难，甚至绝不可能。其次，即使有字体可以写出，人民识字的能力也很低薄，所以有许多人以为若用罗马拼音，那么在数星期之内即可习得。"[④] 这种用罗马拼音的方言文字，就是"方言教会罗马字"。

---

① 以下简称 *Esop's Fables* ；*Hok-Kien*。
② 用拉丁文字标记的福建、台湾地区方言。
③ 林世岩编著《厦门话白话字简明教程》，厦门大学出版社，2014，第 2 页。
④ 贾立言、冯雪冰：《汉文圣经译本小史》，上海广学会，1934，第 80~81 页。

白话字在厦门正式推行始于 1850 年，但它的起源可以追溯到 1815 年马礼逊在马六甲开办英华学院时所拟定的汉语罗马字方案。① 后来外国传教士来厦门传教，就是使用了这套方案来学习厦门腔闽南话。对白话字历史的关注有助于我们对福建方言版本伊索寓言的考证。

目前，对汉译伊索寓言的研究虽已有很多，但对其方言版本的研究还十分有限。方言版本的研究难点，可总结为以下几点。

1. 标记方式的多样性

19 世纪中叶，福建方言还没有形成完善的体系。虽然当时的传教士编纂了许多方言字典，但其编纂方式、标记方法都因人而异，各有不同。换言之，如果想对方言版伊索寓言的内容进行准确无误的读取，就需要找到其所匹配的方言词典。然而，对于像上述 *Aesop's Fables in the Amoy Vernacular* 和 *Long-Sim Ju-Gian*（养心喻言）这样的作者不明的版本，想要找出其所适用的方言词典十分困难。

2. 方言和汉字的差异性

当时传教士所编纂的大多是用英文与罗马字标注的方言对照词典，并未标明其对应的汉字。如此一来，利用词典虽然可以将方言翻译成意思近似的英文，但要想找到其对应的汉字，非常困难。另外，许多方言词语本身就没有对应的汉字。因此，想从语言方面对方言版本进行研究以及将方言版本与其他汉译版本进行对比研究十分不易。

3. 方言的时代差异性

这些译本中的方言乃是 19 世纪的福建方言。随着时间的推移，它与现在的福建方言势必会有所不同。这也给研究带来了一些困难。

本文试图利用 19 世纪传教士编写的方言词典，从内容、语言、传播途径、作品影响等方面对以上方言版本进行解读和分析。在此基础上，试图将上述方言版本的伊索寓言译回汉字，并将其与其他汉译版本进行对比研究。

方言译本作为汉译伊索寓言中不可或缺的一部分，不仅对伊索寓言汉译史的研究具有一定意义，对于方言本身演变的研究也具有一定的参考价值。

---

① 罗攀：《中西文化碰撞的意外收获——厦门话教会罗马字的创制、传播及其对闽南社会的影响》，《海交史研究》2008 年第 2 期。

一　福建方言译本的先驱：*Esop's Fables*；*Hok-Kien*

福建方言译本中最先问世的便是 *Esop's Fables*；*Hok-Kien*。这本书 1843 年出版于新加坡，其扉页上印有 "Esop's Fables；as Translated into Chinese by R. Thom Esqr. Rendered into the Colloquial of the Dialects Spoken in the Department of Chiang-Chiu，in the Province of Hok-Kien；and in the Department of Tie-chiu，in the Province of Canton by S. Dyer and J. Stronach" 的字样（见图 1）。

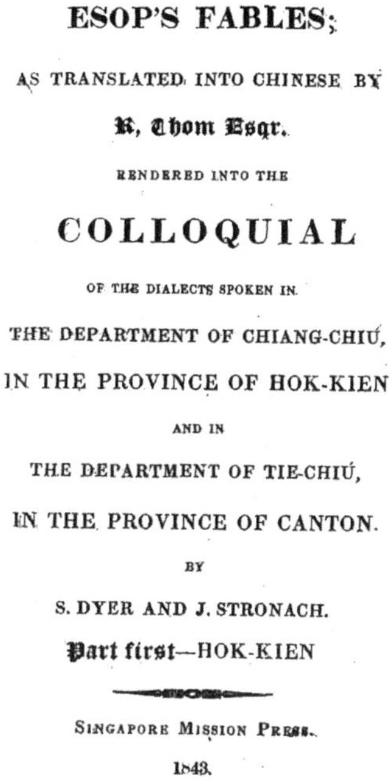

ESOP'S FABLES;

AS TRANSLATED INTO CHINESE BY

R, Thom Esqr,

RENDERED INTO THE

COLLOQUIAL

OF THE DIALECTS SPOKEN IN

THE DEPARTMENT OF CHIANG-CHIÚ,

IN THE PROVINCE OF HOK-KIEN

AND IN

THE DEPARTMENT OF TIE-CHIÚ,

IN THE PROVINCE OF CANTON.

BY

S. DYER AND J. STRONACH.

Part first—HOK-KIEN

SINGAPORE MISSION PRESS,

1843.

图 1　*Esop's Fables*；*Hok-Kien* 扉页

由扉页上所记载的英文不难看出，这是由传教士塞缪尔·戴尔（Samuel Dyer）与约翰·施敦力（John Stronach）合作将伊索寓言译成福建漳州方言与广东潮州方言。该书分两部分，第一部分为福建方言，第二部分为广东方言。福建方言部分收藏在东洋文库的马礼逊文库，8 开本，由扉页（2 页）、勘误表（1 页）、正文（40 页）三部分组成。

本节将参考 19 世纪传教士所编纂的罗马字福建方言字典，在将罗马字标记的方言译回汉字的基础上，仔细考察译本内容。19 世纪，传教士们编篡了《夏英大辞书》《漳州方言词汇》《厦门音的字典》等许多罗马字方言字典。其中，由此书译者自己编纂的《漳州方言词汇》（*A Vocabulary of the Hok-Kien Dialect as Spoken in the County of Tsheang-Tshew*）最有参考价值。

这部字典收录了戴尔在马来西亚槟城、马六甲收集的漳州方言词语。该字典共 132 页，分绪论、正文、索引三个部分，由 The Anglo-Chinese College 出版。共收录 1800 余个漳州方言词语，均以罗马字母音列于左侧，又有英文解释列于右侧。

通过参考这部字典，笔者将 *Esop's Fables；Hok-Kien* 的目录进行了整理，并与《意拾喻言》的目录进行了对照（见表 1）。

表 1　*Esop's Fables*；*Hok-Kien* 与《意拾喻言》的目录对照

Esop's Fables；*Hok-Kien*		《意拾喻言》
原文	译文	原文
ch'ai t'ùn-chiá^h Yió^{ng}	1.《豺吞吃羊》	1.《豺烹羊》
Ké = káng tit-tiò^h Chin-chú	2.《鸡公得着珍珠》	2.《鸡公珍珠》
Sai káp Him siò-che^{ng} chiá^h	3.《狮和熊相争吃》	3.《狮熊争食》
Gò se^{ng} Kim-nui^{ng}	4.《鹅生金卵》	4.《鹅生金蛋》
Káu k'w^{ng} á t'-é yi^{ng} á	5.《狗追它的影》	5.《犬影》
Sai káp Lí chò = hòé p'á^h = lá^h	6.《狮和驴做伙打猎》	6.《狮驴同猎》
ch'ái kiú Pe^h-hò^h	7.《豺求白鹤》	7.《豺求白鹤》
N^{u}ng-chiá^h Niáu = ch'í	8.《两只老鼠》	8.《二鼠》
Chò = ch'án-láng kiú Chwá	9.《作田人救蛇》	9.《农夫救蛇》
Sai káp Lí chéng = k'í	10.《狮和驴争气》	10.《狮驴争气》
Sai káp Lí Báng pí bú-gé	11.《狮和蚊比武艺》	11.《狮蚊比艺》
Long pí Káu p'ién	12.《狼被狗骗》	12.《狼受犬骗》
Lí ch'éng Sái-é p'òé	13.《驴穿狮的皮》	13.《驴穿狮皮》
Lò = á chá^h ke-mó^{ng}	14.《乌鸦插假毛》	14.《鸦插假毛》
Eng káp Kú	15.《鹰和龟》	15.《鹰龟》
Kú káp T'óù	16.《龟和兔》	16.《龟兔》
N^{u}ng-chiá^h Ké siò-p'á^h	17.《两只鸡相拍》	17.《鸡斗》
O'ù pe^h Káu-Bò	18.《黑白狗母》	18.《黑白狗雌》
Lái = bá ki me^{ng} Pú = tò	19.《狸猫指骂葡萄》	19.《狐指骂蒲提》
Sé-ki^{ng} á p'á^h Káp = á	20.《细团打蛤》	20.《孩子打蛤》

续表

Esop's Fables；Hok-Kien		《意拾喻言》
原文	译文	原文
Káp = pò Sui = gú	21.《蛤母水牛》	21.《蛤蟆水牛》
Eng Niáu Tí chò-hòé twá	22.《鹰猫猪做伴 twá①》	22.《鹰猫猪同居》
Be sióng pò Lok-é kiú = siú	23.《马想报鹿的 kiú② 仇》	23.《马思报鹿仇》
P'áng = ch'í téng Láng = him	24.《蜂刺针人熊》	22.《蜂针人熊》
P'á^h = lá^h-é láng jék T'óù	25.《打猎的人 jék③ 兔》	25.《猎户逐兔》
K'á ch'ìú hwán-pwán	26.《骹（脚）手反叛》	26.《四肢反叛》
Lò = á Káp Lái = bá	27.《乌鸦和狸猫》	27.《鸦狐》
Chái = hong káp Pí^{ng} = láng-é láng	28.《裁缝和骗人的人》	28.《裁缝戏法》
Sé-póù，Ní^{ng}-póù sìo-kong	29.《洗布染布相讲》	29.《洗染布各业》
Hwui-kⁿng T'í^h-kⁿng chò = hòé ki^{ng} á	30.《Hwui④ 缸铁缸做伴行》	30.《瓦铁缸同行》
Lái = bá káp Sw^{ng} á = yió^{ng}	31a.《狸猫和山羊》	31.《狐与山羊》
Gú káp Káu chò = pú twá	31b.《牛和狗做伴 twá⑤》	31.《牛狗同群》
Chit-bák-lok sit ké = chék	32.《一目鹿失计策》	32.《眇鹿失计》
Gái-láng kiú chíng	33.《呆人求钱》	33.《愚夫求财》
Láu-láng sió^{ng} = lo^h = ké sí	34.《老人想 lo^h = ké⑥ 死》	34.《老人悔死》
Ché = kok-é láng，Bóù káp Sé í	35.《齐国的人，妇和细姨》	35.《齐人妻妾》
Gán káp，Ho^h chò = pú tiò^h-báng	36.《雁和鹤作伴着网》	36.《雁鹤同网》
Lò = á ái ò^h Eng-é k'wui = lát	37.《乌鸦爱学鹰的气力》	37.《鸦效鹰能》
Sok-ch'á p'í = jí	38.《束柴比喻》	38.《束木譬喻》
Twá-sw^{ng} á ú sin = in	39.《大山有身孕》	39.《大山怀孕》
P'á^h = lá^h-é láng me^{ng} káu	40.《打猎的人骂狗》	40.《猎主责犬》
Sìo-t'ái-é Be，K'í = hú Lí	41.《相刣的马欺负驴》	41.《战马欺驴》
Lok-é yi^{ng} á chìo-chui	42.《鹿的影照水》	42.《鹿照水》
Ké pú Chwá-nui^{ng}	43.《鸡抢蛇蛋》	43.《鸡抢蛇蛋》
P'á^h-kóù-é láng pién-lùn	44.《打鼓的人辩论》	44.《鼓手辩理》
Lí tóù káu = á ték-t'iong	45.《驴妒狗的宠》	45.《驴犬妒宠》
Niáu = ch'í pò in	46.《老鼠报恩》	46.《报恩鼠》
Káp = á kiú Pák = té = yiá	47.《蛤求北的帝》	47.《蛤求北帝》
Tok-chwá ká Kí = lé	48.《毒蛇咬 Kí = lé⑦》	48.《毒蛇咬锉》
Yió^{ng} káp，Lòng kiét-béng	49.《羊和狼结盟》	49.《羊与狼盟》

续表

Esop's Fables；Hok-Kien		《意拾喻言》
原文	译文	原文
Pú = t'áu kiú Pe^{ng}	50.《斧头求柄》	60.《斧头求柄》
Lok kóù = chi^{ng} á Gú kiú ĺ	51.《鹿恳请牛救它》	51.《鹿求牛救》
Lok jip sái-é k'áng	52.《鹿入狮的孔》	52.《鹿入狮穴》
Jit káp Hong siò-sú	53.《日和风相输》	53.《日风相赌》
Chò^h-ch'án-láng ká ki^{ng} á	54.《作田人教囝》	54.《农夫遗训》
Hóù káp, Hò^h siò-káu = kwán	55.《狐和鹤相交往》	55.《狐鹤相交》
Sái-ch'iá-é láng kiú Hwùt	56.《驶车的人求佛》	56.《车夫求佛》
Gĺ-káu bui ch'át	57.《义狗吠贼》	57.《义犬吠盗》
Chiáu = á sit-góu k'ò Hĺ	58.《鸟失误靠鱼》	58.《鸟误靠鱼》
Lí káp Be siò-táng ki^{ng} á-lóù	59.《驴和马相同行路》	59.《驴马同途》
Lí ^{u}m-chú-liáng	60.《驴不自量》	60.《驴不自量》
Sùn = káu, Yiá = long	61.《驯狗野狼》	61.《驯犬野狼》
Long-é ké-chék, yiong-bé ki^{ng} á	62.《狼的计策用不行》	62.《狼计不行》
Long twán Yiò^{ng}-e án	63.《狼断羊的案》	63.《狼断羊案》
Gái-láng gái-siò^h	64.《痴人痴想》	64.《愚夫痴爱》
ké-káng káp, Che^h = kóù chò = pú chiá^h	65.《鸡公和鹧鸪做伴食》	65.《鸡鸪同饲》
Hong-ch'iong ki^{ng} á ká = tí hái	66.《放纵囝家己害》	66.《纵子自害》
Chéng = t'áu = á lóù = hien kán = che-é sú	67.《指头露现奸诈的事》	67.《指头露奸》
O'ù = á k'ĺ = hú Yiò^{ng} sien	68.《乌鸦欺负羊善》	68.《鸦欺羊善》
Giup-chú t'ám-sim	69.《业主贪心》	69.《业主贪心》
Sám-ch'iú, Lóù = tiá^h = á, ú-é nge^{ng}, ù-é nui^{ng}	70.《杉树，芦条儿，有个刚有个柔》	70.《杉苇刚柔》
Hong-tong-é wá pĺ pák	71.《荒唐的话被驳》	71.《荒唐受驳》
I = sip k'wán-sí	72.《意拾劝世》	72.《意拾劝世》
Yiá = tĺ ká = tĺ pò = hóù	73.《野猪家己保护》	73.《野猪自护》
Káu chò kwùn, Hóù li chò sin	74.《猴做君狐狸做臣》	74.《猴君狐臣》
ch'í-gú gin = ^{ng} á⑧ kog pe^h = ch'át⑨	75.《饲牛 gin = ^{ng} á⑧ 讲白 ch'át⑨》	75.《牧童说谎》
Láng káp Sái gĺ = lùn to = lí	76.《人和狮议论道理》	76.《人狮论理》
Niáu = ch'ĺ kwán = hong Niáu lái hái ĺ	77.《老鼠 kwán⑩ 防猫来害它》	77.《鼠妨猫害》
K'wngá = mingá-é láng góù ká = ti	78.《看命的人误家己》	78.《星者自误》

Esop's Fables；Hok-Kien		《意拾喻言》
原文	译文	原文
ch'iú-hí Lóù = hí chò = pú sí	79.《鳅鱼鲈鱼做伴死》	79.《鳅鲈皆亡》
Láu-mung = hé ká kingá	80.《老 mung = hé*⑪*教子》	80.《老蟹训子》
Chin-sin k'wⁿg á = kɬⁿg ch'iáng	81.《真神看见像》	81.《真神见像》

注：①当时的福建漳州方言，动词，居住的意思，汉字尚不明了；②当时的福建漳州方言，形容词，汉字尚不明了；③当时的福建漳州方言，动词，追逐的意思，汉字尚不明了；④当时的福建漳州方言，名词，瓦的意思汉字尚不明了；⑤当时的福建漳州方言，动词，居住的意思，汉字尚不明了；⑥当时的福建漳州方言，动词，后悔的意思，汉字尚不明了；⑦当时的福建漳州方言，名词，锉的意思，汉字尚不明了；⑧当时的福建漳州方言，名词，孩子的意思，汉字尚不明了；⑨当时的福建漳州方言，名词，说谎的意思，汉字尚不明了；⑩当时的福建漳州方言，汉字尚不明了；⑪当时的福建漳州方言，名词，螃蟹的一种，汉字尚不明了。

如前文所述，根据扉页上的英文来看，此方言译本由罗伯聘的《意拾喻言》翻译而来。通过比对发现，二者目录是基本一致的。此外，此译本序号也与《意拾喻言》大致相同。《意拾喻言》目录中的第31话重复，所以其序号虽只到81话，实际却是82话。此译本也已经意识到这个问题，所以将重复的第31话，改成了"31a""31b"。此外，《意拾喻言》误将第24话标成了第22话，将第50话写成了第60话，此译本也都进行了修正。

从内容上看，二者大致相同。然而由于翻译方法、表达习惯的不同，方言译本也呈现其独有的特点，可归纳为以下三点。

1. 内容的增减

在翻译过程中，方言译本在部分地方对内容进行了一定程度的删减。例如，第12话的内容为：

Fable 12th *Long pí Káu p'ién*

Lò hú swnga-k'á，ú chit-é biò，chit-chiáh káu = á，chiú tí muing-gwá.……①

12.《狼被狗骗》

罗浮山下，有一个庙，一只狗团住在门外。……②

---

① *Esop's Fables*；*Hok-Kien*（1843 东洋文库 P-Ⅲ-a-1267）第6页。

② 笔者通过查阅《漳州方言词汇》后翻译的对应汉字。

12.《狼受犬骗》

罗浮山下兰若幽栖，小犬守于门外。……①

此处便省略了"兰若幽栖"，增加了"庙"。类似这样的省略和增加情况还出现在第 7 话《豺求白鹤》、第 17 话《两只鸡相拍》等。相比于较为晦涩难懂的"兰若幽栖"，"庙"似乎更易被普通民众所理解。

2. 拟人化的强化

众所周知，伊索寓言多采用拟人手法，故事中出现的动物、山、树等都各有思想，且皆能说话。此方言译本则将这种拟人手法进行了进一步的加强。例如，第 3 话《狮和熊相争吃》中，译者直接将狮子和熊表述为"两人"，《意拾喻言》则表述为"二兽"。

3. 翻译风格的转变

此译本虽是传教士塞缪尔·戴尔与约翰·施敦力的合著，但未曾说明哪些内容由戴尔翻译，哪些由施敦力翻译。此外，对二人译文特征与翻译方法的比较研究也十分值得关注。

首先，让我们探讨一下二人各自承担的翻译内容。

事实上，笔者注意到这个译本的前半部分与后半部分在对同一个词语的表达和书写方法上存在细微的差异。整理结果如表 2 至表 4 所示。

表 2 　"狐狸"一词在漳州方言译本与《漳州方言词汇》中的对照

词语	第 3 话	第 19 话	第 27 话	第 31 话	第 55 话	第 74 话	《漳州方言词汇》
狐狸	「Lái = bá」狸猫				「Hóù li」狐狸		「Lái = bá」狸猫

表 3 　"乌鸦"一词在漳州方言译本与《漳州方言词汇》中的对照

词语	第 14 话	第 27 话	第 37 话	第 68 话	《漳州方言词汇》
乌鸦	Lò = á			O'ù = á	O'ù = á

表 4 　"作田人"一词在漳州方言译本与《漳州方言词汇》中的对照

词语	第 9 话	第 54 话	《漳州方言词汇》
作田人	Chò = ch'án-láng	Chòh-ch'án-láng	Chòh-ch'án-láng

---

① 罗伯聃：《意拾喻言》，1840，Canton Press Office，第 12~13 页。

"狐狸"这个词最先出现在第3话《狮和熊相争吃》（《狮熊争食》），罗马字书写为"Lái = bá"。根据当时传教士所编撰的方言字典可知，"Lái = bá"所对应的汉字是"狸猫"，在当时的福建方言中，表示狐狸的意思。随后，第19话《狸猫指骂葡萄》（《狐指骂蒲提》）中也是写为"Lái = bá"。此外，第27话《乌鸦和狸猫》（《鸦狐》）、第31话《狸猫和山羊》（《狐与山羊》）写法也一样。但是，到了第55话《狐和鹤相交往》（《狐鹤相交》），"狐狸"一词就不是采用"Lái = bá"，而是采用"Hôù li"来标记。另外，到了第74话《猴做君狐狸做臣》（《猴君狐臣》），也是标记为"Hôù li"。也就是说，从第55话开始，"狐狸"一词的书写方式由"Lái = bá"变成了"Hôù li"，其说法也由"狸猫"变成了"狐狸"。

与此相同的还有"乌鸦"一词。"乌鸦"一词最早出现在第14话《乌鸦插假毛》（《鸦插假毛》）中，书写为"Lò = á"。另外，第27话《乌鸦和狸猫》（《鸦狐》）、第37话《乌鸦爱学鹰的气力》（《鸦效鹰能》）也是如此。但是到了第68话《乌鸦欺负羊善》（《鸦欺羊善》），改为"O'ù = á"。

此外，"作田人"一词最早出现在第9话，标记为"Chò = ch'án-láng"，但到了第54话变为"Chòh-ch'án-láng"。

通过上文所述，可以清楚地看到个别词语的说法和标记方法发生了变化。然而我们不禁要问，仅仅在一年多时间里完成的译本，为何前后出现这样的变化和差异。笔者认为，这很大程度上是戴尔与施敦力二人的翻译差异所造成的。

那么，哪些部分是戴尔翻译的，哪些部分又是施敦力翻译的呢？笔者认为，答案就隐藏在这本由戴尔编撰的 *A Vocabulary of the Hok-Keen Dialect as Spoken in the County of Tsheang-Tshew*（《漳州方言词汇》）里。换言之，通过《漳州方言词汇》里的词汇表达和标记方法，我们可以确认戴尔的表达习惯和标记方法。

通过查阅《漳州方言词汇》得知，该词典把"狐狸"标注为"Lái = bá"（狸猫），把"乌鸦"写成"O'ù = á"，把"作田人"标为"Chòh-ch'án-láng"。另外，"做伙"并不写成"chò = pú"，而是写为"chò = hòé"。

如此一来，将"狐狸"标记成"Lái = bá"的第3话、第19话、第27话、第31话，以及将"乌鸦"标记成"O'ù = á"的第68话，将"作田人"写成"Chòh-ch'án-láng"的第54话极有可能是由戴尔主笔翻译的。

综上所述，此译本是伊索寓言方言译史中的首次重要尝试，它为后来的方言译本提供了范本。以此为契机，伊索寓言深入地方，进一步扩大了其在中国的传播范围。

二 方言译本的继承者 *Aesop's Fables in the Amoy Ver-nacular*

此书 1885 年出版于新加坡，其扉页上印有 "Aesop's Fables in the Amoy Vernacular. Singapore：Prined at the 'Singapore Press'" 的字样（见图 2）。正如扉页的英文所述，这是伊索寓言的厦门方言译本。换言之，继塞缪尔·戴尔与约翰·施敦力将伊索寓言首次翻译成福建（漳州）方言的 42 年后，新的方言译本问世。

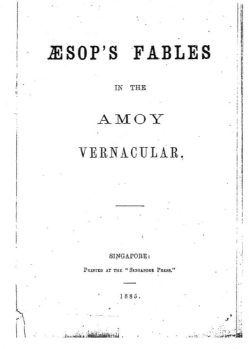

图 2 *Aesop's Fables in the Amoy Vernacular* 扉页

目前此译本藏于香港大学图书馆，8 开本，由扉页（1 页）与正文（20 页）组成。第 1 话、第 6 话、第 18 话的序号被省略，全书共计 20 话。该译本收录的伊索寓言数量虽然不多，但特点鲜明。首先是译本的出版时间、出版地点都十分明确，唯独译者身份未被标明。从内容来看，每一篇寓言的下方都有英文对照的单词列表，这是其他方言译本没有的。此外，每一个伊索寓言故事结尾都有经验总结或者警世的训言，这本书采用直译手法，将训言直译以后，再用方言进行解释。

此书作为第二个福建方言译本，对其内容的考察自然是首要的，但与漳州方言译本以及《意拾喻言》之间的关系也同样值得关注。

本节将参考当时传教士所编撰的厦门方言字典，对此书的内容做一番考察。19 世纪的福建方言字典有许多，笔者认为，出版于 1873 年的《厦英大辞典》无论从时间还是地方来看都最有参考价值。

笔者在参考《厦英大辞典》的基础上，将相关目录整理为表 5。

从目录来看，此译本中的寓言标题与《意拾喻言》及 *Esop's Fables；Hok-Kien* 基本相同，只是将第 18 话和第 19 话交换了位置。在《意拾喻言》和 *Esop's Fables；Hok-Kien* 中，第 18 话是《黑白狗㜵》（《黑白狗母》），第 19 话是《狐指骂蒲提》（《狸猫指骂葡萄》），而此译本第 18 话是《Soaⁿ kau 骂葡萄》，第 19 话是《黑狗母和白狗母》，其余基本相同。可以将这 20 话的标题分为以下三类。

1. 方言表达

与《意拾喻言》相比，此译本存在一些特有的方言表达习惯。首先，从名词来看，将《意拾喻言》里的"金蛋"称为"金卵"，"狗"称为"犬"，"农夫"则叫"作田人"。这与 *Esop's Fables；Hok-Kien* 里的名词表述是一致的。当然，与 *Esop's Fables；Hok-Kien* 相比，也存在细微差异。例如 *Esop's Fables；Hok-Kien* 中将狐狸表述为"狸猫"（狐），小孩称为"细团"，此译本则分别将其表述为"Soaⁿ kau""囝仔"。

此外，三个版本在动词和副词方面也存在一些差异。例如《意拾喻言》中将打斗这一行为描述为"斗"，此译本和 *Esop's Fables；Hok-Kien* 中则不约而同地使用了"相拍"这一方言词语；类似的还有"同猎""同居"的"同"字，在此译本中称为"做 Pu"，*Esop's Fables；Hok-Kien* 中则使用了"作伙"一词；"争食"一词在 *Esop's Fables；Hok-Kien* 中被称为"相争吃"，该译本使用"争吃"。这体现了方言版本的独特性。

2. 改译现象

与《意拾喻言》相比，此译本寓言故事的标题存在改译现象。例如

表 5 厦门方言译本、漳州方言译本与《意拾喻言》的目录对照

| Aesop's Fables in the Amoy Vernacular | | Esop's Fables; Hok-Kien | | 《意拾喻言》 |
原文	译文	原文	译文	原文
Chhai-long beʰ chiaʰ iuⁿ	《豺狼想吃羊》	chʻái tʻùn-chiaʰ Yióⁿg	1.《豺吞吃羊》	1.《豺烹羊》
Koe-kang kap Chin chu	2.《鸡公和珍珠》	Ké = káng tú-tiòʰ Chin-chú	2.《鸡公得着珍珠》	2.《鸡公珍珠》
Sai him chiⁿ-chiaʰ	3.《狮熊争吃》	Sai kàp Him siò-cheⁿg chiaʰ	3.《狮和熊相争吃》	3.《狮熊争食》
Go siᴺ Kim nng	4.《鹅生金卵》	Gòseⁿg Kim-nuiⁿg	4.《鹅生金卵》	4.《鹅生金蛋》
Kau e iaⁿ	5.《狗的影》	Káu kʻwⁿg á t-é yiⁿg á	5.《狗追它的影》	5.《犬影》
Sai, lu, choe pu phah lah 《狮、驴做pu①打猎》		Sai kàp Lí chò = hoé pʻaʰ = laʰ	6.《狮和驴做伙打猎》	6.《狮驴同猎》
Chhai-long kiu peh hoh	7.《豺狼求白鹤》	chʻái kiú Peʰ-hòʰ	7.《豺求白鹤》	7.《豺求白鹤》
Nng chiah niau-chhu	8.《两只老鼠》	Nⁿg-chiaʰ Niáu = chʻí	8.《两只老鼠》	8.《二鼠》
Choh chhah lang kiu choa	9.《作田人救蛇》	Chò = chʻán-láng kiúChwá	9.《作田人救蛇》	9.《农夫救蛇》
Sai lu saⁿ chiⁿ	10.《狮驴相争》	Sai kàp Lí chéⁿg = kʻí	10.《狮和驴争气》	10.《狮驴争气》
Saikap bang-a pi bu-ge	11.《狮和蚊子比武艺》	Sai kàp Lí Báng pí bú-gê	11.《狮和蚊子比武艺》	11.《狮蚊比艺》
Chhai-long ho kau phian	12.《豺狼被狗骗》	Long pí Káu pʻièn	12.《狼被狗骗》	12.《狼受犬骗》
Luchheng sai e phe	13.《驴穿狮的皮》	Lí chʻêng Sái-è pʻdé	13.《驴穿狮的皮》	13.《驴穿狮皮》
O-achhah ke mng	14.《乌鸦插假毛》	Lò = á chaʰ ke-móⁿg	14.《乌鸦插假毛》	14.《鸦插假毛》
Engkap ku	15.《鹰和龟》	Eng kàp Kú	15.《鹰和龟》	15.《鹰龟》
Kukap tho	16.《龟和兔》	Kú kàp Tʻòù	16.《龟和兔》	16.《龟兔》
Koe sio phah	17.《鸡相拍》	Nⁿg-chiaʰ Ké siò-pʻaʰ	17.《两只鸡相拍》	17.《鸡斗》
Soaⁿ kau men phu-to 《Soaⁿ kau②写葡萄》		Oʻù peʰ Káu-Bò	18.《黑白狗母》	18.《黑白狗雌》
OKau bu kap peh kau bu	19.《黑狗母和白狗母》	Lái = bá ki meⁿg Pú = tò	19.《狸猫指写葡萄》	19.《狐指写蒲提》
Gin-aphaʰ chhan-kap-a	20.《囝仔打田蛤仔》	Sé-kíⁿ á pʻáʰ Káp = á	20.《细囝打蛤》	20.《孩子打蛤》

注：①当时福建厦门方言词汇中的"伙"同义，与漳州方言门方言不明了了；②当时福建厦门方言，汉字尚不明了了，名词，指"狐狸"，汉字尚不明了了。

《意拾喻言》第 1 话的标题是《豺烹羊》，*Esop's Fables*；*Hok-Kien* 中则是《豺吞吃羊》，此译本的标题译成了《豺狼想吃羊》。这里的"烹""吞""吃"本就是不同的行为，"想吃"更是加入了心理活动。同时，时态也从过去式变成了将来式。还有，《意拾喻言》的第 10 话是《狮驴争气》，*Esop's Fables*；*Hok-Kien* 为《狮和驴争气》，此译本则将其命名为《狮驴相争》。此外，第 19 话《狐指骂蒲提》在这个译本里变成了《Soaⁿ kau 骂葡萄》，省略了"指"这一动作。

3. 口语化倾向

从文体来看，《意拾喻言》采用的是近似文言的"文言白话混合体"①，有精练简洁的特点。*Esop's Fables*；*Hok-Kien* 与此译本则采用了人们日常生活中较为常用且通俗易懂的白话口语体。与《意拾喻言》相比，它们的口语化倾向是显而易见的。例如，《意拾喻言》中的《二鼠》在这两个方言译本中都被译为《两只老鼠》，《农夫救蛇》的故事都被译为《作田人救蛇》。又如《意拾喻言》的第 2 话为《鸡公珍珠》，*Esop's Fables*；*Hok-Kien* 中译为《鸡公得着珍珠》，此译本则是《鸡公和珍珠》。第 5 话《犬影》则分别被译成了《狗追它的影》与《狗的影》。这样看起来，第一个方言译本 *Esop's Fables*；*Hok-Kien* 中的《鸡公得着珍珠》和《狗追它的影》似乎比该译本中的《狗的影》和《鸡公和珍珠》更具有口语化倾向。

事实上，这里所说的"口语化倾向"也可以理解为"与《意拾喻言》的相似度"。也就是说，与 *Esop's Fables*；*Hok-Kien* 相比，此译本的第 2 话与第 4 话的标题与《意拾喻言》的标题相似度较高，口语化倾向较弱（见表 6）。

表 6　厦门方言译本、漳州方言译本以及《意拾喻言》词语相似度对照

《意拾喻言》	相似度	*Aesop's Fables in the Amoy Vernacular*	相似度	*Esop's Fables*；*Hok-Kien*
2.《鸡公珍珠》	≈	2.《鸡公和珍珠》	>	2.《鸡公得着珍珠》
5.《犬影》	≈	5.《狗的影》	>	5.《狗追它的影》
8.《二鼠》	≈	8.《两只老鼠》	≈	8.《两只老鼠》
9.《农夫救蛇》	≈	9.《作田人救蛇》	≈	9.《作田人救蛇》

① 内田庆市：《汉译伊索寓言集》，ユニウス，2014，第 20 页。

分析完标题，接下来将在解读此译本内容的基础上，尝试将其与《意拾喻言》和 *Esop's Fables；Hok-Kien* 的内容进行比较。

Esop's Fables；Hok-Kien 在其扉页中便写明了是以《意拾喻言》为底本翻译而来的。但实际上，其内容在翻译过程中还是产生了一些变化。与 *Esop's Fables；Hok-Kien* 相比，此译本的内容倒是与《意拾喻言》更为接近，改译之处不多，内容增减幅度较小。换言之，此译本与《意拾喻言》的相似度较高。我们可以从以下四个方面去阐述。

1. 故事开头的一致性

众所周知，《意拾喻言》最大的特征就是不拘泥于原文，而是尝试将故事不断"中国化"。也就是说，将原本故事的时间、地点、人物等背景变成了极具中国特色的设定。例如，《意拾喻言》第 1 话《豺烹羊》的开头便是"盘古初，鸟兽皆能言"；再如，《兔龟》的开头是"禹疏九河时"等。此译本的故事开头与《意拾喻言》的开头基本一致。这也是此译本乃是由《意拾喻言》翻译而来的最有力证据。

2. 拟人化的削减

Esop's Fables；Hok-Kien 中将动物直接称呼为"人"的拟人化倾向十分明显，但这种拟人化的倾向在此译本中已经消失。例如 *Esop's Fables；Hok-Kien* 的第 3 话《狮和熊相争吃》中，直接将狮子和熊称为"两人"，第 10 话《狮和驴争气》中也有"两个人争气"的描述。此译本则表述为"两只动物"和"两只相争"。

3. 数量词的省略

经过对比，笔者发现《意拾喻言》与此译本中将数量词"一"省略的情况较多，*Esop's Fables；Hok-Kien* 中则不省略。以第 1 话为例。

《豺烹羊》
盘古初，鸟兽皆能言。一日豺与羊同涧饮水。[①]

ch'ái t'ùn-chiá^h Yió^{ng}
Pwán kóù é sí chéh, k'im siú long chong é kong wá. U chit-jit, chi

---

① 罗伯聃：《意拾喻言》，Canton Press Office，1840，第 1 页。

chiáh chái káp chit chiáh yióng chò pú tí k'é á chiáh chui. ①

《豺吞吃羊》

盘古时节，鸟兽都可讲话。有一日，<u>一只豺</u>和<u>一只羊</u> *chò pú*（做伙）在溪边吃水。②

Chhai-long be^h chia^h iu^n

Phoau-kó e sì khim-siù long oe kóng oe. Tu-gú chìt-jit, chhai-long kap iu^n tang-khoe chià^h chúi. ③

《豺狼想吃羊》

盘古的时，鸟兽都会讲话。适遇一日，豺狼和羊同溪吃水。④

然而，每篇寓言下方的单词列表里与之对应的英语解释是没有省略数量词的。

如图 3 所示，Sai（狮）对应的英文是"a lion"，him（熊）对应的是"a bear"，soa^n kaú（狐狸）对应的是"a fox"。也就是说，为了保持与《意拾喻言》原文的一致性，此译本的正文省略了数量词"一"。

Sai,	a lion.	soa^n kaú,	a fox.
hîm,	a bear.	thoe^h-khì,	to take away.
sa^n-chi^h,	contend together.	chhut-chai i,	just as he pleased.
ióng-beng,	powerful.		
tián,	to boast.	koa^h-pun,	to cut and divide.
eng-hiông,	courage.		
boe-khí,	unable to raise.	khi hu,	to insult.
tang-siong,	severely wounded.	Bâ-hiò^h,	a kite.
paî-paî, ohhiâng ohhiâng,		ô,	oyster.
	very pompously.	Tho-hái ê lang,	a fisherman.
bô hoat i ta-oâ,	no help for it.	hoan-tng,	on the contrary.

图 3 厦门方言译本第 3 话的单词列表

---

① Samuel Dyer, John Stronach, *Esop's Fables*；*Hok-Kien*, Singapore Mission Press, 1843, p. 1.
② 笔者参考《漳州方言词汇》翻译的对应汉字。
③ *Aesop's Fables in the Amoy Vernacular*, Singapore Press, 1885, p. 1.
④ 笔者通过查阅《厦英大辞典》翻译的对应汉字。

4. 寓意部分的直译现象

此外，此译本在每则结尾的寓意部分采取了先直译《意拾喻言》的原文，随后加补充说明的形式。直译部分如表 7 所示。

表 7　厦门方言译本与《意拾喻言》训言部分的对照

话	意拾喻言	Aesop's Fables in the Amoy Vernacular	
2	俗云何以为宝，合用则贵	siók-gú u kóng（ho í ui po, hapiong chek kui）	俗语有讲（何以为宝，合用则贵）
3	俗云鹬蚌相缠，渔人得利	siók-gú u kóng（kut hong siong chiàn gu jin tek-li）	俗语有讲（鹬蚌相缠，渔人得利）
4	俗云贪心不得，本利具失	siók-gú u kóng（Tham-sim put tek, pún li ku sit）	俗语有讲（贪心不得，本利具失）
6	俗云世事让三分，莫道人强我弱之谓也	siók-gú u kóng（Sè-sujiong sam hun bok to jin kiong; ngo jiiók chi ui iá）	俗语有讲（世事让三分，莫道人强我弱之谓也）
7	俗云过桥抽板，得思财	siók-gú u kóngkò（kò-kiāu tiu pán, tek beng su chái）	俗语有讲（过桥抽板，得命思财）
8	俗云宁食开眉粥莫食愁眉饭即此之谓也	siók-gú u kóng（leng sitkhai bi kiok, ból-sit chhiù bi hoan chek chhú chi ui iá）	俗语有讲（宁食开眉粥莫食愁眉饭即此之谓也）
10	俗云大人不怪小人之谓也	siók-gú u kóng（Tai jin put koài siáu jin）	俗语有讲（大人不怪小人）
12	狼悔曰十赊不如一现	Chhai long hoán-hóe kong（Sip sia put ju it hian）	豺狼后悔地讲（十赊不如一现）
15	俗云飞不高跌不伤	siók-gú u kóng（Hui put ko, thiat put siong）	俗语有讲（飞不高跌不伤）
18	俗云皆因自己无能反说他人无用	siók-gú u kóng（kai in chu kí bu leng, hoánsoat than jiⁿ bu iong）	俗语有讲（皆因自己无能，反说他人无用）
19	曰：受恩不报非君子，况恶报乎，俗云刘备借荆州，有借无还	kong（Siu un put pò, hui kun chú, hong ok pò hon）. Siok-gu u kong. Lau-pi chioh keng chiu, u chioh bo heng	讲（受恩不报非君子，况恶报乎）。俗语有讲，刘备借荆州，有借无还
20	俗云无心放炮玉石俱焚，又云万物伤残只供一笑	siók-gú u kóng,（bu sim hong phàu, giok sek ku hun）, koh kong（ban bút siang chan, ti kiong it chhiàu）	俗语有讲（无心放炮，玉石俱焚），又讲（万物伤残，只供一笑）

此译本寓意的前半部分正是采取了将《意拾喻言》寓意进行直译的方式，这样便保持了与《意拾喻言》的一致性。然而，《意拾喻言》毕竟是接近文言的文体，较为晦涩难懂。因此，此译本又在其后进行了补充说明（见表 8）。

表8　厦门方言译本中寓意补充说明（部分）

话	寓意
2	siók-gú u kóng（ho í ui po, hapiong chek kui）Sim-mih choe po；hap eng chiu si pó
	俗语有讲（何以为宝，合用则贵）甚物作宝；合用就是宝
3	siók-gú u kóng（kut hong siong chiàn gu jin tek-li）ba-hióh kap o saⁿ chiⁿ，hoàn-tng ho thó hái e lang tit-tioh
	俗语有讲（鹬蚌相缠，渔人得利）鹬和蚌相争，反-tng① 让讨海的人得着
4	siók-gú u kóng（Tham-sim put tek, pún li ku sit）Tham-sim boe tit-tióh，pún li lóng sit；chiu si
	俗语有讲（贪心不得，本利具失）贪心不得着，本利皆失；就是这意思
6	siók-gú u kóng（Sè-sujiong sam hun bok to jin kiong；ngo jiiók chi ui iá）Sè-kàn e su tióh niuⁿ saⁿ hun chhiat m-thang kè-kàu，si khoàn chhut lang kiong，lán jiók chiu si ché ì sù
	俗语有讲（世事让三分，莫道人强我弱之谓也）世间的事要让三分不通（不能）计较，始看出人强咱弱，就是这意思
7	siók-gú u kóngkò（kò-kiāu tiu pán，tek beng su chái）kio liáu au chiu hiat-kak hit e pán，po chng sìⁿ miaⁿ；siuⁿ tióh chin chai；chiu si ché ì sù
	俗语有讲（过桥抽板，得命思财）过了桥后就弃攫它的板，保留性命想着钱财；就是这意思
8	siók-gú u kóng（leng sitkhai bi kiok，ból-sit chhiù bi hoan chek chhú chi ui iá）lèng khó chiáh ho-an-hí be，m thang chiáh hoan ló png，chiu si ché ì sù
	俗语有讲（宁食开眉粥莫食愁眉饭即此之谓也）宁可吃饭稀泥，不吃饭 ló png②
10	siók-gú u kóng（Tai jin put koài siáu jin.）Tao lang mkap ha chian e lang saⁿ chiⁿ；chiu si ché ì sù
	俗语有讲（大人不怪小人）大人不和下贱的人相争；就是这意思

注：①当时的福建厦门方言，"相反"的意思，汉字尚不明了；②当时的福建厦门方言，汉字尚不明了。

先以直译的方式翻译后，再以加译的方式进行说明，正是这个译本最大的特征之一，也从侧面反映了其与《意拾喻言》之间的内在关系。

事实上此译本是白话字在汉译伊索寓言中的第二次实践。这种实践不仅有助于白话字的推广和发展，同时对汉译伊索寓言的传播和普及也起到了极为重要的作用。

此外，从内容来看，我们可以判断此译本也是以《意拾喻言》为底本的。同时，从其语言词汇中发现的与 *Esop's Fables；Hok-Kien* 相似的方言拼写特征来看，我们也可以推测出它与 *Esop's Fables；Hok-Kien* 的内在联系。换言之，此译本很可能是在以《意拾喻言》为底本，并在参考了 *Esop's Fables；Hok-Kien* 的基础上诞生的。

67

不仅如此，此译本还有着其他方言译本所没有的特征，即正文下方设置了单词对照表，这有助于读者对方言内容的理解。也从侧面印证了其为当时西方传教士方言学习课本的事实。同时，文末的寓意部分，采取了先直译后用方言进行补充说明的翻译方式。这不仅有利于读者对寓言的理解，同时起到了强调寓意的作用。

综上所述，在某种意义上，这个译本可以说是福建漳州方言译本的继承者。

三 福建方言译本的创新者 *Long-Sim Ju-Gian*（《养心喻言》）

此书出版于 1893 年，扉页印有 "Long-sū 19 nì 1893 E-MNG Pōe-būn-chai ìn" 的字样。由此不难看出，它是由厦门的 "Pōe-būn-chai"（佩文斋）于光绪十九年（1893）出版的译本。

虽然未明确标出译者姓名，但从内容来看，这是与《意拾喻言》密切相关的第三部福建方言译本。其封皮如图 4 所示。

图 4 *Long-Sim Ju-Gian*（《养心喻言》）封皮

该译本为 8 开本，由扉页（1 页）、目录（2 页）、正文（32 页）、附录（8 页）组成，共收录 19 话寓言故事。与之前两个方言译本相比，此译本收录的寓言故事数量不多，但依然有着鲜明的特点。首先，它是福建方言译本中唯一一个配有插图的译本，例如其中的第 1 话、第 5 话、第 12 话、第 14 话、第 16 话都配有精美的插图。其次，与其他两个福建方言译本不同，此译本收录的 19 话当中，不仅包括伊索寓言故事，还包括其他的寓言故事。故事内容有被改译的痕迹，篇幅也有所增加。

另外，研究这个福建方言译本，不仅要着眼于其内容本身，还要将目光聚焦到其与罗伯聃的《意拾喻言》和之前两个方言版本之间的相互关联上。

（一）标题方面的特点

笔者在参考了当时西方传教士所编撰的厦门方言词典的基础上，将此译本的目录与《意拾喻言》的做了对比（见表 9）。

表 9　*Long-Sim Ju-Gian*（《养心喻言》）与《意拾喻言》目录对照

Long-Sim Ju-Gian		《意拾喻言》
原文	译文	原文
1. *Beh chiū ōe, m̄ chiū bōe*	?[①]	
2. *Kūn-chu chiáchhek, kūn-bèk chať hek*	《近朱者赤，近墨者黑》	
3. *Tōa-chiòh iàh tiòh chiòh-á kēng*	?	46.《报恩鼠》
4. *Ti-hông ti°-giân bìt-gú*	《提防甜言蜜语》	27.《鸦狐》
5. *Tham jǐ pîn jǐ khak*	The character "covetous" has its form very like that of "poor"[②]	5.《犬影》
6. *Un-ok iông-siān*	《隐恶扬善》	
7. *Tiu° lô-bāng tî° tiòh ka-kī ê kha*	《丢罗网缠着家己的脚》	
8. *Lō-tek khah iâ° chhiū*	《老竹笛与树》	
9. *Chek-kok hông-ki*	《积谷防饥》	
10. *Phiàn lângchek phiàn kí, tò-tng hāi ka-kī*	《骗人则骗己，到头害家己》	75.《牧童说谎》
11. *Ti-tu peh-chiū° thian-lô-pán*	《蜘蛛?》	
12. *Tāi-seng ê choe lō-bé*	《第先的最老尾》	16.《龟兔》
13. *Siang-kha tàh siang-chûn*	《双脚踏双船》	

续表

Long-Sim Ju-Gian		《意拾喻言》
原文	译文	原文
14. *It pòhoân it pò*	《一报还一报》	55.《狐鹤相交》
15. *Lòk-tô khi chú-lâng*	《骆驼骑主人》	
16. *Ka hô bān-sū sêng*	《家和万事兴》	38.《束木譬喻》
17. *Hong jit tó-béng*	《风日斗猛》	53.《日风相赌》
18. *Lé-to jîn-chà*	?	
19. *Jîu lêng sèng kong*	《柔能胜刚》	

注：①"？"表示当时的福建厦门方言，汉字尚不明了；②当时的福建厦门方言，汉字尚不明了，引《厦英大辞典》对应英文解释。

从目录来看，此译本的标题与其他两个方言译本的标题大相径庭。可以归纳为以下三个特点。

1. 寓意作标题

众所周知，伊索寓言故事大都借物揭示其蕴含的哲理，或揭露与批判社会矛盾，或抒发对人生的感悟，或总结日常生活的经验，多以故事主人公或故事大意为标题。此译本中的多数故事则直接将寓意作为故事标题。这是其他方言译本所没有的现象，同时可以从中推测出译者特别注重和强调寓意部分的内容。

2. 成语、谚语的使用

与其他方言译本标题的口语化倾向不同，此译本的标题采用了较为文言化的谚语和成语。例如将"近朱者赤，近墨者黑""甜言蜜语""隐恶扬善""一报还一报""家和万事兴"这些耳熟能详的谚语或成语作为标题。这不仅是方言译本中的首创，在整个汉译伊索寓言史上也是极具创新性的。

3. 方言表达

作为福建方言的第三个译本，方言特色自然是不可或缺的。例如，"自己"一词在该译本中表现为"家己"，"最前"则表达为"第先"，"末尾"则对应"老尾"，"脚踏两只船"则为"双脚踏双船"等。

（二）内容方面的特点

与先前的两部福建方言译本不同，此译本不仅收录了《意拾喻言》中的故事，也收录了《意拾喻言》以外的伊索寓言，同时收入了伊索寓言以外的故事。例如第3话、第4话、第5话、第10话、第12话、第14话、第16话、第17话都出自《意拾喻言》，第1话则出自《意拾喻言》以外的伊索寓言。此外，像第2话、第5话、第11话这种既非出自《意拾喻言》又非出自伊索寓言的故事，到底是来自其他寓言故事，还是译者自己的创作，还有待进一步的考证。

首先还是将目光聚焦到出自《意拾喻言》的这8话。与《意拾喻言》相比，此译本在内容上做了较多的改译。改译范围包括文体、登场角色、故事情节和寓意。

1. 文体变化

尽管此译本的故事标题多采用与《意拾喻言》所用文言类似的成语和谚语，但正文又变成了截然不同的样子。我们已知《意拾喻言》采用的是接近文言的"文言白话混杂体"[1]，此译本采用的却是实实在在的口语体。以第5话为例。

> U chìtchiah káu, kā chit-tè bah, tùi kiô nih kè. Kîo-ē ê chúi chheng-chheng tīaⁿ-tīaⁿ, só-í I ê íaⁿ chìo lòh chúi-tóe, án-ni khòaⁿ-kìⁿ chúi-lāi iàh u chit chiah káu, kā chit tè bah. I chiū beh chhíuⁿ chúi-lāi hit chiah káu só kā ê bah, káu tîo-lòh-khì, m-tàt-nā chhíuⁿ bô, liân i chhùi nih hit tè sòa tîm-lòh chúi-tóe.[2]

> 有一只狗，咬一块肉，随桥里过。桥下的水清清静静，所以它的影照落水底。án-ni[3] 看见水里也有一只狗，咬一块肉。它就要抢水里那只狗所咬的肉，投落去，不只抢无，连它嘴里那块都落水底。[4]

> 昔有犬过桥，其口咬有肉一块，忽见桥下有犬口咬肉，不知其为影也。遂（舍）口之肉而奔夺之。几乎淹死。其真肉已随流水去矣。欲贪其假失却其真，世人多有类此。[5]

---

[1] 内田庆市：《汉译伊索寓言集》，ユニウス，2014，第20页。

[2] *Long-Sim Ju-Gian*（《养心喻言》），佩文斋，1893，第9页。

[3] 当时的福建厦门方言，据《厦英大辞典》显示，同英语"thus"的意思，相当于"于是"，汉字尚不明了。

[4] 笔者根据《厦英大辞典》翻译的对应汉字。

[5] 罗伯聃：《意拾喻言》，1840，Canton Press Office，第5页。

2. 寓意变化

这里的"寓意变化"是指整体的故事情节不变，只是在寓意部分做了修改。例如第 14 话《一报还一报》（《狐鹤相交》）与第 16 话《家和万事兴》（《束木譬喻》）的寓意部分。

第 14 话《一报还一报》的寓意是"Siòk-gú kóng, Hāi-jîn chek hāi-kí, tò-tng hāi ka-kī"（俗语讲，害人则害己，到头害家己①），《意拾喻言》中《狐鹤相交》的寓意部分是"俗云，恶人自有恶人磨，此之谓也"。"恶人自有恶人磨，此之谓也"与"害人则害己，到头害家己"相比，视角与立场发生了微妙的变化。前者是站在第三者的视角阐述了恶人必将受到惩罚的道理，后者则是站在第一人称的视角，强调了害人即自害的道理。第 16 话《家和万事兴》的寓意部分是"Siòk-gú kóng, mng phòa káu nng jìp-lâi"（俗语讲，门口狗窜进来）②，《意拾喻言》的《束木譬喻》则是"俗云，唇齿相依，连则万无一失，若分之，唇亡则齿寒，无有不失也。慎之，如以一国而论，各据一方者鲜有不败，反不如合力相连之为美也"。同样是强调团结意识，《束木譬喻》以唇齿为例，传达了家国兴旺的要领。此译本中的《家和万事兴》则是站在"家"而非"国"的立场去阐述的。

由此可知，虽然寓意所传达的意思大致相同，但与《意拾喻言》相比，此译本有从第三人称视角向第一人称视角转移的倾向。换言之，即更加注重对"个人"的倾向。

3. 登场角色和情节变化

不仅寓意部分有改译，登场角色和故事情节也有所变化。例如，《意拾喻言》中《报恩鼠》的故事情节十分简单，讲述的是为报狮子不杀之恩的老鼠咬断猎人的绳网救出狮子的故事。此译本的登场角色和情节都有了较大的改变。首先，登场角色从老鼠和狮子变为老鼠、狮子和百兽。此外，在情节方面，也变成了为救助被猎人绳网所困的狮子，百兽聚集在一起想计策，均未能成功。唯有一只不起眼又不被看好的小老鼠咬破绳网救出了狮子。如此一来，故事的主人公和寓意侧重点便也发生了细微的变化。

尽管如此，如第 4 话、第 12 话、第 17 话那样与《意拾喻言》中内容几

---

① *Long-Sim Ju-Gian*（《养心喻言》），佩文斋，1893，第 23 页。
② *Long-Sim Ju-Gian*（《养心喻言》），佩文斋，1893，第 27 页。

乎一致的故事也不在少数，这也说明此译本中的这 8 话与《意拾喻言》之间的传承关系。因此，从某种意义上说，此译本既是《意拾喻言》的继承者，又是方言译本中的创新者。

分析完与《意拾喻言》密切相关的这 8 话，再将目光聚集到《意拾喻言》以外的伊索寓言。以译本中的第 1 话 *Beh chiū ōe, m chiū bōe* 为例进行分析。

实际上，第 1 话就是伊索寓言中为人所熟知的"乌鸦喝水"的故事。但这一则故事并未收录在《意拾喻言》之中。那么，译者究竟是从何处翻译而来的呢？

回顾伊索寓言的汉译史，"乌鸦喝水"这则寓言故事最早出现在 1878 年出版的中田敬义的《北京官话伊苏普喻言》之中，随后出现于 1910 年出版的《伊氏寓言选译》。由出版时间推算，此译本很有可能参考了 1878 年出版的《北京官话伊苏普喻言》。当然，除此之外也有可能翻译自英文原版。关于其底本的探究还需要进一步的考证。

另外，此译本的第 1 话、第 5 话、第 12 话、第 14 话和第 16 话都配有精美的插图。这是汉译伊索寓言中较为罕见的，同时它也是福建方言译本中唯一一个带有插图的译本。与其他汉译伊索寓言的插图本相比，此译本在插图本身的精美程度、插图位置选择等方面都有其独到之处。

汉译伊索寓言最早的插图本是《伊娑菩喻言》（上海施医院藏版）。它并非将图画插入寓言故事当中，而是在每则寓言故事之前专门设置一页，并且在画的上方标明对应的寓意标题。1903 年出版的《伊索寓言》是将图画插入故事正文中。此译本则是设置在正文标题的上方。

与前两者相比，笔者认为此译本的插图位置更有利于帮助读者理解寓言故事内容。它并非另起一页，而是插入寓言的标题之上。读者在阅读故事之前，先观察插图，有了大致印象之后再开始阅读故事。这样不仅可以吸引读者的阅读兴趣，还可以达到"图文对照"加深印象的效果。将图片插入正文当中的形式，会让画面略显凌乱，也会打乱阅读的节奏。此外，从插图本身来看，此译本的插图用了较为简单的线条进行勾勒，画面简洁精美、通俗易懂。可以看出，这是译者用心制作的译本。

最后，与其他方言译本不同，此译本的最后有 8 页附录。其中，前两页是白话字的字母表，从第 3 页开始出现由短到长的文章。第 3 页如图 5 所示，笔者将其译为了汉字（见表 10）。

③

Hoe ōe phang	Tōe chin khoah
chiáu ōe pe	lō· kèk oéh
hî ōe thiàu	chòe hó-sim
bé ōe pháu	hoe chin súi
ah ōe bī	gû lôe-chhân
chhâ ōe tóh	bé thoa-chhia
kha ōe kîaⁿ	lâng thảk-chheh
bảk ōe khòaⁿ	kòa sía-jī
Tōa-châng chhiū	Chit-ki pit
chit-pân hoe	nñg-tiâu bảk
sì phiat chhài	saⁿ-tiuⁿ chóa
chit-óaⁿ thng	chheh saⁿ-pún
chiáu ū sit	chiòh chit-tè
hî ū lân	siuⁿ lảk-khia
téng sī thiⁿ	chhù chit-keng
ē sī tōe	hî chit-bé

图 5　《养心喻言》附录第 3 页

表 10　《养心喻言》附录第 3 页译文（节选）

原文	汉译文
Hoe ōe phang	花爱香
chiáu ōe pe	鸟爱飞
hî ōe thiàu	鱼爱跳
bé ōe pháu	马爱跑
ah ōe bī	鸭爱米
chhâ ōe tóh	柴爱着
kha ōe kîaⁿ	脚爱行
bàk ōe khóaⁿ	目爱看

　　由此不难看出，此译本还是学习福建方言白话字的教科书。它不仅推动了白话字的发展，也对伊索寓言在福建地区的普及起到了极为重要的作用。

　　从内容上看，此译本不仅收录了《意拾喻言》的故事，还收录了《意拾喻言》以外的伊索寓言以及其他寓言故事，可谓方言译本之集大成者。故事寓意大多劝人从善，与其书名《养心喻言》相呼应。此外，译本多采用成语和谚语，对故事内容做了细微的改译，并配有精美的插图。文末 8 页的附录更证明了其是学习方言的课本。

综上所述，从某种意义上说，这是汉译伊索寓言的优秀之作，同时是方言译本的创新者。

四 结语

从 *Esop's Fables；Hok-Kien* 到 *Aesop's Fables in the Amoy Vernacular*，再到 *Long-Sim Ju-Gian*，汉译伊索寓言的方言译本实际上是一个不断继承和发展的过程。首先，*Esop's Fables；Hok-Kien* 作为方言译本的先驱，首次将白话字（教会罗马字）用于伊索寓言方言译本的翻译，对后来的方言译本产生了深远的影响。其译本内容与《意拾喻言》一脉相承，但在语言词汇等方面也有其特征。可以说它在汉译伊索寓言方言译本史上占据着开拓者的重要地位。

Aesop's Fables in the Amoy Vernacular 是继 *Esop's Fables；Hok-Kien* 出版 42 年后的又一全新的方言译本。它同样是将《意拾喻言》作为底本，同时在一定程度上参考了 *Esop's Fables；Hok-Kien*。与 *Esop's Fables；Hok-Kien* 相比，此译本虽在数量上较少，但在语言风格以及故事结构等方面仍有独到之处。特别是文末寓意部分，先直译原文，再用方言进行解释说明的翻译手法十分巧妙，不仅有利于读者的理解，还起到了强调寓意的作用。此外，正文下方的方言与英文的对应单词表也充分说明了其在当时被作为西方传教士学习方言的教科书的事实。由此可知，从这个译本开始，汉译伊索寓言方言译本的功能发生了一定的转变，即从宣教和文化传播逐渐变成面向外国传教士的方言课本。无论如何，*Aesop's Fables in the Amoy Vernacular* 依然是汉译伊索寓言方言译本的优良继承者，它在整个福建方言译本的历史中起着承前启后的重要作用。

最后，作为福建方言译本的创新者，*Long-Sim Ju-Gian*（《养心喻言》）不仅收录了《意拾喻言》中的故事，还收录了《意拾喻言》以外的伊索寓言以及其他寓言故事，可谓名副其实的方言译本集大成者。从语言特点来看，不仅采用通俗易懂的口语体，在标题和文末寓意方面还多采用精炼的成语和谚语。另外，将寓意直接作为故事标题的形式以及在标题之前插入精美图画的方式也令人耳目一新。该译本最后的 8 页附录表明了其方言译本与传教士方言学习课本的多重身份，也从侧面反映了该译本在诸多领域的重要作用。无论是对外国人学习福建方言还是对伊索寓言在福建地区的进一步传播都有着重要的意义，也在一定程度上促进了福建普通民众对伊索寓言甚至西方文学的认识。

综上所述，汉译伊索寓言方言译本呈现三个较大的变化趋势。一是内容逐渐脱离其底本《意拾喻言》的束缚，逐步丰富。二是功能从宣教与文化传播开始逐渐向方言教科书转移。三是语言不断从文言转变为通俗易懂的白话口语体，这对伊索寓言的普及有着至关重要的推动作用。

A Study on Dialect Vision in Chinese Translation of Aesop's Fables

Focusing on Fujian Dialect Translation

Chen Xu

Abstract

In the mid-nineteenth century, with the repeated defeat of the Qing government and the signing of the unequal treaties, Western missionaries have come to China to preach. In order to spread Christianity to the people, they translated the works such as the Bible into local dialects for the general public to read. At the same time, they edited Chinese and dialect textbooks for Chinese missionaries to learn. Aesop's fables are also translated into dialects as one of them.

As far as I can see, the translations of dialects edited by Western missionaries include Fujian dialect translation, Shanghai dialect translation, and Cantonese dialect translation. Among them, the number and length of Fujian dialect translations are more and more distinctive. This paper attempts to use the dialect dictionary compiled by the 19th century missionaries to interpret the contents of the above dialect versions, and tries to translate them back into Chinese characters, from the aspects of content, language, publishing, communication, and influence of works. On this basis, we also try to compare with other Chinese translations of Aesop's fables.

Keywords

Aesop's Fables; Fujian Dialect; Dialect Translation; Bai Hua Zi; Missionary

"实用论"、"唯用论" 还是 "实验主义"?

——论张东荪对 Pragmatism 的引介

吴秋红[*]

摘　要

张东荪在留日期间第一次撰文介绍 Pragmatism 时将之译作 "实用论"，留学归国后，他对 Pragmatism 的阐释发生了两次转变，分别译为 "唯用论" 和 "实验主义"。目前，学术界将张东荪对 Pragmatism 的接受看作他对西方哲学引介的一部分进行探讨，鲜有就他留日期间对 Pragmatism 的接受，以及对它的认识所发生的转变展开的研究。本文将对留日期间张东荪对 Pragmatism 的认识，以及之后他对 Pragmatism 的理解的变化展开讨论。这一考察不仅可以折射出他对 Pragmatism 的思考轨迹，更能揭示出 Pragmatism 不只从欧美传入中国，留日学生经由日本将之介绍至中国是 Pragmatism 的另一个知识迁移路径。

关键词

实用论　唯用论　实验主义　Pragmatism

近代中国哲学家、时政评论家张东荪（1886～1973）早年留学日本，留日期间撰写了第一篇介绍 Pragmatism 的文章《真理篇》（1906），发表在《教育》（东京）上，文中他将 Pragmatism 翻译为 "实用论"。归国后，张东荪于 1923 年在《东方杂志》第 20 卷第 15 号和第 16 号上相继发表了《唯

---

* 吴秋红，北京外国语大学历史学院 2019 级博士生，主要研究方向为留学史、知识迁移史，邮箱：wu_ qiu_ hong@ 126. com。

用论在现代哲学上的真正地位》和《唯用论在现代哲学上的真正地位续》
两篇长文，文中他将 Pragmatism 翻译为"唯用论"展开论述。1934 年，以
他在燕京大学的讲义为基础整理而成的《现代哲学》在世界书局出版，全
书共七章，开篇第一章他便以"实验主义"为标题论述 Pragmatism。这些便
是张东荪在不同时期对 Pragmatism 的理解。目前，学术界主要将张东荪对
Pragmatism 的接受看作他对西方哲学引介的一部分进行探讨，鲜有就他对
Pragmatism 的理解本身展开的研究，尤其忽视了他在留日期间对 Pragmatism
的接受，以及对这一西学资源的认识所发生的转变，而这种转变生动折射
出了他对哲学的思考轨迹。本文讨论的是留日期间张东荪所受到的日本
Pragmatism 研究的影响，以及他在以"实用论"、"唯用论"和"实验主义"
论述 Pragmatism 的过程中，对 Pragmatism 的理解的变化以及变化动机。笔者
还把张东荪对 Pragmatism 的理解与胡适、黄炎培的 Pragmatism 接受进行对
比，分析他在 20 世纪初中国的 Pragmatism 接受中的地位和意义。另外，本
文的探讨可以让我们看到 Pragmatism 的迁移路径不只是欧美向中国的知识传
播，以张东荪为代表的留日学生通过日本将 Pragmatism 传入中国，形成了
Pragmatism 的另一个知识迁移路径，并在 20 世纪初的中国产生影响。

一 张东荪与他的 Pragmatism 引介

张东荪 1886 年出生于浙江钱塘（今浙江省杭州市），早年在家乡接受
中国传统启蒙教育。1904 年前后成为官派日本留学生，在东京帝国大学哲
学系学习。1911 年回国后张东荪先是担任中华民国政府秘书，开始了他的
政治评论和实践活动。新文化运动和五四时期，他创刊办报，主编的《学
灯》副刊（1916 ~ 1924）和主创的《解放与改造》（1919 ~ 1922）杂志不
仅成为当时新学说和外来新思想的传播阵地，也成为他个人思想的传播渠
道。1930 年后他在燕京大学任教，从事哲学教学和研究工作。

张东荪的一生虽然有过各种经历和多种身份，但哲学研究，尤其是西
方哲学思想的引介是他毕生所坚持的，Pragmatism 的引介便贯穿他人生的几
个主要阶段，早年留学日本的经历则奠定了他从事这些哲学研究的基础。
留日期间，他发表了《真理篇》，文中他对 Pragmatism 的理解受到当时日本
Pragmatism 争论的影响。在创刊办报期间，他又以"唯用论"讨论 Pragma-

tism，在燕京大学任哲学教授时，Pragmatism 仍然是他引介的西方哲学中的重要内容。接近 30 年的对 Pragmatism 的研究成为张东荪生平中不容忽视的一部分，对 Pragmatism 的研究生动折射出他对 Pragmatism 的思考轨迹，也展现了他对 Pragmatism 引介的立场。

二　张东荪留日期间所受日本 Pragmatism 研究的影响

1904 年前后张东荪被官派至日本东京帝国大学哲学系留学，1911 年学成回国。留日期间是张东荪哲学思想形成的时期，当时日本的哲学研究，尤其是东京帝国大学的哲学研究是他哲学思想的来源，并影响了他对哲学的初步理解，如他对 Pragmatism 的初步理解便显露出当时日本 Pragmatism 之争的影响。

（一）桑木严翼和田中王堂的 Pragmatism 之争

Pragmatism 初次引介至日本是在 1896 年，留美回日的元良勇次郎（1858～1912）在《六合杂志》上发表了《杜威氏心理学》，由此揭开了 Pragmatism 在日本传播的序幕。1906 年，东京帝国大学的桑木严翼（1874～1946）（以下简称"桑木"）和早稻田大学的田中王堂（1867～1932）（以下简称"田中"）就 Pragmatism 展开争论，争论的焦点是如何评价和接受 Pragmatism 的真理观。两位学者你来我往地在东京帝国大学的《哲学杂志》上发表各自对 Pragmatism 的理解并批判对方的文章，成为当时日本哲学术界备受关注的事件。这次争论使得日本学术界对 Pragmatism 的理解从更多倾向其教育思想，转向对哲学本身的关注。

这场争论的导火索是桑木 1906 年 1 月和 2 月在《哲学杂志》上连载文章《关于 Pragmatism》，文章内容由他前一年（1905 年 12 月 28 日）在东京帝国大学哲学会上的演讲记录整理而成。有必要提及的是，桑木在演讲之前为日本《哲学大辞典》编写了关于 Pragmatism 的内容，他从席勒（Schiller，1864～1937）1905 年 4 月发表在 *My Thought* 上的论文中总结出 Pragmatism 的七条定义，并依据席勒 *Humanism* 中的《真理》一文，以及詹姆斯（William James，1842～1910）的观点，总结了 Pragmatism 的特点，即他对 Pragmatism 的理解。在引发他和田中争论的《关于 Pragmatism》中，他对

Pragmatism 思想特点的总结与《哲学大辞典》中他对 Pragmatism 的理解是一致的，即局限在席勒和詹姆斯的观点方面，没有对 Pragmatism 的代表人物和哲学思想进行全面考察。正是基于对 Pragmatism 的这种片面的理解，他对 Pragmatism 展开了批判，田中则通过批判桑木对 Pragmatism 的片面狭隘的理解，为 Pragmatism 辩护。田中认为桑木爱从文字表述方面攻击 Pragmatism，并没有深入研究文字背后的哲学思想本身。田中表示自己并不满足于席勒以及詹姆斯的 Pragmatism 思想，不像桑木那样通过理解席勒和詹姆斯的 Pragmatism 思想成为通俗意义上的 "实用主义者"，而是成为理想主义的哲学家。他认为 Pragmatism 是一种精神，用主观主义和经验论等都不能准确表达，他说："一句话概括 Pragmatism 的目的，那就是使流动的经验个体化和使个别的事件流动化。"① 对此日本哲学家山田英世（1921～1982）认为，田中的意思是，将经验看作具体的个别经验的同时也要将其理解为普遍意义上的经验，看到事件相对性的同时也要看到它的绝对性，即对于个别的经验来说，个别即普遍，普遍即个别，对于流动的事件来说，相对即绝对，绝对即相对。可以看出，田中对 Pragmatism 的理解已经聚焦到了其核心内容的经验论方面，但是桑木认为田中的 Pragmatism 理解是伪哲学。

二人关于 Pragmatism 的争论并没有实质结果，争论期间桑木离开东京帝国大学，到京都帝国大学任教，1907 年赴德国留学。留学期间他在《丁酉伦理会伦理演讲集》67 号（1941）上发表论文《柏林的半年（权宜主义、教权主义对 Pragmatism）》，在文中他批判道："Pragmatism 只是一味追求实用，追求方便实惠，Pragmatism 厌恶真理的绝对性，主张现在此刻为我们所用并产生效果便是真理。也就是说真理是人们创造出来的，这是伟大的思想吗？这是价值颠倒。"② 由此可见，虽然经过了长达一年的与田中的争论，桑木对 Pragmatism 的理解并没有改变。当其他学者通过二人的争论开始关注并致力于对 Pragmatism 的存在论、认识论的理论研究的时候，桑木仍然固守他对席勒、詹姆斯的 Pragmatism 思想的理解，没有对 Pragmatism 思想进行更多更深入的挖掘。

---

① 山田英世：『厳翼・王堂プラグマティズム論争考』，『筑波大学哲学・思想学系論集』，1980 年第 3 期，第 12 页。

② 山田英世：『厳翼・王堂プラグマティズム論争考』，『筑波大学哲学・思想学系論集』，1980 年第 3 期，第 17 页。

(二)《真理篇》所受影响

那么,这场发生在东京帝国大学的哲学争论有没有对张东荪的哲学理解和研究产生影响呢?虽然他本人未曾提及这一事件,但是笔者认为可推测如下。1906 年是桑木和田中进行 Pragmatism 争论的时期,在日本学术界造成了强烈的影响,引发了极高的关注度。据山田英世《严翼、王堂 Pragmatism 争论考》中的记叙,《哲学杂志》从当年第一期到最后一期都刊登了桑木和田中关于 Pragmatism 的争论,可以说《哲学杂志》是桑木和田中进行 Pragmatism 争论的阵地。另外,《哲学杂志》的前身是 1887 年创刊于东京帝国大学的《哲学会杂志》,1892 年更名之后发表内容逐渐限于哲学领域。由此看来,这场争论发生在可称为东京帝国大学哲学系系刊的《哲学杂志》上,作为东京帝国大学哲学系的学生,张东荪不去关注或者不受影响是不符合常理的,他 1906 年发表在《教育》(东京)上的《真理篇》也佐证了笔者的推测。

在论及 Pragmatism 的定义时,张东荪罗列出席勒为 Pragmatism 下的七条定义,并且说"日本桑木博士(即桑木严翼)驳之甚详"①;另外,张东荪没有具体讨论当时在日本已经颇有影响力的杜威的 Pragmatism 思想,只表述了他对詹姆斯和席勒的 Pragmatism 的真理观的理解。从前文对日本 Pragmatism 的介绍可知,詹姆斯和席勒正是争论中桑木所关注的哲学家,争论的核心之一就是 Pragmatism 的真理观。这些都表明张东荪对桑木和田中的 Pragmatism 之争是知晓的,并且他对 Pragmatism 的理解和论述也有受这场争论影响的痕迹。

三 "实用论"、"唯用论"和"实验主义"

张东荪对 Pragmatism 的理解经历了"实用论""唯用论""实验主义"三个阶段。从留日期间哲学思想形成时期的"实用论",到哲学思想成熟时期的"实验主义",他对 Pragmatism 的理解的转变及其背后动机是下文要探讨的内容。

---

① 张东荪:《真理篇》,《教育》(东京),1906 年第 2 期,第 13 页。

（一）"实用论" 的真理观

1906 年张东荪在《教育》（东京）上发表《真理篇》，该文既让 Pragmatism 第一次出现在中国语境中，也开启了张东荪的 Pragmatism 研究之路。文章围绕真理观展开讨论，论述了真理在事实方面分为主观和客观，在理论方面分为本质和标准，其中真理的标准有三个，分别是一致说、系统说和实用论（实用论便是 Pragmatism）。张东荪认为，一致说和系统说在判断真理时难以成立，得出了实用论（即 Pragmatism）是最合理的评判真伪的标准的结论。虽然实用论有需要修正之处，但它的 "有用即真理" 的真理观是可以作为判断真理的依据的，可见对真理观的讨论是该文的核心内容。

前文言及桑木根据席勒 1905 年 4 月发表在 *My Thought* 上的论文总结出 Pragmatism 的七条定义，张东荪在《真理篇》中也摘录了这七条定义，并且说道："此外惹母斯披尔斯均有定义，大同小异，无须细述。此说日本桑木博士驳之甚详。然博士所论，未足以破此说。兹列其大旨。而稍加辩护如左。"① 此段话表明了张东荪已经关注桑木和田中的 Pragmatism 争论，同时 "稍加辩护如左" 显示张东荪在哲学思想形成时期便有批判接受 Pragmatism 的意识，这也构成了他之后两次转变对 Pragmatism 的理解的基础。在文章末尾，张东荪解释了将 Pragmatism 译作 "实用论" 的依据。席勒定义的第七条是 "判断真伪以是否有用为标准"，对此张东荪批判道："知识中有非实用者，亦有真伪之辨，如高等数学等是。此即设想，盖设想有必然性、固定性是也。所谓实用者，非指目前及身体而言，实谓吾人心意之要求，心意之要求非他，即终极是也。所以推求者，以欲达其目的耳。此目的关于实践，故谓之实用。"② 这段文字说明，张东荪所谓的实用，主要不是眼前的实用和具体的有用，而是关于内心心意的实现，这才是实用的终极目标。想要达到目标，就要通过实践。所以，"实用论" 意在通过实践达到实现心意的目的。另外，也可看出 "实用论" 译名的产生建立在张东荪对席勒定义的批判的基础上。

从张东荪对 Pragmatism 的讨论看，他所关注的 Pragmatism 思想方面的哲

---

① 张东荪：《真理篇》，《教育》（东京），1906 年第 2 期，第 13 页。
② 张东荪：《真理篇》，《教育》（东京），1906 年第 2 期，第 14 页。

学家是席勒和詹姆斯，所论述的是 Pragmatism 的真理观方面。这两点与桑木和田中的争论内容是一致的，所以张东荪在《真理篇》中对 Pragmatism 的讨论，可以看作他在关注桑田和田中的争论之后所形成的对于 Pragmatism 的初步理解。这种理解虽然也显示了自觉的思考，但是建立在桑木和田中对 Pragmatism 的争论的基础上，没有超越当时日本的 Pragmatism 争论本身，讨论的焦点正是当时争论的核心内容之一——真理观。

（二）"唯用论"哲学思想

1923 年张东荪在《东方杂志》第 20 卷第 15 号和第 16 号上相继发表《唯用论在现代哲学上的真正地位》和《唯用论在现代哲学上的真正地位续》，论述他对 Pragmatism 的理解，标题中的"唯用论"便是他对 Pragmatism 的翻译。1919 年杜威来华讲学，加上胡适以"实验主义"为名提倡 Pragmatism，让 Pragmatism 成为当时学术界热议的西方思想。与 1906 年《真理篇》中先对 Pragmatism 进行一般性介绍不同，《唯用论在现代哲学上的真正地位》开篇便切入正题，首先解释了弃用"实用论"改用"唯用论"翻译 Pragmatism 的缘由。张东荪认为，当时胡适提出的"实验主义"虽然在社会上广为传播，但"实验主义"四字倾向方法论方面的含义，概括不了 Pragmatism 的全部哲学内涵，用它翻译 Pragmatism 会产生歧义，所以另立新名"唯用论"，能够体现 Pragmatism 以"有用即真理"的真理观为唯一基础的思想特点。此时，他对 Pragmatism 的理解超出了真理观的层面，"唯用论"（Pragmatism）是包括认识论、方法论、本体论的系统哲学，其中认识论是根本，方法论和本体论是由其衍生出来的，要先阐明认识论的根本问题，即真伪的标准，才能讨论另外二者，真伪的标准则建立在经验论的基础上。文中他虽然介绍的是詹姆斯、席勒和杜威三人的 Pragmatism，但杜威的经验主义成为他讨论的核心。

从"实用论"到"唯用论"，张东荪对 Pragmatism 的理解从单纯的真理观上升为系统哲学，讨论的 Pragmatism 的来源在詹姆斯、席勒的基础上又加上了杜威，虽然他仍然认为真理观是 Pragmatism 的基础，但杜威的经验论已经变成他理解 Pragmatism 的核心。另外，1923 年是杜威来华讲学后，"实验主义"引发关注的时期，此时孙东荪对 Pragmatism 进行方法论以外的认识论、本体论的详细阐发，并大篇幅讨论杜威的经验论，或许意在告诉外界：

Pragmatism 并不仅限于方法论，它是完整的哲学思想，而且它的方法论内涵要建立在认识论（即真理观）的基础上。

（三）"实验主义"哲学思想

1934 年张东荪任教于燕京大学哲学系，同年以他在燕京大学讲义为基础整理而成的《现代哲学》出版，全书共七章，前五章是他对西方现代哲学的介绍和理解，后两章探讨哲学和科学的关系以及他的研究结论。在第一章他便以"实验主义"为标题论述 Pragmatism。值得一提的是，《现代哲学》是当年张东荪主编的"哲学丛书"中的一册，该丛书由世界书局印行，分上、下卷，共 16 册，可见张东荪输入西方哲学的决心。此书刊行后郭湛波说："输入西洋哲学，方面最广，影响最大，那就算张东荪先生了。"[①] 该丛书是张东荪全面整理之前他所零星引介的西方哲学而成，所以郭湛波此言或与张东荪"哲学丛书"的刊行有关系，可见张东荪对西方哲学的引介在当时中国西方哲学研究领域的地位及影响力。

这篇长文中张东荪对 Pragmatism 的讨论比"唯用论"更加系统、详细，分八个方面展开论述。开头还列出了关于 Pragmatism 的必读书目和最新书目，可见他对 Pragmatism 的研究是与时俱进的。除了如"唯用论"一样，讨论 Pragmatism 的认识论、方法论、本体论和经验论之外，他还补充了下面两个方面的内容。

首先，谈及实验主义者对于传统思想之态度时他总结道："一切历史的争论，学说都归总到生活底实用上。如于生活有用便为真；无用，便不值一谈。"[②] 这不能不让人联想到他当时参与的唯物辩证法论战，他曾表明对唯物辩证法的观点，即："一定有人问我：你为什么对于现在大吹大擂的辩证法唯物论一字不提呢？我的答案很简单……事实确然显示：哲学于历史理论与社会理论以外，有其独具的问题，这些问题乃是哲学之本有的范围。所以辩证法唯物论只是历史理论与社会理论，而不是哲学；换言之，即决不能取哲学而代之。一切无聊的争论都由于不明这个分别而起。"[③] 前一段文字中他说的"一切历史的争论"和这里说的"一切无聊的争论"，都来自

---

① 郭湛波：《近五十年中国思想史》，山东人民出版社，1997，第 140 页。

② 张东荪著，张耀南编《张东荪讲西洋哲学》，东方出版社，2007，第 173 页。

③ 张东荪著，克柔编《张东荪学术文化随笔》，中国青年出版社，2000，第 9 页。

他 1934 年的文章，当时他正处于唯物辩证法的论战中，对唯物辩证法日益被广大青年接受表示担忧，认为它侵入了纯粹的哲学领域，所以为了捍卫纯粹哲学，他开启了关于唯物辩证法的争论。他说，一切历史争论的有用与否即是否为真理要归结到于生活是否有用上，可见他对纯粹哲学是充满信心的，而对唯物辩证法这样的非哲学，他认为可以交给生活来检验，暗含唯物辩证法并非哲学这一观点。

另外，他还专门说到实验主义者的人生观，并以对待科学的态度为例，说明了作为哲学的实验主义与作为历史理论和社会理论的唯物辩证法不同。首先，他借用席勒的渐善派的人生态度，说："此世界诚然有许多恶，但人却有希望可以把恶减少，把善加多；是有改良的可能的。改良的可能，在于人们有自由……自由就在能选择，能创造之一点。……杜威讲的创造的智慧（creative intelligence）即是此意。"[1] 凭着这样的实验主义人生态度，他说在面对科学时，实验主义者认为科学就是人们选择的用于改良生活的工具。张东荪的这种有关实验主义对待科学的态度的理解，基于实验主义的"真之生长说"带来的"经验之放大说"，即随着经验的增长实践会不断发展，不会停止。相比较来说，唯物论所谓的以科学的结果用在对人生的解释上，说科学是改善生活的工具，对此张东荪是不认可的。因为这就意味着唯物论以确定的结果来认定人生，是停滞的观点，不是真正的哲学观点。

这个时期是张东荪哲学思想的成熟期，在他从"唯用论"到"实验主义"的转变上我们看到，这时他虽然仍从认识论、方法论、本体论这样的纯粹哲学的角度讨论 Pragmatism，但已经有意识地将哲学应用于实际问题的分析上，即用 Pragmatism 来分析他关于唯物辩证法的论战，真实地将 Pragmatism 的认识论、方法论应用于对唯物辩证法的理解中。

四 张东荪对 Pragmatism 的理解在 20 世纪初中国的 Pragmatism 接受中的意义

（一）作为纯粹哲学的引介

从前文的分析可以看出，从"实用论"到"唯用论"，再到"实验主

---

[1] 张东荪著，张耀南编《张东荪讲西洋哲学》，东方出版社，2007，第 175～176 页。

义"，虽然张东荪对 Pragmatism 的理解经历了从初步的真理观认识到哲学思想的理解，再到理解基础上的运用，但他一直将 Pragmatism 作为纯粹的哲学进行探讨。

张耀南在《张东荪讲西洋哲学》的《点评：西方文化输入不能不以哲学为先导》中说道："张东荪作为新文化运动之'主将'或'干将'，除了维护这两面旗（指陈独秀提出的'德先生'和'赛先生'）外，还独自打出了'费先生'这个第三面大旗，并认定这面大旗比'德先生'和'赛先生'更为根本。"① 此处所谓"费先生"，指的是张东荪所主张输入、吸收的西方哲学。张东荪本人也在《价值哲学》的《哲学丛书缘起》中说："我们相信中国必须充分吸收西方文化，而西方文化之总汇不能不推哲学。所以西方文化之输入不能不以哲学为先导。因此我们主张在盛大欢迎西方科学的时候决不能把哲学加以排斥或拒绝……哲学对于我们的贡献，至少可使我们免去拘墟之见。在这一点上，正助以辅助科学。……我们又相信中华民族此后的生存就看能否创出一种新文化，但新文化的产生必有相当的酝酿时期。在这个时期中，吸收的功夫居一半，消化的勾当亦必居一半。大家都知道不有吸收，不有消化，便不能有所创造。所以我们愿在这个过渡时期内设法使人们的胃中得装有些食料。他日消化了，有所创造，便是今天的收功。因此发刊这部哲学丛书。想把西方文化泉渊的哲学为真面目的介绍。同时对于将来的如何形成一个新文化亦想略略加以指示。这区区微意便是本丛书的缘起了。"②

可见无论是我们的分析、外界的评价，还是张东荪自己的表述，我们从中看到的是张东荪主张将 Pragmatism 作为纯粹的哲学进行忠实的接受，介绍它的真面目。因为西方文化的总汇在西方哲学，而中国的新文化创造的前提是吸收西方文化，所以忠实接受西方哲学是创造中国新文化的根基。

（二）与胡适、黄炎培的 Pragmatism 引介的比较

在当时的中国，与张东荪大约同时期接受 Pragmatism 的还有主张"实验主义"的胡适和提倡实用主义教育思想的黄炎培。通过将张东荪的 Prag-

---

① 张东荪著，张耀南编《张东荪讲西洋哲学》，东方出版社，2007，第 227 页。
② 张东荪：《价值哲学》，世界书局，1934。

matism 引介与胡适和黄炎培的相比较，我们能够更清楚地看到张东荪的 Pragmatism 引介在 20 世纪初中国的 Pragmatism 接受中的地位和意义。

胡适的实验主义方法论可见于他 1919 年的《实验主义》、1922 年的《五十年来之世界哲学》及晚年的《口述自传》等著述中。胡适将杜威的思想过程五步说称作"实验主义方法论"，并把它归纳成一条，即"大胆地假设，小心地求证"。胡适认为这种"假设"与"求证"方法，就是科学家在实验室里用的方法，"假设"要提出假定的解决问题的办法、提出假定的通则，"求证"则要通过充分严格的事实证据，把先前假设的通则证明出来。实验主义方法在胡适思想中一以贯之，运用于整理国故、文学革命、白话文运动中。

黄炎培将实用主义的教育思想应用于制定学制、改革课程教学、发展职业教育等方面，将实用主义教育思想应用于中国的教育改革。他 1913 年发表《学校教育采用实用主义之商榷》开始对于实用主义教育的探索，他说"实用主义西方教育家言之且行之，日本亦从而和之"，可见其教育改革依托的是实用主义教育思想。1915 年开始美国考察之行，他在《游美日记》中说："若论实质方面，则吾侪比年所研究之实用主义，此行实予我以无数崭新材料。"[1] 可见访美为他尚处在摸索阶段的实用主义教育提供了具体的方案参考。1919 年杜威的中国之行，更是让他对外界关于实用主义教育的质疑给予了有力回击，他说："今博士（杜威）既讲学于沪……敬告国人，吾社向所提倡之主义，今后其可无庸疑骇。"[2] 黄炎培的实用主义教育中贯穿着杜威的教育即生活、即经验改造的主张，他的职业教育体系则是在杜威职业教育思想的基础上，结合美国职业教育措施，探索出的适合中国的职业教育方案。这些观点在他的《黄炎培考察教育日记》（1915）和《中华职业教育社宣言书》（1917）中都有体现。

通过前文有关张东荪对 Pragmatism 的理解的变化及变化背后动机的分析可以看出，从留日时期对 Pragmatism 的初步认识到哲学思想成熟时期对 Pragmatism 的全面探讨和将其运用于他自己有关唯物辩证法的争论的理解中，张东荪一直将 Pragmatism 作为纯粹哲学进行讨论，即他是将 Pragmatism

---

① 田正平、周志毅：《黄炎培教育思想研究》，辽宁教育出版社，1997，第 207 页。

② 中华职业教育社编《黄炎培教育文选》，上海教育出版社，1985，第 79 页。

作为纯粹的哲学加以理解与重构的，这与胡适和黄炎培致力于从哲学实践的层面强调对 Pragmatism 的接受和推行是有很大区别的。由此，我们也可以看到 20 世纪初期中国接受 Pragmatism 的另一种立场，即作为纯粹哲学本身被引介至中国，这一接受立场从张东荪在日本留学时期向中国引介 Pragmatism 时就存在了，之后将 Pragmatism 作为纯粹哲学的探讨贯穿他整个的Pragmatism 研究过程。

五　结论

通过上文的分析我们看到，张东荪在留日期间对 Pragmatism 的理解，受到了桑木和田中的 Pragmatism 争论的影响，这一影响见于他当年撰写的《真理篇》中。文中他关注的持 Pragmatism 思想的哲学家和讨论的 Pragmatism 真理观与这场争论密切相关，所以《真理篇》中对 Pragmatism 的理解，是张东荪在关注桑田和田中的争论之后所得出的关于 Pragmatism 的初步理解。这种理解虽然也显示了自觉的思考，但是建立在日本的 Pragmatism 争论的基础上，没有超越争论本身。之后两次对 Pragmatism 的理解的转变，都显示了张东荪对 Pragmatism 的逐渐深入、全面的理解。第一次转变时，他将Pragmatism 译作"唯用论"，对 Pragmatism 认识论、方法论、本体论进行了详细阐释，并用大篇幅讨论杜威的经验论，意在告诉外界 Pragmatism 并不仅限于当时人们理解的方法论，它是完整的哲学思想，而且它的方法论内涵要建立在认识论（即真理观）的基础上，这种真理观就是以有用为唯一标准的真理观。对 Pragmatism 的理解的第二次转变发生在张东荪任教燕京大学哲学系时期，经历了近三十年的研究后，他对 Pragmatism 的理解趋于成熟，虽然仍从认识论、方法论、本体论这样的纯粹哲学立场展开，但已经有意识地将 Pragmatism 应用于实际问题的解决中，即用 Pragmatism 来分析他关于唯物辩证法的论战，真实地将 Pragmatism 的认识论、方法论应用于关于唯物辩证法的争论的理解中。

虽然 Pragmatism 的译名经历了从"实用论"到"唯用论"，再到"实验主义"的转变过程，但张东荪一直将 Pragmatism 作为纯粹的哲学进行忠实的理解和介绍。他对 Pragmatism 的纯粹哲学的态度构成了当时中国接受Pragmatism 的另一种立场，即将其作为纯粹哲学忠实引介。另外，通过本文的研究能够看到，20 世纪初期 Pragmatism 的迁移路径不只欧美向中国的知识传播，留学日本的张东荪经由日本将 Pragmatism 思想介绍给了中国学术界，这一源于日本的 Pragmatism 知识迁移路径促进了 Pragmatism 在中国的传播。

"Shiyong Lun", "Weiyong Lun" or "Shiyan Zhuyi"?

Zhang Dongsun's Introduction to Pragmatism

Wu Qiuhong

Abstract

During his stay in Japan, Zhang Dongsun first introduced Pragmatism and translated it into "Shiyong Lun". After returning home from abroad, his interpretation of Pragmatism changed twice, which was translated into "Weiyong Lun" and "Shiyan Zhuyi". At present, the academic circle regards Zhang Dongsun's acceptance of pragmatism as a part of his introduction of western philosophy. There is little research on his acceptance of Pragmatism during his stay in Japan and the change of his understanding of it. This paper will discuss the influence of the study of Pragmatism by Zhang Dongsun during his stay in Japan, and the change of his understanding of Pragmatism. This study can not only reflect his thinking track of pragmatism, but also reveal that the path of Pragmatism's introduction to China is not only from Europe and America to China, but also from Japan to China in the early 20th century, forming another knowledge transfer path of Pragmatism.

Keywords

Shiyong Lun; Weiyong Lun; Shiyan Zhuyi; Pragmatism

东亚间知识的环流 >>>

通过关王庙看肃宗神化关羽的过程及其意义

金雨镇[*]

摘　要

　　以壬辰倭乱为契机，中国建造的关王庙于 16 世纪末传入朝鲜，在 17 世纪末经过肃宗推崇后，其地位发生了极大的改变。随着当时清朝和蒙古间的战争，以及"荒唐船"和海盗逼近等外部危机的加剧，肃宗需要臣民们提高对国王和王室的忠诚度。肃宗先后巡幸了南关王庙和东关王庙，并决定对关王爷行国王级别的礼仪，随后对各地区的关王庙进行一元化的管理。可以说肃宗巡幸关王庙的行为，从国家政府层面赋予了关羽神化的地位，提高了军队的士气，引导他们对国王尽忠，这也是追求国家安稳和平的政治行为。

关键词

　　肃宗　关王庙　关羽　噶尔丹　"荒唐船"

引　言

　　三国时期的蜀汉名将关羽在东亚以其忠义与勇猛的形象被世人所崇拜。作为一名武将，关羽的英勇形象经常在明代"四大奇书"中的《三国演义》

---

　　* 金雨镇，韩国檀国大学史学系博士，檀国大学讲师，主要研究方向为对外交流史，邮箱：midali81@ naver. com。

中被人们所看到。在《三国演义》中，关羽与刘备、张飞桃园结义，并在
与魏、吴之战中担任前锋大将，手持青龙偃月刀，身骑赤兔马，展现了一
副勇猛的将军形象。

在中国，关羽已经被神化。在民间，关羽作为儒道佛三教合一的形象，
再加之其物质上的福泽，人们将关羽奉为掌管财物的财神。中国历代帝王
也为关羽追谥爵位，不仅如此，还修建了关王庙，以方便人们祭奠。在国
家及民间层面，关羽被赋予了武神的地位。关羽及关王庙便以这种形象传
入了朝鲜。

韩国学者对关羽及关王庙的研究如下。① 首先，在朝鲜，对关羽形象的
基本认知基于小说《三国演义》中的形象。对现存《三国演义》韩译手抄本
的研究，或是考察由此衍生出的作品等，主要在汉文学和国文学领域进行。②
其次，从概括介绍朝鲜建造使关羽可视化的关王庙的原委开始③，不仅有对
关王庙传入的原因及对朝鲜的影响、祭祀礼仪等方面进行研究的论文④，也

---

① 中国学术界已经积累了很多与关羽信仰或关王庙相关的研究成果，有关这方面的信息有
〔韩〕한종수《朝鲜后期 肃宗代 关王庙 致祭의 性格》，中央大学硕士学位论文，
2003，第 3 ~ 4 页。
② 〔韩〕권순긍：《〈三国演义〉의 收用과그 指向》，《泮稿语文研究》第 9 卷，1998；
〔韩〕박재연：《朝鲜时代〈三国演义〉의 한글 번역 필사본의 연구 – 首尔大学 奎章
阁本을 중심으로 – 》，《敦岩语文学》第 14 卷，2001；〔韩〕김문경，《三国志의荣光》，
사계절，2002；〔韩〕이은봉：《〈三国演义〉의收用양상연구》，仁川大学博士学位论文，
2007；〔日〕染谷智幸：《동아시아에서의〈三国演义〉의收用과展开 – 韩国 事例를中心
으로 – 》，《东方文学比较研究》第 1 册，2013；〔韩〕장국정：《한중〈三国演义〉의形成
过程과收用양상》，世明大学硕士学位论文，2013；〔韩〕闵宽东：《〈三国演义〉의国内流
入과出版》，《中国文化研究》第 24 卷，2014。
③ 〔韩〕金龙国：《关王庙建置考》，《향토서울》25，1965；〔日〕中村荣孝：《朝鲜におけ
る关羽의 祠庙について》，《天理大学报》第 24 卷，1977。
④ 〔韩〕李庆善：《关羽信仰에 대한 考察》，《汉阳大学论文集》第 8 辑，1974；〔韩〕
김필래：《关羽설화研究》，《汉城语文学》第 17 卷，1998；〔韩〕李在崑：《서울의民间信
仰》，白山出版社，1996；朴京夏：《朝鲜传来的关羽崇拜背景和传存现况》，载叶春生主
编《现代社会与民俗文化传统》，黑龙江人民出版社，2002；〔韩〕손숙경：《19 世纪
后半 关羽 崇拜의 扩散과 关王庙 祭礼의 主导权을 둘러싼 东莱지역 社会의
动向》，《古文书研究》第 23 卷，2003；〔韩〕전인초：《关羽의人物造型과 关帝信仰의
朝鲜 전래》，《东方学志》第 134 卷，2006；姜春爱：《韩国关庙与中国关庙戏台》，《戏
剧》（中央戏剧学院学报）2003 年第 3 期；刘海燕：《关羽形象与关羽崇拜的传播与接
受》，《南开学报》2006 年第 1 期；徐东日：《朝鲜朝燕行使者眼中的关羽形象》，《东疆学
刊》2008 年第 2 期。

有对《燕行录》中的关王庙进行分析的论文①。最近，学术界还发表了《通信使对关王庙的访问使得以华夷观为基础的朝鲜人的对外认知得到巩固的分析》等从政治史意义的角度分析关王庙的论文。② 特别是 17 世纪，把肃宗致祭关王庙的原因归结为在政权交替、党派争斗中恢复王的正统性。③ 朝鲜王朝后期随着"对明义理论"的发展，关王庙地位不断变化，对《三国演义》流行原因的分析格外有趣。④

本文的目的是一边考察肃宗神化关羽的过程，一边分析肃宗如何将其形象运用在政治方面。现有的研究成果主要有：关王庙被用作重新确立因政权交替和党内斗争而可能动摇的王权，全面赞同关王庙随着朝鲜王朝后期"对明义理论"的深化而被提升为象征性的空间。但上述研究存在只针对强化王权和"对明义理论"的内在情况分析的局限性。

对此，本文在原有研究的基础上，重点关注肃宗巡幸关王庙的"时机"和"目的"。并与同一时期东亚国际政治形势变化这一外在层面联系起来，进而对肃宗的意图进行更具体的分析。肃宗不顾周围人的劝阻，在自身坚定的意志下才得以巡幸关王庙。换句话说，肃宗对关王庙的正式巡幸意味着在帝王的层面上带有一定的现实目的。

为此，应首先观察在中国已经成型的关王庙传入朝鲜的过程。接着通过肃宗对关王庙的两次巡幸和致祭的形式化过程，来分析其神化关羽的现象。并就此更进一步地确认肃宗根据清朝政治形势的变化，利用关羽的形象解决外在的危机，从侧面观察肃宗的政治手段及意图。

一 关王庙传入朝鲜

关王庙传入朝鲜是壬辰倭乱以后的事情，但有必要分析一下关羽在中国

---

① 〔韩〕郑日男：《燕行录의 关帝庙 样相과 이미지》，《东方汉文学》第 33 卷，2007；〔韩〕이성형：《朝鲜 지식인의 诗文에 투영된 关王庙 – 明清交替期를 중심으로》，《汉文学论集》第 38 卷，2014。

② 〔韩〕정은영：《朝鲜后期 通信使의 关王庙 访问과 그 의미》，《国际语文》第 50 卷，2010。

③ 〔韩〕한종수《朝鲜后期 肃宗代 关王庙 致祭의 性格》，中央大学硕士学位论文，2003。

④ 〔韩〕허태용：《17 世纪末 ~18 世纪初 尊周论의 强化와 〈三国演义〉의 流行》，《韩国史学报》第 15 卷，2003；〔韩〕이성형：《对明义理论의 推移와 朝鲜关王庙—宣祖 ~肃宗 年间를 중심으로》，《韩国汉文学研究》第 53 卷，2014。

的形象。这是因为关羽和关王庙的传入是通过明神宗及明朝将帅，也就是国家层面进行的。因此，当时朝廷和军队所认识的关羽形象和关王庙的性质也得以原封不动地传入朝鲜。①

中国民间对关羽的信仰自唐代开始逐渐流行起来，到了宋元时期，已经普及到了军民之间。② 军人们相信关羽在战争中的神异，开战前祈祷其阴兵帮助自己的军队。

在国家制度方面，对关羽的崇拜程度完全不及民间。国家祭祀的传统始于开元十九年（731），当时的武神还是武成王（姜太公），关羽只是在武成王庙被一起供奉的 64 位名将中的一个。

这种局面在明朝洪武帝中期以后正式转变。③ 洪武二十七年（1394），洪武帝在南京鸡鸣山建关羽祠庙时，将崇拜的对象改换为关羽。这是历史上第一个不依赖民间或是地方官员，而是由中央朝廷建造的关羽祠庙。洪武帝于洪武二十七年，特别将关羽祠庙迁至北京，并首次编入国家级字典，与历代皇帝庙、功臣庙、圣皇庙同称"十庙"。④ 即，关王庙自明初以来就收入了中央祠⑤，和太庙、真武庙、城隍庙以同等的地位接受祭拜。

同时，关王庙在全国各地大量修建，成为明代军事体制的一部分。如果说宋元时期军民参拜的关王庙属于所在地区的民间祠庙，那么明代就是由军队指挥部门修建的国家祠庙，其中大部分是有意在军队训练场附近修建的。⑥

关王庙在经过嘉靖朝和万历朝后地位达到了巅峰。明嘉靖帝时的倭变，使关王庙在沿海地区的建造和关羽信仰的传播更加迅速。嘉靖后期倭寇的侵犯深入内陆地区，官军每获胜必将功劳归于关羽，借此关王庙扩散至福建、

---

① 下文整理的有关中国关羽信仰及国际材料参考了朱海滨《国家武神关羽明初兴起考——从姜子牙到关羽》，《中国社会经济史研究》2011 年第 1 期。

② 蔡东洲：《论宋元关羽信仰的成因》，载朱瑞熙等主编《宋史研究论文集》第十辑，兰州大学出版社，2002。

③ 朱海滨：《国家武神关羽明初兴起考——从姜子牙到关羽》，《中国社会经济史研究》2011 年第 1 期，第 88~89 页。

④ 《明太祖实录》卷二三一，洪武二十七年正月，第 3377 页。

⑤ 《大明会典》卷九三《群祀叁·京都祀典》，载《续修四库全书·史部·政书类》第 790 册，上海古籍出版社，2001，第 625 页。

⑥ 朱海滨：《国家武神关羽明初兴起考——从姜子牙到关羽》，《中国社会经济史研究》2011 年第 1 期，第 87 页。

广东等地。① 到了万历朝,关羽在万历二十二年（1594）、万历四十二年（1614）受到两次追封,至此从侯上升到了帝。

之后,供奉着既是帝王又是武神的关羽的关王庙,带着它的特征原封不动地传入了朝鲜。当然朝鲜的为政者和知识分子阶层进行了后述,但是通过正史《三国志》和罗贯中的小说《三国演义》,人们对关羽的生平、性格等都有了充分的认识。但关羽不过是正史或小说中的一个人物形象,其初始身份也只是一位大将,将其神话的事就是另一次元的问题了。因此内部的排斥和反感是必然结果。

最初是抗击倭乱的明朝将领在朝鲜建造关王庙。随着中国和日本关系的破裂,爆发了"丁酉再乱",但战局对朝明联合军不利。参加蔚山战役的游击将军陈寅被弹丸击伤后,在汉阳治病期间在崇礼门外的桃渚洞建立了一座供奉关羽神像的庙宇,这就是南关王庙。②

朝鲜宣祖三十一年（1598）,南关王庙的建造不仅经理杨镐出了一部分钱,宣祖也补贴了一部分。明朝将帅拟订了在祠庙尚未完工的情况下重新修建殿宇,并在左右两侧建造长庙等扩大现有庙宇的计划。为此,他们各自拿出几十两银子,同时向宣祖索要工匠和资金。就这样建造了南关王庙。内用泥土塑造了关羽的神像,和从中国带来的金像一起供奉。③

南关王庙竣工后,宣祖无法拒绝明朝将领们的请求,只能参与致祭。这是明朝将领为了纪念庙宇的竣工以及赞颂关羽的诞辰举办的活动。朝鲜朝廷基本上对国王的参与持否定态度,因为国王直接参与致祭关乎威严问题。但宣祖也承认,由于遭遇动乱,时局艰难,他不得不亲自参与致祭。差遣重臣代行会被视作宣祖与明朝皇帝拥有同等地位,这会引起明朝将领的愤怒。但是,国王明确强调了不能像将领一样行拜礼。④ 最后,宣祖来到关王庙,跪拜,焚香,然后敬上三杯酒,礼毕还宫。

此后,南关王庙成了明朝将领们崇尚的场所,也是外出征战前祈求胜利的地方。⑤ 因为他们认为,就像过去为明朝驱赶倭寇一样,也会为朝鲜扫荡倭

---

① 包诗卿:《明代军事活动与关羽信仰传播》,《中州学刊》2008 年第 3 期,第 152～155 页。

② 柳成龙:《西厓集》卷一六《记关王庙》;金大贤:《悠然堂文集》卷三《杂着·总叙》;《宣祖实录》卷九九,宣祖三十一年四月二十五日（己卯）。

③ 《新增东国舆地胜览》卷二《备考编·京都·文庙》。

④ 《宣祖实录》卷一〇〇,宣祖三十一年五月十二日（丙申）。

⑤ 《宣祖实录》卷一〇三,宣祖三十一年八月十六日（己巳）。

寇。他们相信在平壤、汉山、三路等地能够战胜日本，都是因为关王显灵。[①]

东关王庙于次年（1599）建立。这座东关王庙是倭乱结束后由明朝万世德上本，受明神宗之命所建。[②] 目的正是将战功及朝鲜得以留存的功劳归于关羽，并颂扬他。[③] 对于战后整顿残局就已经很吃力的朝鲜来说，这是另一大负担。对此，宣祖想尽一切办法阻止，但奈何这是皇命，无法拒绝。

还好宣祖变更了东关王庙的位置。[④] 当初明朝要求在南大门外再建一座，但在一门之外建两座祠庙，于情于理都不合适。于是，宣祖提议建在都城最空旷的东边。朝鲜初定都时东边贫乏，起初制作的假山和种植的树木都被战乱所毁。所以以修建关王庙来弥补东侧风水地理上的不足为由使明朝作了妥协。

但是，东关王庙的工程比预想的要宏伟。明朝将领尽皆撤走后，因为仍留韩赟和叶靖国来建造东关王庙，所以丝毫不敢马虎大意。[⑤] 虽然明朝拨了经费，但数额不大，由于工程量庞大，朝鲜也投入了数万两白银。[⑥]

宣祖三十四年（1601）春，耗时两年，历经曲折，东关王庙终于竣工。东关王庙内的塑像、图样、殿堂、庑宇、门厂、鼓钟楼等，皆遵照明朝的样式。宣祖奉皇帝之命，将"敕建德公之庙"的额字挂在门上，通过盛大的祭祀来举办落成仪式。春夏秋冬的祭祀和初一、十五的香火由礼官严格执行，同时派遣了 1 名校官监督。[⑦]

可见，朝鲜的关王庙建造是在参与抗击倭乱的明朝将领的意志下完成的。关王庙建造的原因是明朝将领和明神宗感谢关羽神力庇佑他们在壬辰倭乱时期取得了胜利，并祈愿在日军撤退之前一直庇佑朝鲜。

不过，宣祖及朝廷官员对于儒佛道三教合一的关王庙的传入感到陌生和

---

① 《悠然堂文集》卷三《杂着·总叙》；《五山集续集》卷三《诗谣·奉赠邢军门诗》；《西厓集》卷一六《杂着·记异》；《惺所覆瓿藁》卷一六《敕建显灵关王庙碑》。

② 《宣祖实录》卷一一一，宣祖三十二年四月七日（戊寅）；《宣祖实录》卷一一五，宣祖三十二年七月十四日（辛酉）。

③ 许筠：《惺所覆瓿藁》卷一六《敕建显灵关王庙碑》。

④ 〔韩〕한종수《朝鲜后期 肃宗代 关王庙 致祭의 性格》，中央大学硕士学位论文，2003，第 22～25 页。

⑤ 李恒福：《白沙集》卷一《启辞·论天朝逃兵启》。

⑥ 《大东野乘》，载《尹国馨·甲辰漫录》。

⑦ 许筠：《惺所覆瓿藁》卷一六《敕建显灵关王庙碑》；《林下笔记》卷十六《文献指掌编·关王庙》；《燃藜室记述别集》卷四《祀典典故·诸祠》。

忌讳。但在战乱这种特殊环境下，受到过明朝军事上的帮助，因此无法拒绝明朝方面的要求。不过，关王庙只是供奉一个将帅人物的地方，并且是一个儒佛道混合在一起的让朝鲜官员感到生疏的庙宇。更何况，为了建造关王庙，朝鲜不得不承担费用和动员人力。在南关王庙完工后，宣祖被明朝将领们强制要求去拜关王，尊敬关王。再加上朝鲜官员很难接受宣祖拜祭关王庙后进行"杂戏"时，或是明朝将领出战前，在关王庙饮混有白鸡血的温酒的仪式。①

自然，宣祖时代以后，关王庙被有意排除在朝鲜统治层的视野之外。基本上，供奉武神的关王庙被标榜文治主义的朝鲜政客们否定。而且，建造本身并不像明朝那样出于对关羽的崇拜，而是在战争的特殊情况下，在给予军事援助的明朝将领的强迫和要求下进行的，关王庙对于朝鲜为政者来说是陌生的地方。关王庙还在"丙子胡乱"时期被用作清朝军士和清太宗居住的核心兵营。② 从这个意义上说，关王庙是使朝鲜统治层再次联想到壬辰倭乱和战败屈辱的场所。

此后，关王庙只得到偶尔修缮或清理，没有得到正常的管理。访问朝鲜的中国使臣，特别是清朝使者们在访问三田渡碑时，经常在没有预告的情况下突然进入关王庙进行祭拜，并行"叩头礼"，造成朝鲜官吏的慌乱。因此，关王庙的间歇性管理是为了应对从仁祖到显宗时期外国使臣的来访。③

朝鲜在壬辰倭乱的特殊背景下，在无法拒绝明神宗和明朝将领的建造关王庙命令的情况下，建立了两座关王庙。从中国传入的关王庙是神化武臣关羽的场所，也是佛道教形象掺杂的空间。朝鲜国王不得不亲自巡幸、参拜。这对国王以及朝鲜臣僚人员来说很难接受，难免让人反感。关王庙由于理念和历史方面的局限性，逐渐被朝鲜为政者忽略，只是在应对中国使臣来朝祭拜的情况下，才得到管理和修缮。但是这样的关王庙在经过肃宗朝后，在国家层面的地位发生了变化。

---

① 金大贤：《悠然堂文集》卷三《杂着·记军门杂事［时先生为邢军门接待郎厅］》；《宣祖实录》卷一〇〇，宣祖三十一年五月十四日（戊戌）。
② 《燃藜室记述》卷二五，《仁祖朝故事本末·丙子房乱丁丑南汉出城》；《续杂录》卷四《丙子［崇祯九年，仁祖十四年］》。
③ 《敕使誊录》（奎12904），《肃宗丁巳（1677）十月十七日·迎敕节目》。

二 两次巡幸关王庙与仪礼的制定

（一）1691 年，首次巡幸关王庙及其管理

1691 年（朝鲜肃宗十七年）二月二十六日，肃宗巡幸东关王庙。这天，肃宗在拜谒贞陵回宫的途中，突然提出想去关王庙观看关羽像。围绕妥当性问题，赞成者和反对者各执一词。因为一方面这是突然的决定，另一方面也不知道具体该怎么做。肃宗就用宋太祖拜谒武成王的古事作为根据。

大臣们对于肃宗"已有旧例，（国王的意志）大多来源于遥远的一代，源于彼此感应"之意，大多赞同。① 相反，三司认为国王的出行是出于玩乐或冲动，以没有官方先例为由表示反对。但肃宗平时就想去关王庙参观，并言"武安王的万古忠义，素来美得令人叹为观止，进去看又有什么危害呢"，坚定了自己的意志。②

既决定巡幸关王庙，遂制订了出行计划。有人建议仿效周武王在商容闾门时的礼仪，但肃宗根据右议政闵黯的意见，只行单纯的揖礼。③ 肃宗在没有什么意外的情况下，在回宫的路上参观了东关王庙，观赏了关羽像，行了揖礼。南关王庙建好后，宣祖与明朝将领一起去祭拜，此后该庙一直被国王们所忽视，肃宗的关王庙之行几乎是百年不遇的活动。

但是肃宗对关王庙的兴趣并没有就此结束。巡幸的第二天，肃宗垂教，对东、南关王庙的修缮、致祭，以及管理做出具体命令。④ 他参观了东关王庙，痛心地感叹关羽像被毁坏、祠堂脏乱不堪。先人建造祠堂是出于对武安王的敬仰之情，而今这里成了供人随意出入、游玩的地方了。肃宗派监役官去修补破损的关羽像，决定三月十一日进行致祭，并特别规定，闲杂人等禁止进入。并且再三告诫，如果此后再有类似情况的发生，必当从重处罚。1692 年（肃宗十八年），肃宗亲自为武安王题诗，刻在木板上，分挂在东、南关王庙。

---

① 《承政院日记》第 344 册，肃宗十七年二月二十六日（壬午）。
② 《肃宗实录》卷二三，肃宗十七年二月二十六日（壬午）。
③ 《承政院日记》第 344 册，肃宗十七年二月二十六日（壬午）。
④ 《承政院日记》第 344 册，肃宗十七年三月五日（辛卯）。

ⓐ《题关王图【又题南关王庙】》：生平我慕寿亭公，节义精忠万古崇。志劳匡复身先逝，烈士千秋涕满胸。[1]

ⓑ《题东关王庙》：有事东郊历古庙，入瞻遗像肃然清。今辰致敬思愈切，愿佑东方万世宁。[2]

ⓐ是肃宗在巡幸关王庙之前，根据武安王的画像而作的诗。[3] 肃宗平时十分仰慕寿亭公，并强调是因为关羽的忠和义。ⓑ是肃宗巡幸东关王庙后，回思当时的感怀所作的诗，表现出想要看到整洁的关羽像的迫切心情。肃宗把前者挂在南关王庙，把后者挂在东关王庙，以示自己的敬慕之意。此外，肃宗在 1695 年（肃宗二十一年）写了《大汉朝忠节武安王赞扬铭》[4]，在 1696 年（肃宗二十二年）写了"显灵昭德王庙"六个字，分别挂在两座庙内，由此可以看出肃宗对关王庙的重视[5]。

（二）1703 年，第二次巡幸关王庙及礼仪制定

肃宗的第二次关王庙之行是在 1703 年（肃宗二十九年）六月十九日欢送清朝使节时进行的。这也不是事先预定好的，而是突然决定的。就在前一天，肃宗在大臣入侍时，告知了去南关王庙的出行计划。他强调，关王庙在中国建立的第一个契机是在关羽的精忠大义方面出现的，宣祖也认识到了这一点，所以促成了南关王庙的建立，并接纳了它。肃宗认为自己应该继承宣祖的意志。换句话说，肃宗表示，自己不是单纯为了"游戏"和"观览"，并公布将亲临尚未去过的南关王庙。[6]

之后，礼曹原原本本地袭用了肃宗第一次巡幸东关王庙时的礼仪。规定了帝王在进入庙内后，作为仪仗的臣子全部退到门外，国王在大臣和承旨的引导下进门，行抬起袖口作揖的礼仪。[7]

当然也有反对的声音。首先，外界对国王的轻率举动仍然持批评态度，

---

[1] 《列圣御制》卷九《肃宗大王·诗·题关王图【又题南关王庙】》。

[2] 《肃宗实录》卷二四，肃宗十八年九月十五日（辛酉）。

[3] 《承政院日记》第 344 册，肃宗十七年二月二十七日（癸未）。

[4] 《东南庙碑（K2 - 3929）》；《列圣御制》卷一五《肃宗大王文·武安王图像铭【并小序】》。

[5] 《林下笔记》卷一六《文献指掌编·关王庙》。

[6] 《承政院日记》第 412 册，肃宗二十九年六月十八日（壬辰）。

[7] 《敕使誊录（奎 12904）》，《癸未六月十八日·南关王庙亲临时仪注》。

认为他"绕着弯子看热闹"。"模仿临时起意的第一次巡幸"而制定的礼仪实属不妥，并且"欢送使节"与"制定礼仪实属不妥"。①除此之外，还提到了炎热的天气，要求将时间推迟到酷暑消退后的秋季。这种反对意见一直持续到肃宗巡幸南关王庙之前，但肃宗都坚决驳回了。

肃宗和从前一样礼毕后开始观赏庙宇。他与大臣、都承旨一起讨论关王庙建立的渊源、壬辰倭乱时与关羽相关的神异事件及关羽的精忠大义。肃宗在南关王庙严禁巫师祭拜，但允许虔诚的上香祈福行为。与第一次巡幸时一样，遣派官员进行致祭②，并定期对东、南关王庙进行修缮。

此后，肃宗对关王庙的关注从中央扩大到各区域。肃宗在驾临南关王庙之前，曾命令安东和星州等地方的相关人员，将关王庙的情况报告给各"道"的监察人员。③ 但即便已过去多年也没有消息，于是肃王训斥了消极怠工的人，并要求重新确认情况。尤其是位于古今岛的关王庙和平壤的武列祠，特别下令降下赐额、香和祭品。这里是李舜臣和陈璘为迎击倭军而驻守的地方，关王庙建立后，也是他们一起上香的地方。④ 之后肃宗按照对古今关王庙实行的政策，也派人去守护安东和星州的关王庙。⑤

不仅如此，肃宗还研究适合关王庙的礼仪，并围绕着"拜礼"和"揖礼"进行了几次讨论。肃宗希望对关羽的"拜礼"仪式能定下来，因为他对"文王"孔子行拜礼，对同级"武安王"关羽却行揖礼。与此相反，大臣们主张应该行"揖礼"。对于先儒、先贤的礼节，人君应该有所区分。再加上"武安王"是后世追封为"王"，其本来只是汉寿亭侯。肃宗见大臣们以《国朝五礼仪》或《大明会典》为依据，便命令部下去详查《宣祖实录》，因为有必要知道宣祖和明朝将领一起去关王庙时是否行了揖礼。⑥

结果，国王对关王庙的礼仪被定为"再拜礼"。《宣祖实录》对过去宣祖巡幸关王庙时进行再拜的记录起到了主要作用。以"先例"为名，肃宗

---

① 《肃宗实录》卷三八，肃宗二十九年六月十八日（壬辰）。

② 《承政院日记》第412册，肃宗二十九年六月十九日（癸巳）；第437册，肃宗三十三年九月十四日（癸亥）。

③ 《承政院日记》第412册，肃宗二十九年六月十八日（壬辰）。

④ 《承政院日记》第451册，肃宗三十五年十月六日（癸卯）。

⑤ 《承政院日记》第458册，肃宗三十七年一月一日（庚寅）。

⑥ 《承政院日记》第452册，肃宗三十六年三月二日（丁卯）；《国朝宝鉴》卷五四《肃宗朝14·庚寅》。

立即下令实行再拜礼。同时，既然关羽是武臣，那么与之相配，参与致祭的官员也全部定为武臣，服装也都选择了甲胄。尽管此后肃宗没有再次莅临关王庙，但他要求进行再拜的遗志从儿子英祖开始实行。①

三 巡幸关王庙的意义

肃宗巡幸关王庙是在宣祖巡幸约 100 年后的事情。在此之前肃宗已经充分地了解了东、南关王庙的情况。他将东关王庙设为乘辇去祭奠先祖王陵时途中换乘"驾轿"的换轿之所。每次换轿时，他都会听到清朝敕使们访问三田渡时拜祭关王庙的报告，以及无赖之徒来到关王庙损坏关公的土像与衣物的情况。② 但是在此之前对关王庙并没有表示过多重视的肃宗，在巡幸完关王庙后表现出极大的关心。在分析肃宗的行为之前，先来看一下当时朝鲜王朝的对外政策。

肃宗巡幸关王庙的时期，正是外交敏感时期。第一次巡幸是在肃宗十七年（1691），此时正是清王朝与蒙古准噶尔展开战争的时期。③ 康熙帝停止了与俄罗斯的战争，匆忙签署《涅钦斯克条约》，正式投入与噶尔丹的战争。1690 年九月四日，两军在乌兰布通发生冲突。在这场战争中，噶尔丹军队撤退，清军同样遭受了损失。特别是由于这场战争发生在北京附近，康熙帝的威信受到了极大的冲击。④

中原的这种不安氛围也影响到了朝鲜。肃宗很早就认为清政府以贿赂和婚姻政策为基础，维持着与蒙古的关系。也就是说，如果蒙古起兵，那么清朝的灭亡只是时间问题。特别是肃宗坚信有关战败的清朝必然退到宁古塔，朝鲜北方地区将遭受损失的"宁古塔回归说"。在此基础上，清政府在长白山下建造城池的传闻、清使对鸟铳过多的索求等，都为来自清朝陷入危机的疑惧变为确信不疑提供了助力。肃宗为此筑成了江华岛和南汉山城，并加强了国家的防御体系。第一次强行参拜关王庙也是缘于此。

---

① 《承政院日记》第 370 册，肃宗二十三年闰三月二十二日（壬寅）；第 947 册，英祖十八年八月二十日（丙午）。
② 《承政院日记》第 262 册，肃宗三年十月十八日（辛酉）。
③ 〔韩〕金雨镇：《肃宗代 蒙古、러시아에 대한 知识情报 分析 – 청과 蒙古、러시아간의 交战 情报를 중심으로》，载《人文学研究》第 37 卷，2018，第 72~74 页。
④ 〔日〕冈田英弘：《康熙帝의 편지》，경인문화사，2014，第 75~82 页。

第二次巡幸关王庙是在肃宗二十九年（1703）前后，随着"荒唐船"每年都会大规模接近西海岸，海盗靠近朝鲜的可能性变大。主要来自山东省和辽宁省的"荒唐船"初期虽然更偏向于渔船和漂流船，但逐渐出现海盗的倾向。同时，张飞虎、郑尽、陈尚义等海盗使得清朝沿岸地区高度紧张，因为担心海盗中的一部分侵入朝鲜，所以康熙要求加强海岸警备的圣旨也发到了朝鲜。① 在这种氛围下，肃宗第二次巡幸关王庙，商定了国王祭拜关羽的礼节，进而重新整顿地方关王庙，构筑了官方的管理体系。

接下来，让我们来看看肃宗认知下的关羽相关形象。平日，肃宗留下了各种各样有关关羽或是关王庙的诗文。② 当然除了关羽之外，他也留下了很多有关岳武穆、诸葛孔明等人的诗文，但与关羽相关的作品绝对是数量最多的。在这些诗文中，肃宗经常歌颂关羽的"节义""精忠""大节"等，主动表达自己的敬仰之意。

肃宗在巡幸关王庙之前就熟悉关羽的事迹和他的忠义，肃宗时期朝鲜社会流行的《三国演义》尤其值得注意。《三国演义》是将处于后汉末期到西晋初期的魏、蜀、吴三国的历史，站在蜀汉正统的立场上，加入虚构的因素，重新组合而成的小说。《三国演义》早在宣祖初年就传入朝鲜，以壬辰倭乱为契机开始普及③，17 世纪后期其教化性质已经受到认可，在妇女和儿童间通过韩文版或口述的方式传播④，在儒士间也大为盛行⑤。虽然没有对肃宗直接读过这本小说的记录，但既然宣祖已经提到看过《三国演义》，那么可以认为在宫廷内部读到这本书并不太难。⑥ 加之王宫外视野可及之处

① 《肃宗实录》卷四九，肃宗三十六年九月二十八日（己未）。
② 在《列圣御制》里确认的肃宗的关羽或关帝庙相关诗文共 11 篇（《列圣御制》卷九，《题寿亭侯关云长图》《题关王图【又题南关王庙】》《题东关王庙》；卷十，《先农坛祈雨亲祭出还宫时吟成四首·其四望关王庙》；卷十一，《予偶得二幅刺绣，乃关武安王乘赤·马提青龙刀图也。噫武安王精忠大节，予之素所爱重不可亵玩也。遂略加刺绣一作得乘赤·之图，一作千里独行之图，分装两障子，各题一绝句》《重修南门外武安王庙》《〈重修南门外武安王庙〉又》《岭南安东星州湖南古今岛三处关王庙特举享祀之礼永久不废》；卷十五，《武安王庙赋》《武安王图像铭【并小序】》；卷十六，《武安王赞【并小序】》）。
③ 〔韩〕김문경，《三国志의荣光》，사계절，2002，第 240～241 页。
④ 〔韩〕朴英姬：《장편가문소설의 향유집단 연구》，《文学与社会集团》，集文堂，1995，第 322 页；〔韩〕宋明钦：《栎泉集》卷一八《遗事·皇考默翁府君遗事》。
⑤ 〔韩〕박재연：《朝鲜时代〈三国演义〉의 한글 번역 필사본의 연구 - 首尔大学 奎章阁本을 中心으로 - 》，《敦岩语文学》第 14 卷，2001，第 227 页。
⑥ 《宣祖实录》卷三，宣祖二年六月二十日（壬辰）。

有两座关王庙，南关王庙是去慕华馆迎送使臣时的必经之地，东关王庙则是向东巡游时换乘驾轿之所。除此之外，肃宗还看着关羽画像作诗。这样，肃宗的身边就有了书、画、关王庙等可以接触关羽的媒介。

那么，我们以前面提到的外界危机迫近的局势和肃宗对关羽的忠义印象为基础，来推测一下他巡幸关王庙的意义。

第一，这是种鼓励武士的行为。肃宗在前往东关王庙前，明确地指出，自己是为了鼓励将士们，而不是为了一时的游戏。如上所述，肃宗朝时《三国演义》已经普及，对于以武为业的武臣，关羽的勇武和对刘备的义气，足以成为英雄榜样。武臣们背诵、分享《三国演义》中的句子，记住关羽的事迹。[1] 王宫附近的关王庙内，关羽手中握着青龙偃月刀，好似在守护着王室。这种被视觉化和空间化的关王庙，使关羽不再单纯作为小说中的人物，而是升华成为现实人物。国王不仅亲自拜谒自己平时尊敬的关羽，还亲笔题字，以抒发自己对关羽的敬慕之意。那一刻，武士们与肃宗产生了共感，双方之间形成了一种无言的共鸣。

第二，这是将关羽奉为武神、将关王庙看作武庙的行为。众所周知，朝鲜王朝是以性理学为基础的儒教国家，重文轻武。大臣们在看到肃宗巡幸关王庙，并制定仪礼等尚武的行为时，立刻发出了反对的声音。但是肃宗坚持巡幸关王庙，下令将分布于全国的关王庙进行修葺，从国家的角度对其进行管理，而且制定"再拜礼"，对关羽表达自己的无限敬慕之情。这一系列的行为让一直受到冷落的关王庙和关羽，正式升格为武庙和武神。

第三，肃宗提高关羽的地位，以激励武将实现王室的安定与朝鲜王朝的和平。当时朝鲜存在与清王朝和蒙古发生战争、"荒唐船"盛行，以及清朝海盗肆虐等外在危机，在开城、江都、南汉山城、北汉山城等都城附近，都做好了防御工作。但肃宗迫切需要足以得到臣民们忠心的契机。以下是肃宗诗文的一部分。

ⓒ《（重修南门外武安王庙）又》：龙蛇却贼应神助，异迹相传也不忘。

ⓓ《武安王图像铭【并小序】》：介以景福，永佑吾东。

---

[1]　金昌业：《老稼斋燕行日记》卷四《癸巳年一月庚寅（十二日）》。

ⓔ《题东关王庙》：愿佑东方万世宁。

ⓕ《备忘记》：所以激劝武士，本非取快一时之游观而已，咨尔诸将，须体此意，益励忠义，捍卫王室，是所望于尔等者也。①

和ⓒ中一样，肃宗了解利用关羽的力量击退倭军的明朝将领们崇拜关羽的思想。不管这是不是事实，他需要一个能解决现实问题的方法，故留颂关羽诗文，以保临危的朝鲜万岁平安（ⓓⓔ）。他亲临东关王庙，要求自己的武士效法关羽，以忠与义守卫王室（ⓕ）。

肃宗的关王庙之行，正如大臣们所主张的那样，去拜祭祠庙可以看作满足一时好奇和兴趣的行为。但是对于肃宗来说，这并非出于好奇心的单纯的出行。随着肃宗正式承认敬慕关羽的忠义，武士们的士气得到了提高，同时引入了武神关羽的形象，植入武士心中。由此武臣们对关羽产生了感情，如关羽履行了与刘备一起兴复汉室的使命一样，引导着他们对王室尽忠尽义。可以说，肃宗在外在危机中，通过巡幸关王庙和神化关羽，巩固了王位，维护了王室乃至国家的稳定。

四　结语

古代名将关羽曾被中国百姓供奉，明朝以后才正式被追谥爵位，得到武神的地位。明朝皇帝把供奉关羽的关王庙设立在全国各地，是为借助关公的神力，祈祷国家安定，使其成为公共祭拜之所。

关王庙在壬辰倭乱时期传入朝鲜。因为在战争中，受到过明王朝的援助，宣祖无法拒绝当时明神宗与明朝将领要求在朝鲜修建关王庙的建议。在此背景下，宣祖在朝鲜建立了两处关王庙。但是关王庙是武臣关羽神化的场所，也是儒道佛三教合一的场所，甚至国王要亲自巡幸参拜。这在标榜文治的朝鲜王朝是难以接受的事情。因此，关王庙被朝鲜执政者忽视。对关王庙的管理也仅限于中国使节访问朝鲜，前来参拜时。

一直被忽视的关王庙，在肃宗时期，地位逐渐上升。肃宗共巡幸过关王

---

① ⓒ出自《列圣御制》卷一一《肃宗大王·诗》；ⓓ出自《东南庙碑》（K2-3929），《列圣御制》卷一五《肃宗大王文》；ⓔ出自《列圣御制》卷九《肃宗大王·诗》；ⓕ出自《承政院日记》第344册，肃宗十七年二月二十七日（癸未）。

庙两次，第一次是 1691 年，从贞陵回宫的途中，巡幸东关王庙。第二次是
1703 年，欢送清朝使节后，回宫的途中巡幸南关王庙。因为没有预期行程，
甚至还收到过反对意见。但是肃宗依然坚持巡幸关王庙，随后留下诗文，致
祭关公，修葺祠庙。第二次巡幸后，制定了国王巡幸关王庙时应施"再拜礼"
的礼仪。不仅在中央范围内，对于地方的关王庙也要按照规定管理。肃宗巡
幸关王庙、下令修葺庙堂、御笔题字等行为，乃史无前例。两次巡幸都是突
然决定，可以说是肃宗的临时起意，但是也高度包含着政治与外交意图。

　　肃宗巡幸关王庙的时期正是出现外在危机的时期。第一次巡幸是清朝
与蒙古噶尔丹的战争时期，第二次巡幸是"荒唐船"在西海岸登陆，清朝
海盗入侵时期。外部的忧患与紧张，促使肃宗整顿国家。在此之前，在明
朝时期与关羽崇拜一起传入朝鲜王朝的《三国演义》，使关羽的形象在民间
广泛流传，正好在宫廷附近也有将关羽形象化的空间——关王庙。

　　肃宗巡幸关王庙，就如三司所说，到访供奉名人的庙堂可能只是为了
满足一时的好奇心。但是对于肃宗来说，这不只是好奇心。在肃宗巡幸关
王庙时，从揖拜关羽像、致祭等一系列符合皇家仪式的行为中可知，肃宗
赋予了关羽武神的地位与权力。不仅如此，因敬慕关羽，进而评价其为万
古"节义"与"忠诚"，大大提高了跟随肃宗的武士们的士气。就像关羽想
要帮助刘备复辟汉朝一样，肃宗想让武士们以同样的忠诚对待朝鲜王室。

　　综上所述，肃宗在朝鲜王朝出现外在危机时期巡幸关王庙，并神化关
羽，以在武士之间提高关羽的形象，进而追求国家的安定。

King Sukjong's Royal Visits to the Shrines of King Guan and Its Implications

Kim Woo Jin

Abstract

The Shrines of King Guan ［关王庙］ which prevailed in Ming China were first introduced to Joseon by the Ming army during the Japanese Invasions of Joseon in the 16th century. The significance of the Guan Yu shrines, which had been almost abandoned after the war, suddenly increased during the reign of King Sukjong in the late 17th century. As the external crisis heightened due to the frequent appearances of pirates and ships of unknown identities, King Sukjong, in need of momentum to promote loyalty of the people, utilized these shrines of the god of war. The king, repeatedly expressing his will to promote the cult of Guan Yu, visited the shrines, dedicated his own odes, ordered the facilities to be repaired, made sacrifices, and established the royal rites for the cult of Guan Yu. King Sukjong's official visits to the shrines were cleverly designed political act for raising the morale of the troops, promoting loyalty of commoners, and pursuing the peace and prosperity of the state by assigning this half – mythic Chinese hero the power and national status of god of war.

Keywords

King Sukjong; Shrines of King Guan; Guan Yu; Galdan; "Ships of Unknown Identities"

试论内丹术在朝鲜半岛的影响

——以《龙虎秘诀》为例

刘　洋*

摘　要

道教内丹术在传入朝鲜半岛之后，呈现十分活跃的态势，且发展迅速。特别是在进入李氏朝鲜时期之后，形成了一个以修炼内丹术为中心的道教团体——朝鲜丹学派。作为深受中国道教影响的宗教团体，朝鲜丹学派也秉承了"性命双修"这一主旨思想，并在内丹术的修行过程中予以积极的贯彻。郑𥖗作为朝鲜丹学派的代表人物之一，在其著作《龙虎秘诀》中将"性命双修"这一思想融入体内"气"的修炼过程中，在遵从这一思想的同时也展现出朝鲜半岛内丹术的特点。

关键词

《龙虎秘诀》　朝鲜半岛　内丹术　"性命双修"

道教内丹术的发展在进入宋代以后以钟吕金丹派为代表，呈现更为系统化的趋势。特别是张伯端《悟真篇》的问世，更加明确了道教内丹术以"性命双修"为中心思想的修炼主旨。"性命双修"将心性的修养（性）与对肉体长生留世（命）的追求统一起来，并不偏执于"性"或"命"其中单独一项。所谓"只修性，不修命，此是修行第一病。只修祖性不修丹，万劫阴灵难人圣。"（吕洞宾《敲爻歌》）

---

* 刘洋，日本关西大学文化交涉学博士，日本关西大学东西学术研究所非常勤研究员，主要研究方向为东洋宗教思想、道教史，邮箱：ryuuhiroshi@foxmail.com。

随着宋金对峙局面的形成，内丹术的发展又分别以南北地域的不同衍生出南宗"先命后性"与北宗"先性后命"的修行方法。二者的分歧主要集中在内丹术修行的过程中，即是以心性的修养还是肉体的修炼为修行的开端。虽然在对性、命先后顺序上有着不同的认识，但是二者都遵循了钟吕金丹派"性命双修"这一修炼主旨，并将这种思想在南北二宗合流之后一直延续下来。随着内丹术在东亚地区的传播，"性命双修"这一内丹思想也深刻地影响了朝鲜半岛的道教发展。

朝鲜半岛对于道教内丹术的引入最早可以追溯至新罗时期。经过高丽时期的沉淀与积累，在进入李氏朝鲜时期之后呈现十分活跃的发展态势，并且形成了一个以修炼道教内丹术为中心的道教团体——朝鲜丹学派。作为深受中国道教影响的宗教团体，朝鲜丹学派也秉承了"性命双修"这一主旨思想，并在内丹术的修行过程中予以积极的贯彻。郑礦作为朝鲜丹学派的代表人物之一，在其著作《龙虎秘诀》中将"性命双修"这一思想融入体内"气"的修炼过程中，在遵从这一思想的同时也展现出朝鲜半岛内丹术的特点。本文试根据郑礦《龙虎秘诀》对"气"的修炼过程的描述，探讨"性命双修"这一思想在其中的体现。

一 郑礦与《龙虎秘诀》的内容

郑礦（정렴，1506~1549），字士洁，号北窗，出生于朝鲜温阳地区[①]。朝鲜中期士大夫，同时是当时有名的儒医、学者、书画家。本籍温阳郑氏，其祖父郑铎曾担任司谏院献纳一职。父亲郑顺朋为内医院提调。1544年郑礦因在朝鲜中宗生病期间进药而被推荐为内医院提调，兼任惠民署观象监教授一职。1549年郑礦去世，谥号章惠，享祭于清原的鲁峰书院。

郑礦留世的著作较少，就道教内丹方面而言，《龙虎秘诀》可说是其中较为有名的一篇。《龙虎秘诀》的篇章结构比较简单，基本可以划分为四个部分，第一部分可以视为绪论，这也是全书的总章，概括叙述了修丹的基本功法以及可能出现的一些身体反应，进而总结出修炼闭气、胎息和周天火候三个步骤。第二部分详细地介绍了闭气这一功法的修炼方法。第三部

---

① 现属韩国忠清南道牙山市。

分主要介绍胎息这一功法，并对胎息这一修炼步骤的重要性进行了强调。最后一部分则是对于周天火候这一功法的介绍。《龙虎秘诀》虽然只有寥寥数千字，却对朝鲜丹道思想和医术都产生了较大的影响，从而备受重视，以至于朝鲜著名医学家许浚在其所著的《东医宝鉴》中也对其思想以及"气"的修炼方法进行了一定程度的吸收。①

（一）闭气

气在内丹术的修炼中起着至关重要的作用，历来被丹学家所重视。对于"气"的作用，郑礦在《龙虎秘诀》的开篇便做了强调。

> 修丹之道，至简至易，而今其为书汗牛马充栋宇，且其言语太涉（涩）恍惚难了。故古今学者不知下手之方，欲得长生，反致夭折者多矣。至于参同契一篇，案丹学之鼻祖，顾亦参天地，比卦爻，有非初学之所能蠡测。今述其切于入门而易知者若干章，若能了悟，则一言足矣。盖下手之初，闭气而已。一言之诀，至简至易之道，古人皆秘，此而不出欲便言。故人未知下手之方，不知修丹于吾气息之中而外求于金石，欲得长生反致夭折，哀哉。②

对于内丹术的修炼，郑礦认为应该从"气"的修炼开始，并且他指出"气"的修炼方法便是"闭气"。对于人们不知"修丹于吾气息之中"而寄希望于通过服用金石丹药等来达到长生这一目标的行为，郑礦表达出了"反致夭折，哀哉"的看法。在这里我们也可以看出郑礦十分明确地主张修炼内丹，同时排斥"外求于金石"等外丹术的修炼方法。在中国道教炼丹术的发展史上，唐朝以后随着通过体内气的调节进而长生不老的内丹术的兴起，通过烧炼服食铅汞等药物来实现长生不老的外丹术就因为安全性问题而不断衰落，特别是钟吕金丹派"性命双修"内丹思想的提出，更加确立了内丹术在唐代以后中国道教的主导地位。这一趋势也对朝鲜半岛产生了至关重要的影响，所以郑礦认为外丹术是"哀哉"之事也基本秉持了钟

---

① 孙亦平：《从〈东医宝鉴〉看道教养生论对东医学的影响》，《宗教学研究》2015 年第 3期，第 275 页。
② 李钟殷译注《海东传道录 青鹤集》，普成文化社，1992，第 275 页。

吕金丹派的思想。与很多内丹术著作一样，郑碟在这里也强调了"脐下一寸三分"（也就是丹田①）这一部位在内丹修炼中的关键性地位。

> 今欲闭气者，先须静心，迭足端坐。佛说，所谓金刚坐也。垂帘下视，眼对脐轮，工夫精神，全在于此。当是时，夹脊如平轮，入息绵绵，出息微微，相住于脐下一寸三分之中，不须紧闭不出，至于不可忍耐，惟加意下送，略如小便时，所谓吹嘘赖并风。苟能静心，垂头下视，眼视鼻白，鼻对脐轮，则气不得不下。②

闭气的关键就在于要将"气"运行至丹田，因为在道教内丹修炼者看来，丹田是"隐然藏伏为气根"③的地方。丹田是一切后天气的根源，而"行气"的重点就在于要将平时的呼吸之气返回到最初的气根（丹田）。其理论依据便是道教内丹修炼中"顺则成人，逆则成仙"的思想。

从传统道教生死观来看，世间万物无外乎由阴阳二气的变化所构成，以此为基础，天地人神鬼也拥有各自不同的阴阳属性。天因为"刚健中正"而属于阳，地由于"柔顺利贞"而属于阴，生活在天以下、地以上的人与万物则是阴阳二气混合的自然体。人出生时是"负阴而抱阳"的状态，随着时间的变化与身体的生长，人体内的阳气就会不断耗散，直到体内阳气消失殆尽只留下阴气，人就会死亡。死后也会变成具有纯阴之气的鬼，进而归属于阴阳属性同为阴的地下。

为了达到长生不老这一终极目标，修炼者要最大限度地保留体内的阳气，在保证阳气不会随着时间的流逝而耗散的同时去除体内的阴气。如果可以将体内阴气全部去除，就可晋升为"纯阳之身"的仙。人与仙最大的区别就在于人是由阴阳二气混合而成的自然体，仙则是摒弃了阴阳二气中的阴气达到"纯阳之身"的非自然体。成为仙的理论基础就是实现万物返三、三返二、二返一的顺序逆行，也就是从阴阳二气的混合体返回阴阳二

---

① 丹田为道教内丹用语，是道家内丹术丹成呈现之处，也是内丹修炼的重点，有上中下三丹田之分，历来其位置注解多有不同，一般来讲在两眉间者为上丹田，在心下者为中丹田，在脐下者为下丹田。

② 李钟殷译注《海东传道录 青鹤集》，普成文化社，1992，第 275 页。

③ 徐兆仁主编《金丹集成》，中国人民大学出版社，1988，第 132 页。

气的纯净体，再由阴阳二气的纯净体返回只有阳气存在的仙体。郑磏也对此进行了强调，他说："顺则为人，逆则仙。盖一生两，两生四，四生八，以至于六十四，分以为万事者，人道也。顺推功夫。迭足端坐，垂帘塞兑，收拾万事之纷扰，归于一无之太极者，仙道也。逆推功夫。契所谓委志归虚无，无念以为常足，无者，太极之本体也。"[①]

值得注意的是，郑磏在修炼"气"这一功法时设定了一个前提，要"静心端坐"，并对端坐的姿势和方法做出了规定。可见"静心端坐"也是"闭气"的重要一环。如果将"闭气"作为正式入门进行修炼的过程，那么"静心端坐"也就可以视为正式修炼前的基础功法，这一点与全真教内丹修炼中常常提到的"筑基"十分类似。虽然郑磏没有将"筑基"这一修行方法单列为一章，但是从他文章的绪论中可以推测出郑磏的内丹术顺序包含了以下几点：静心（筑基）、闭气、胎息、周天火候、结胎。其中对于静心和结胎两点并未展开论述，仅仅是在绪论中有所提及。这很有可能是因为郑磏在闭气和周天火候的章节中已将静心和结胎的内容分别涵盖了进去，失去了单独列为一章的必要性。但对于闭气的具体修炼方法，郑磏提出了传统内丹术中罕见的"以眼为旗帜"的观点。

> 闭气者，以眼为旗帜。气之升降，左右前后，莫不如意之所之。欲气上升者，上其视。欲气之下者，下其视。闭右眼，开左眼，以上其视，则左气旋升。闭左眼，开右眼，以上其视，则右气亦升。下用任脉于前，上用督脉于后，而神行则气行，神住则气住，神之所至，气无所不至，莫不以眼为令。如军中用旗帜，且欲上视者，不须开眼，只转睛上视亦得也。[②]

在他看来，气的升降变化都是可以通过眼睛的调动来完成的。如果想要调动气的上升就"上其视"，想要调动气的下降就"下其视"。不仅如此，在气的上下运动过程中，也可以分成左右两股不同的气，闭右眼开左眼上视，就可以使体内左气上升，闭左眼开右眼上视，体内右气就会上升。在

①　李钟殷译注《海东传道录　青鹤集》，普成文化社，1992，第275页。
②　李钟殷译注《海东传道录　青鹤集》，普成文化社，1992，第276页。

文中虽未提及如何使左右二气下降的方法，但可以大致推测出要使左右二气下降只需闭合左右眼、下视即可。"以眼为旗帜"在中国传统内丹修炼中虽然有一定的理论基础，却又和传统内丹术对于气的修炼有所区别。从理论基础来讲，道家在内丹修炼的时候认为"眼为日月"。《黄庭经》中就写到"出日入月呼吸存"，可见双眼对于呼吸是具有纲领性作用的。如果可以对日月（双眼）进行控制与调节，就可以很好地控制体内气的流动。明代文献《金丹真传》中也有"夫日月者天地之二气，呼吸者人身之日月。天上太阴太阳，人间少阴少阳，原是一样，月借日而生光，是对照也。当知日月运行于天地之间，人果能效天地之呼吸，亦运之于内，自然得结圣胎"[1] 的记载。

按照道家天人合一的思想，人体内气的运行和天地之间气的升降原理是一致的。在气的修炼中要使自身的气与天地的气相合，"效天地之呼吸"于人体内，内丹自然可成。《阴符经》中也说："观天之道，执天之行，尽矣。"但是从传统内丹术对气的修炼来看，古籍中虽有大量关于"日月呼吸"的描述，在如何调动气的运行上却有不同，尤其像郑礄这样提出以眼为调气的关键部位的，更是少见。既然气是可以运行的，那么气运行的去处和目的就成了关键。

> 然世人皆上盛下虚。每患此气之升，而上下不交，故务要此气之降，而在中宫戊己，使脾胃和畅，血脉周流而已。此不但世人为然守丹之要，亦欲守在规中，能使血脉周流，至于任督皆通，则延命却期岂不可必。[2]

郑礄指出，在修炼之前虽然人身体内部存在周流不息的气，但是气的分布并不均衡，呈现"上盛下虚"的状态。闭气的一个作用就是要将这一不均衡打破，使气均衡分布于全身的每一个角落，实现"血脉周流"的状态。解决这一问题的关键在于要将气引入"中宫戊己土"。在丹道中，对于"中宫戊己土"的描述可谓十分详细，在《参同契》中就有"青赤白黑，各

---

① 吴信如主编《道教精粹》（下），线装书局，2016，第 713 页。
② 李钟殷译注《海东传道录　青鹤集》，普成文化社，1992，第 276 页。

居一方，皆禀中宫，戊己之功"这样的记载。张伯端在《悟真篇》中也说道："离坎若还无戊己，虽含四象不成丹。"① 足以想见戊己在内丹修炼中的重要地位。笔者根据道教的五行观念，在分别将金木水火土五行与十个天干融合的同时，标注了方位和颜色，并将五行属性分别对应人体内的各个器官（见表1）。

表1 五行对应表

天干	甲、乙	丙、丁	戊、己	庚、辛	壬、癸
五行	木	火	土	金	水
方位	东	南	中	西	北
五脏	肝	心	脾	肺	肾
颜色	青	赤	黄	白	黑

如表1所示，戊己的五行属性是土，方位是中。《五行大义》中记载："《五行传》及《白虎通》皆云，木非土不生，根核茂荣。火非土不荣，得土著形。金非土不成，入范成名。水非土不停，堤防禁盈。土扶微助衰，应成其道。故五行更互须土。土王四季，而居中央，不以名成时。"② 按照"土居中而王四季"③ 的说法，戊己土也具有调和五行的重要作用。正因如此，戊己土在内丹修炼中也担负起了攒簇心肾水火的重要作用。《悟真篇》中也提到"四象五行全仗土"。中宫戊己土的重要地位也使得它成了内丹对于气这一修炼环节的最终归属。气运行到此处，自然也会起到使"血脉周流""任督皆通"的巨大作用。任督二脉的打通对于内丹修炼也有着至关重要的作用。实现人体内小周天、大周天的循环都要基于任督二脉的打通。陈致虚说过："盖人能通此二脉，则百脉俱通矣。……三物俱有千岁之寿命，何况人乎！修道之士，既转法轮以运慧命，何患不长其寿而成其道也。"④ 对此《龙虎秘诀》中写道：

> 得其传送之道，然后身体和平，汗气蒸润，一身百脉，周流大遍，

---

① 李一氓：《道藏》第三册，文物出版社、上海书店、天津古籍出版社，1988，第45页。
② 中村璋八《五行大义全释》上卷，明治书院，1986，第85页。
③ 中村璋八《五行大义全释》上卷，明治书院，1986，第85页。
④ 徐兆仁主编《金丹集成》，中国人民大学出版社，1988，第57页。

则一意冲融，眼前白雪纷纷而下，不知我之有形，形之有我，窈窈冥冥，恍恍惚惚，已在于太极未判之前矣。此所谓真境界，真道路，外此皆邪说妄行耳。①

在郑礥看来，将气运入"中宫"，实现任督二脉"皆通"之后，不仅可以取得"延年益寿"的效果，甚至可以达到"太极未判"状态。脱离了闭气的修炼方法都是"邪说"，这一点可以说是和与郑礥生活在同时代的中国道士伍守阳的内丹思想不谋而合。伍守阳认为："行其所以伏者，言有至妙，至秘之天机。呼吸合于天然者，为真，元气得合当生当采者之时为真，元神合虚极静笃者为真。三者皆真，而后，得所伏之理，行之而必成。不然，则是外道也。"② 与郑礥一样，伍守阳也认可了闭气的修炼方法，认为脱离了"所伏之理"便都是"外道"。郑礥不仅对闭气这一内丹修炼方法有着详细的描述，对于修炼之后身体会产生的反应和变化也有所提及。"当其闭气之初，便觉胸次烦满，或有刺痛者，或有雷鸣而下者，皆喜兆也。盖上部几邪为正气所迫，流入于空洞处，得其传送之道，然后气自平安，病自消散，此乃初头道路，亦可谓片响证验，常患胸腹者尤宜尽心，其效最妙。"③ 对于闭气修行时身体反应的描述，在其他内丹术典籍中较为少见，郑礥对于体内变化的记载也在一定程度上为修行提供了经验基础。

（二）胎息

胎息作为早期内丹修炼方法之一，历来被各丹道家所重视，唐代著作《胎息经》中"假名胎息，实曰内丹"④ 的记载更是将胎息直接等同于内丹，足见胎息在内丹修炼中的重要地位。在年代更早的《抱朴子·内篇》中便有"故行气或可以治百病，或可以入瘟疫，或可以禁蛇虎，或可以止疮血，或可以居水中，或可以行水上，或可以辟饥渴，或可以延年命。其大要者，胎息而已。得胎息者，能不以鼻口嘘吸，如在胞胎之中，则道成矣"⑤ 的论

---

① 李钟殷译注《海东传道录　青鹤集》，普成文化社，1992，第276页。
② 徐兆仁主编《金丹集成》，中国人民大学出版社，1988，第131页。
③ 李钟殷译注《海东传道录　青鹤集》，普成文化社，1992，第276页。
④ 李一泯：《道藏》第一册，文物出版社、上海书店、天津古籍出版社，1988，第48页。
⑤ 李一泯：《道藏》第二十八册，文物出版社、上海书店、天津古籍出版社，1988，第199页。

述。葛洪将胎息列为可以包治百病和延年益寿的重要手段。胎息作为行气的一种也被视为其中的"大要"。由此看来，在丹道家行气的修行过程中，胎息并没有脱离其形式而单独存在，恰恰相反，胎息被纳入了行气的整个过程中，并成为修炼过程中的重要一环。明代的伍守阳也说"胎息与伏气本是一事"。郑碟在《龙虎秘诀》中针对胎息这一修行手段的描述，仅从所占篇幅来看，相比于早期丹道家的重视程度，并未有太多的展开，从总体来看只是大概介绍了一下胎息的流程，更多的是对闭气的补充和深化，可以说是较为不寻常的写作手法。但如果我们将着眼点放大至整个"气"的修炼过程，结合《抱朴子》中对于胎息属于行气的描述来看，或许可以在一定程度上帮助我们理解郑碟在此处不过多描述的理由。郑碟在胎息一词之后，有一段类似注解的话：

> 胎从伏气中结，气从有胎中息。气入身来为之生，神去离形为之死，欲得长生，神气皆相注，神行则气行，神住则气住，勤而行之是真道路。①

郑碟在此处可以说是做了个提纲性的总述，认为"胎"是从"闭气"而来，将胎息作为闭气的补充。紧接着他说道：

> 闭气稍熟，神气稍定，然后稍稍推气下至腹下毛际，细心推究，此气息所后出处，随出随入，使一呼一吸常在其中，此所谓玄牝一窍。修丹之道，在此而已。而不出于口鼻之间，然常有一寸余，气在口鼻之间，此所谓在母胎之息，所谓归根复命之道也。②

在"闭气稍熟"之后，要将气下推至腹部，此后可以感受到一呼一吸的气息出处所在。文中出现了一个非常重要的概念"玄牝"。能否准确找到"玄牝"并将气存留于其中，关乎能否找到"归根复命之道"及内丹修炼的结果。这里我们要首先明确郑碟对"玄牝"概念的理解。萧廷芝在《金丹

---

① 李钟殷译注《海东传道录 青鹤集》，普成文化社，1992，第276页。
② 李钟殷译注《海东传道录 青鹤集》，普成文化社，1992，第277页。

大成集》中写道："玄关一窍，左曰玄，右曰牝。"① 所以"玄牝"也称"玄窍"。古籍中对于"玄牝"的解释向来很晦涩，老子在《道德经》中说："谷神不死，是谓玄牝。玄牝之门，是谓天地根。绵绵若存，用之不勤。"② 老子并未说明"玄牝"到底是什么，但是将"玄牝"称为"天地根"。陈致虚在《上阳子金丹大要·金丹大要图说》中说道："且此窍也，乃是虚无之窟。无形无影，气发则成窍，机息则渺茫。"③ 其中关键点是，"玄牝"并不是物质性的东西，而是一种虚无的状态，只有通过气的产生才能形成"玄牝"。

所以《金丹大成集》中对于"玄牝"的认识直接指向了与气密切关联的口鼻，即"鼻通天气曰玄门。口通地气曰牝户。口鼻乃玄牝之门户矣"，似乎对"玄牝"给出了一个很明确的解释。但是郑礦提出了不一样的看法，他认为"玄牝"与气存在关联，却"不出于口鼻"，而且"玄牝"的位置也是在腹部才对。这样，对"玄牝"的解释就出现了相反的两个层面。"玄牝"非口鼻这一说法在张伯端所著《金丹四百字》的序言当中也得到了进一步的证明，书中记载：

> 要须知夫身中一窍，名曰玄牝。此窍者，非心非肾，非口鼻也，非脾胃也，非谷道也，非膀胱也，非丹田也，非泥丸也。能知此一窍，则冬至在此矣，药物在此矣，火候亦在此矣，沐浴亦在此矣，结胎亦在此矣，脱胎亦在此矣。夫此一窍，亦无边傍，更无内外，乃神气之根，虚无之谷，则在身中求之，不可求于他也。此之一窍，不可以私意揣度，是必心口传授。苟或不尔，皆妄为矣。④

文中对于"玄牝"的解释更为含糊不清，虽然强调只存在于人体内的"玄牝"，但也未脱离其非物质的性质。很明确地说到"玄牝"非口鼻，并在最后说到"玄牝"必须通过心口传授才能明白，这更为"玄牝"蒙上了一层神秘面纱。不过，《金丹四百字》中记载："药物生玄窍，火候发阳炉。

---

① 徐兆仁主编《金丹集成》，中国人民大学出版社，1988，第 20 页。
② 李一氓：《道藏》第十一册，文物出版社、上海书店、天津古籍出版社，1988，第 474 页。
③ 徐兆仁主编《金丹集成》，中国人民大学出版社，1988，第 55 页。
④ 李一氓：《道藏》第二十四册，文物出版社、上海书店、天津古籍出版社，1988，第 162 页。

龙虎交会时，宝鼎产玄珠。此窍非凡窍，乾坤共合成。名为神气穴，内有坎离精。"① 彭好古在对《金丹四百字》进行注释的时候也说道："身中有一点真阳之气，气属离。心中有一点真阴之精，精属坎。故曰内有坎离精。"② 如果从坎离二卦的卦爻来看，离卦代表心，属阳，离卦（☲）中两个阳爻之间的阴爻就象征着"真阴之精"。坎卦代表肾，属阴，坎卦（☵）中处于两个阴爻之间的阳爻象征着身体中的"真阳之气"。结合彭好古对《金丹四百字》的注解，以及"药物者，乌肝兔髓，红汞黑铅也。皆生于玄窍之中。若能奋三昧真火，发阳炉之内，则龙虎交会，炼金木生黄芽，而后产一粒之玄珠"③ 的表述，可知"玄牝"之处正是道教内丹修炼时，将心中真阴与肾中真阳进行"坎离交媾"的地方。之前讨论过，在郑碏看来将闭气时"中宫戊己土"的位置视为"玄牝"的可能性是非常大的。明白这一点，才能更好地理解郑碏接下来对人在"胎"中进行呼吸的解释。

> 人在胎中，不以口鼻呼吸，只以脐带通于母之任脉，任脉通于鼻，母呼亦呼，母吸亦吸。至脐带一落，然后呼吸通于口鼻，及其持养失宜，真气销铄，于是乎疾病生矣，夭折作矣。若得此归复之法精进不已，则辟谷登仙皆在于此。④

郑碏认为，"胎中"的婴儿状态是最好的，这个时候的呼吸不通过口鼻，而是通过脐带和母亲的任脉连接，随着母亲的呼吸而呼吸。一旦出生，从胎息的状态变为口鼻呼吸，就会成为疾病、夭折的根源。胎息就是要回到婴儿在孕育时的先天状态，这可以视为老子"复归婴儿"思想的一层演变。

二 内丹术的"小法"

气在内丹修炼过程中的重要作用与意义是不言而喻的。无论是钟吕金丹

---

① 李一氓：《道藏》第二十四册，文物出版社、上海书店、天津古籍出版社，1988，第163页。
② 徐兆仁主编《金丹集成》，中国人民大学出版社，1988，第7页。
③ 李一氓：《道藏》第二十四册，文物出版社、上海书店、天津古籍出版社，1988，第163页。
④ 李钟殷译注《海东传道录 青鹤集》，普成文化社，1992，第277页。

派，还是后来宋元时期道教内丹术教团，都对气有大量的论述。值得一提的是，随着时间的推移和变化，对于修炼气的各种手段的评价，在道教内部也出现了较大的分歧，特别是在钟吕金丹派内部对于服气和胎息的定位上。《钟吕传道集》中就对服气与胎息等修炼方法提出了不同的看法。

> 钟曰："以傍门小法，易为见功，而俗流多得。互相传授，至死不悟，遂成风俗，而败坏大道。有斋戒者、有休粮者、有采气者、有漱咽者、有离妻者、有断味者、有禅定者、有不语者、有存想者、有采阴者、有服气者、有持净者、有息心者、有绝累者、有开顶者、有缩龟者、有绝迹者、有看读者、有烧炼者、有定息者、有导引者、有吐纳者、有采补者、有布施者、有供养者、有救济者、有入山者、有识性者、有不动者、有受持者，傍门小法不可备陈。"①

书中不仅对烧炼金银的外丹术予以大力否定，还认为早期内丹服气和导引等形式是"败坏大道"的"傍门小法"。首先，其认为内丹闭气功法是傍门小法。在钟吕金丹派看来闭气这一方法只是起到了"攻病"的作用，基于"性命双修"的思想，闭气对于疾病的治疗作用仅仅在"性命双修"中的"命"（也就是身体的修行）上起到了积极的作用，在"性"功上并未有太多的建树。这样就无法达到"性命双修"这一修行最高标准。张伯端就说："如其未明本性，则犹滞于幻形。"本性不见，身体长存也只是佛家所说"臭皮囊"而已。

其次，对胎息的看法与对服气功法的看法一样。书中对胎息也只是做出了部分肯定，因为胎息只是"养性可也"，对于"性"功的修炼并不能帮助"命"同时进步，相反，如果不重视对于肉体等"命"的修行很有可能出现"形如槁木"的样子。正是基于这种认识，对于"命"功的忽视使得钟吕金丹派对胎息这一历来备受丹道家重视的方法也提出了不同的看法。钟吕金丹派代表人物吕洞宾就说过："只修性，不修命，此是修行第一病。只修祖性不修丹，万劫阴灵难入圣。"可见其对于"命"功的重视程度与修行"命"功的必要性。正是在"性命双修"这一指导思想的影响下，钟吕

---

① 李一氓：《道藏》第四册，文物出版社、上海书店、天津古籍出版社，1988，第658页。

金丹派很自然地将闭气与胎息这两种分别注重"性"功与"命"功的修行方法划入了"小法"的范畴当中。

同样深受"性命双修"内丹思想影响的朝鲜丹道派，特别是郑磏将被钟吕金丹派称为"小法"的闭气与胎息统一起来，并且将其作为一个"气"修行的整体进行翔实且细致的论述。这一点可以说正是郑磏受"性命双修"这一思想影响而形成的。郑磏没有单方面将闭气和胎息这两种修行方法区别开来，而是将闭气作为内丹术修行的基础予以强调，并将胎息作为闭气功法的延伸纳入整个内丹修炼当中，从气的层次上体现了"性命双修"这一内丹思想。相较于其他内丹术内容的晦涩与修炼步骤的繁复，郑磏《龙虎秘诀》中的描述较为简单，将内丹术的修炼集中于人体内"气"的修行上，使得内丹修炼更易被世人所掌握与接受，也为内丹术在朝鲜半岛的普及提供了有利的条件。同时，在另一个侧面体现了当时朝鲜内丹术对于"气"修炼更为重视的态度。

三 结语

通过以上对郑磏《龙虎秘诀》中"气"这一内容的研究与分析，可以清楚地看到郑磏对内丹术中"气"的认识及其修习方法。和众多内丹家的思想一样，在郑磏看来在内丹修炼中"气"的运行对内丹的形成起着至关重要的作用，他对于"气"修行中身体反应的描述，更是在一定程度上为内丹修炼者提供了经验基础。钟吕金丹派将郑磏《龙虎秘诀》中记载的闭气与胎息修炼手法都归为"小法"，对于同样深受"性命双修"内丹思想影响的朝鲜丹道派来说，郑磏恐怕并非有意为之。恰恰相反，郑磏的著作正是"性命双修"思想影响下的产物。郑磏没有单方面将闭气和胎息这两种修行方法区别开来，而是将闭气"攻病可也"的"命"功和胎息"养性可也"的"性"功结合起来，并将胎息作为闭气功法的延伸纳入整个内丹修炼当中，单从"气"的层次上体现了"性命双修"这一内丹思想。这说明，朝鲜的丹道思想与中国的丹道思想并不是割裂的，而是在某种程度上进行了吸收和融合。这也为讨论中国内丹术对朝鲜半岛的影响提供了一个十分重要的依据。

The Influence of Internal Alchemy on the Korean Peninsula

Focusing on the *Yonghopigyŏl*

Liu Yang

Abstract

After Taoism's Internal Alchemy was introduced into the Korean Peninsula, it showed a very active and rapid development. In particular, after entering the period of the Joseon Dynasty, a Taoist group, the Joseondanhagpa（조선단학파，朝鲜丹学派）, centered on the practice of Internal Alchemy was formed. As a religious group deeply influenced by Chinese Taoism, the Joseondanhagpa, also adhered to the main idea of "Lives Simultaneous", and actively implemented it in the practice of the Internal Alchemy. As one of the representatives of the Joseondanhagpa, Zheng Lian, in his book *Yonghopigyŏl*（「용호비결」，《龙虎秘诀》）, integrated the idea of "dual cultivation of life and life" into the cultivation process of "qi" in the body. Reflects the characteristics of Internal Alchemy in the Korean Peninsula.

Keywords

Yonghopigyŏl; Korean Peninsula; Internal Alchemy; "Lives Simultaneous"

日本江户时期"洒落本"与中国古代小说

——以《通气粹语传》为中心的考察与研究

李 玉*

摘 要

在中国明清俗文学的影响下形成的洒落本①，不仅是比较文学的资料，也是语言学的资料。洒落本中汉语词汇的运用反映了江户时期日本人学习汉语的实际情况。本文试图在中日先贤有关研究的基础上，通过对江户时期洒落本作家第一人山东京传的典型作品——《通气粹语传》和它的翻案蓝本《水浒传》的对比研究，分析、论证江户时期的洒落本对中国小说的吸收情况，为了解中国古代小说对日本江户时期小说发展的影响提供实证根据，并就这一事实进行文学和语言学意义上的论述。

关键词

洒落本 中国古代小说 《通气粹语传》 《水浒传》

众所周知，《水浒传》与《三国演义》《西游记》《红楼梦》并称"中国四大名著"，又与《三国演义》《西游记》《金瓶梅》合称"明代四大奇书"。全书讲述了梁山108位好汉反抗欺压，聚焦水泊梁山，后受到朝廷招安，为朝征战的宏大故事。《水浒传》问世之后，不仅在国内拥有众多"粉

---

* 李玉，文化交涉学博士，日本关西大学东亚文化研究科学生，主要研究方向为江户时代日本对汉语的吸收与接受，邮箱：lysw523@163.com。

① 洒落本，又称蒟蒻本，江户中期以花街柳巷为题材的短篇小说。用写实笔法描写妓院的风情、习俗和生活，以及嫖客与妓女的恋情等。笔触细腻，能发人情之微，因而其作者有"通人"之称。宝历年间（1751～1762）兴起于京坂，后在江户地区广泛流行。宽政改革时以有伤风化罪名被取缔。

丝"，同时受到许多外国读者的追捧。

谈到《水浒传》在海外的传播情况，就不得不提及最先译介《水浒传》的国家——日本。同时，日本也是《水浒传》译本最多的国家。而且，日本还完好地保留了一些在中国已失传或保存不完整的，被视为孤本、珍本的《水浒传》版本，如《水浒传》简本系统中的藜光堂刊本。①

一 《水浒传》在日本江户时期传播的四个阶段

据考证，《水浒传》在江户初期传入日本。它在江户时期的传播大致可以划分为《水浒传》原本、和刻本、翻译本、翻案本四个阶段。②

（一）原本

关于日本所存的《水浒传》原本的情况，冯雅《〈水浒传〉在日本的传播研究》中有详细的说明。

1927 年，鲁迅从辛岛骁那里抄写了一份"内阁文库图书第二部汉书目录"，其中包含珍藏在日本的《水浒传》的多种版本。

①《英雄谱》（一名《三国水浒全传》），二十卷，目一卷，图像一卷，明熊飞编。明版，12 本。

②《忠义水浒全书》百二十回，明李贽评。明版，32 本。

③《忠义水浒传》百回，明李贽批评。明版，20 本。

④《水浒传》七十回，二十卷，王望如评论。清版，20 本。

⑤《水浒传》七十回，七十五卷，首一卷，清金圣叹批注。雍正十二年（1734）刊，12 本。

⑥《水浒传》七十回，伊达邦成等校。明治 16 年（1883）刊，12 本。

⑦《水浒后传》四十回，十卷，首一卷，清蔡昇评定。清版，5 本。

⑧《水浒后传》四十回。清版，10 本。

⑨《水浒志传评林》二十五卷，第一至七卷缺。明版，6 本。

孙楷第提到了六种藏于日本的《水浒传》版本，并进行了详细的说明

---

① 冯雅：《〈水浒传〉在日本的传播研究》，东北师范大学博士学位论文，2017，第 2 页。
② 吴蓉斌：《浅析〈水浒传〉在日本江户时期传播的四大种类》，《名作欣赏》2015 年第 35 期。

和考察。王古鲁发现了藏于日本的多部《水浒传》珍本、孤本，并做了记录善本小说版式、特点、重要目录、序言以及校考不同版本优劣的笔记，后集结成《王古鲁日本访书记》，并于1986年出版。商务印书馆又在2005年出版了《王古鲁藏书目录》。①

（二）和刻本

据日本学者长泽规矩也《和刻本汉籍分类目录》记载，中国典籍在日本的刊刻分和刻本与翻刻本两种。原书的白话文再刻本属翻刻本，再刻时添加训点、假名则为和刻本。②

最早的和刻本《水浒传》是由京都文会堂刊发的《忠义水浒传》。享保十三年（1728），京都文会堂林九兵卫发行《忠义水浒传》最初的五册（对应《水浒传》第一至十回）。宝历九年（1759），第二集五册（对应《水浒传》第十一至二十回）由林九兵卫和林权兵卫发行。③

（三）翻译本

日本最早的《水浒传》翻译本是《通俗忠义水浒传》。《通俗忠义水浒传》的发行不是一蹴而就的，而是分四次发行。④

①宝历七年九月《通俗忠义水浒传》初篇（卷一至卷十五）由植村藤右卫门、吉田四郎右卫门、林九兵卫、林权兵卫发行。

②安永元年十二月《通俗忠义水浒传》中篇（卷十六至卷三十）由植村藤右卫门、吉田四郎右卫门、林九兵卫、林权兵卫发行。

③天明四年正月《通俗忠义水浒传》下篇（卷三十一至卷四十四）由林权兵卫、横江岩之助、山田屋卯兵卫、武村嘉兵卫发行。

④宽政二年十月《通俗忠义水浒传》拾遗（卷四十五至卷四十七、拾遗卷一至卷十）由林权兵卫、横江岩之助、武村嘉兵卫、武村什兵卫发行。

虽然《通俗忠义水浒传》正篇冠名冈岛冠山编译（见图1），但冈岛冠

---

① 参见冯雅《〈水浒传〉在日本的传播研究》，东北师范大学博士学位论文，2017，第12页。
② 王晓平：《中日文学经典的传播与翻译》（上），中华书局，2014，第134页。
③ 吴蓉斌：《浅析〈水浒传〉在日本江户时期传播的四大种类》，《名作欣赏》2015年第35期，第19页。
④ 〔日〕中村绫：『日本近世白話小説受容の研究』，东京：汲古书院，2011，第90页。

山于 1728 年去世，与发行时间矛盾。因此，译者的真实身份还有待进一步
考察。

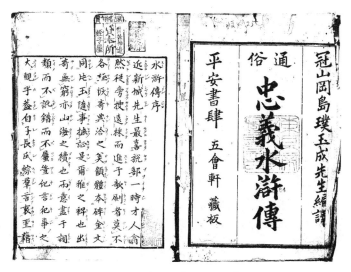

图 1　《通俗忠义水浒传》

（四）翻案作品

笔者梳理了江户时期《水浒传》的翻案作品，结果如表 1 所示。

表 1　江户时期《水浒传》的翻案作品

公历纪年	中国纪年	日本纪年	作品名称	作者
1768	乾隆三十三年	明和五年	《湘中八雄传》	北壶游
1773	乾隆三十八年	安永二年	《本朝水浒传》	建部绫足
1775	乾隆四十年	安永四年	《坂东忠义传》	三木成为
1777	乾隆四十二年	安永六年	《日本水浒传》	仇鼎山人
1783	乾隆四十八年	天明三年	《女水浒传》	伊丹椿园
1789	乾隆五十四年	宽政元年	《通气粹语传》	山东京传
1792	乾隆五十七年	宽政四年	《梁山一步笑》《天刚垂杨柳》	山东京传
1793	乾隆五十八年	宽政五年	《天明水浒传》	多岛散人
1794	乾隆五十九年	宽政六年	《伊吕波水浒传》	振鹭亭
1796	嘉庆元年	宽政八年	《高尾船字文》	曲亭马琴

续表

公历	中国纪年	日本纪年	作品名称	作者
1797	嘉庆二年	宽政九年	《通俗平妖传》	本城维芳
1798	嘉庆三年	宽政十年	《忠臣水浒传》	山东京传
1814	嘉庆十九年	文化十一年	《俊杰稻神水浒传》	岳亭定冈、知足馆松旭、友鸣吉兵卫
1825	道光五年	文政八年	《倾城水浒传》	曲亭马琴
1829～1851	道光九年至咸丰元年	文政十二年至嘉永四年	《稗史水浒传》	初编至6编：山东京山。7～9、13编：柳亭种彦。10～12、14～17编：笠亭仙果。18编：松亭金水。11、12、14编校订者：柳亭种彦
1830	道光十年	天保元年	《水浒太平记》	岳亭丘山
1842	道光二十二年	天保十三年	《南总里见八犬传》	曲亭马琴
1850	道光三十年	嘉永三年	《天保水浒传》	阳泉主人尾卦

资料来源：主要参照冯雅《〈水浒传〉在日本的传播研究》中的表格1.2《江户时期〈水浒传〉影响下作品》，并参考了其他先行研究，进行了些许补充。

　　众所周知，"翻案"是日本小说特有的模仿手法之一，在早期日本小说的创作中占有重要的地位。许多作家有选择地借鉴已传入日本的中国小说的故事情节、构思，将其本土化，创作出符合日本国情的小说。换言之，这些翻案作家对《水浒传》的运用并不拘泥于原作，而是立足于日本特有的思想感情，亦即将"和魂"注入"汉才"。这一融合体现于作品的内容、创作手法、思想等多个方面，使得作品呈现出极其鲜明的日本特色。

　　目前，关于曲亭马琴的翻案作品的研究已有不少。但是，笔者认为山东京传的翻案作品也是值得我们注意的。日本江户时期的著名作家山东京传受到《水浒传》的影响，活用《水浒传》的各种元素创作出了具有日本特色的《通气粹语传》《梁山一步笑》《天刚垂杨柳》《忠臣水浒传》等著作。这些作品中有很多内容和《水浒传》较为相似，可以说《通气粹语传》《梁山一步笑》《天刚垂杨柳》《忠臣水浒传》是中日文化结合的产物。山东京传将《水浒传》中的元素本土化，对于中国文化在日本的传播有着极其重要的意义。在这四部作品中，《通气粹语传》是山东京传初次翻案《水浒传》的成果。山东京传在《通气粹语传》"自叙"中说："昔宋梁山泊。数多有义士。今堀大栈桥。余多有游士。彼替天而行道。是替愚而行通。

其豪杰百八人。此大通十八人。夫寓言是妄言。于是比彼《水浒传》而。题粹语传云。"（见图2、图3）可见，《通气粹语传》是《水浒传》的翻案作品之一，具有一定的研究价值。

图2　《通气粹语传》山东京传自序（1）

图3　《通气粹语传》山东京传自序（2）

二　《通气粹语传》的基本情况

山东京传（宝历十一年至文化十三年，即 1761～1816 年），江户深川人，江户中后期的代表作家之一，其涉猎范围颇广，在黄表纸、洒落本、读本等创作领域都占有一席之地。宽政三年（1791），因违禁出版了《娼妓绢丽》《锦之里》《仕悬文库》而受罚。

日本宽政元年（1789），山东京传所作的《通气粹语传》问世，题目模仿自《忠义水浒传》。① 与同时期的写实性洒落本作品不同，此作品将《水浒传》的主人公置于江户的花街柳巷中。作品由衬页、序言、附言、目录、正文、版权页六个部分构成，文体为和汉混合体。

三　《通气粹语传》的中国文化元素

山东京传在这部作品的创作过程中，汲取了大量中国文学的养分，这从作品的构思、素材的利用等方面，都可以得到印证。除此之外，在小说表现方面，《通气粹语传》也受到中国文学，尤其是白话小说的影响，如出现"豪杰""威风凛凛"等词语。这些词语被作者吸收到《通气粹语传》中之后，不仅大幅度提高了小说的语言修辞水平，而且使人物的形象特征得到淋漓尽致的体现。下面，笔者将从文学和语言两个视角，探讨《水浒传》与《通气粹语传》的关联性。

（一）文学方面

山东京传在借鉴《水浒传》情节时，能够结合日本国情和读者特点，创作出契合读者爱好、引人入胜的情节。

1. 人物描写

对于《通气粹语传》中对《水浒传》人物形象的借鉴，以高俅、宋江为例进行分析。《水浒传》中的高俅，以一个市井小流氓的身份出场，因为具有很高的蹴鞠技术，被喜爱蹴鞠的端王所赏识。在端王登基后，高俅便飞黄腾达，很快官至太尉。《通气粹语传》中也有相似描写，如："ここに神田へんに。高俅といふもののあり。もとはたいこもちなりしが。じやちふかきものにてよく人にとりいり。ことに鞠をよくけたるゆへ。だんだん貴人にまじわり。"《通气粹语传》中的高俅与《水浒传》中的高俅经历极为相似，出身同为市井流氓，都擅长蹴鞠，而且都是以蹴鞠为契机，受到达官贵人的赏识。

值得注意的是，《通气粹语传》对《水浒传》人物形象的改编还有其独

---

① 水野稔代表编《洒落本大成》第十五卷，东京：中央公论社，1984，第 348 页。

有特征。《水浒传》中，宋江初次登场时，被人称为"黑宋江"，因为他面目黝黑，而且身材矮小。此外，关于宋江外貌描写的文字还有丹凤眼、卧蚕眉、两耳垂珠、明亮双眼、方正的嘴唇、嘴周围的胡子不长、额头平而广、天庭饱满等；说他坐着的时候如威风的老虎，而走起来的时候又好似一匹狼；说他三十岁的年纪，身高六尺。《通气粹语传》中虽没有关于宋江的外貌描写，但是仅用"志气堂堂、威风凛凛"八个字，就突出了宋江身上的不凡气势。

2. 情节描写

山东京传在创作《通气粹语传》时，借鉴了《水浒传》中的"蒙汗药"情节。蒙汗药在《水浒传》中共出现了十几次，在众多情节中，蒙汗药都起到了关键性的作用。例如，"杨志押送金银担 吴用智取生辰纲"中写道：

> 杨志口里只是叫苦，软了身体，挣扎不起。十五人眼睁睁地看着那七个人都把这金宝装了去，只是起不来，挣不动，说不的。我且问你，这七人端的是谁？不是别人，原来正是晁盖、吴用、公孙胜、刘唐、三阮这七个。却才那个挑酒的汉子，便是白日鼠白胜。却怎地用药？原来挑上冈子时，两桶都是好酒。七个人先吃了一桶，刘唐揭起桶盖，又兜了半瓢吃，故意要他们看着，只是教人死心塌地。次后，吴用去松林里取出药来，抖在瓢里，只做赶来饶他酒吃，把瓢去兜时，药已搅在酒里，假意兜半瓢吃，那白胜劈手夺来，倾在桶里，这个便是计策。那计较都是吴用主张，这个唤作智取生辰纲。

《通气粹语传》第六回中，也有关于"蒙汗药"的情节，其具体内容如下：

> 又てうしをかへさせて。かの男にもすすめければ。このにかつき。何心なく茶わんに二三ばいのみしに。何かはもつてたまるへき。二度めのてうしへひそかに蒙汗薬をいれたれば。どく五ぞうにしみて。たちまちよだれをながし。

上述"蒙汗药"情节和《水浒传》中的"蒙汗药"情节，也有相似之处。

（二）语言方面

语言方面的考察，以《通气粹语传》中的汉语词汇为分析对象，尝试探讨山东京传和汉混合文体作品中的汉语词汇特点。

为了确认《通气粹语传》中的哪些词语是汉语词语，笔者参考了中日两国较权威的资料。日本方面的参考资料主要包括《唐话辞书类集》20 卷、《日本国语大辞典》、《角川古语大辞典》、《大汉和辞典》（新版）等。中国方面的参考资料主要包括爱如生中国基本古籍库、台湾历史语言研究所的汉籍电子文献资料库、北京大学中国语言学研究中心的 Center for Chinese Linguistics Online Corpus（通称"CCL"）、中国哲学书电子化计划、《汉语大词典》，中国近代以前的文献资料为辅助资料。

经初步整理，《通气粹语传》中的汉语词汇总结如下：

梁山泊：りやうさんぱつ。水滸伝：すいこでん。世界：せかい。作者：さくしや。下人。花燈：くはとう。密通：みつつう。景色：けしき。詩人：しじん。仏者：ぶつしや。林冲：りんちう。頭巾：つきん。和尚：おしやう。師匠：ししやう。武松。張青：てうせい。孫二娘：そんじらう。宋江：そうこう。呉用：ごよう。同居：どうきよ。風流：ふうりう。戯言：きけん。花和尚：くはおしやう。手跡：しゆせき。別荘：べつそう。屏風：びやうぶ。志気堂々：しぎとうとう。威風凛々：いふうりんりん。一個：いつこ。豪傑：がうけつ。柴進：さいしん。足下：そつか。酒肴：しゆこう。商人：あきんと。田地：でんち。蒙汗薬：しびれぐすり。義論：ぎろん。等等。

可见，在《通气粹语传》中的汉语词汇里面，数量比较多的是名词。除了名词之外，还有一部分动词、量词、代词。

1. 名词

名词是表示人、事物以及时间、方位等的词。在《通气粹语传》中，汉语名词共有 33 个。

（1）梁山泊

夫是は唐土の。梁山泊かり毛十六卷目の。抜書にして。野暮じやござらぬ。

（2）水滸伝

水滸伝の世界を。今傾城買の捻に。比したる小冊なり。

（3）世界

水滸伝の世界を。今傾城買の捻に。比したる小冊なり。

（4）作者

四方の通子閲たうへで。作者の畠を。義論したまへ。

（5）下人

下人李逵助。酔て虎鰒をなげうつ。

（6）花燈

宋江夜中の町に。文月の花燈を見る。

（7）密通

袖乞蔵前の王婆阿。武太郎が妻の。密通を取もつ。

（8）景色

隅田川の景色は大江戸の隅におかれず。

（9）詩人

詩人は。秋葉の猿の三叫に腸をたてば。

（10）仏者

仏者は。池の鯉に屠所の歩みをおもへど。

（11）頭巾

つれ立しきめ頭巾の大坊主は。魯智深と云て。

（12）魯智深

つれ立しきめ頭巾の大坊主は。魯智深と云て。

（13）和尚

つれ立しきめ頭巾の大坊主は。魯智深と云て。元くはう大寺という
寺の和尚なりしか。

（14）師匠

今は花の師匠して。あだ名を花和尚と呼ばれ。

（15）花和尚

今は花の師匠して。あだ名を花和尚と呼ばれ。

（16）張青

ならび大名のしんめらがどふもうたせやすコレそしてあそこのやり

手は。張青がかかあの孫二娘といふはたけだぜ。

（17）孫二娘

ならび大名のしんめらがどふもうたせやすコレそしてあそこのやり手は。張青がかかあの孫二娘といふはたけだぜ。

（18）宋江

わかゐんきよしてゐる。宋江と云とをりものかござりやす。

（19）呉用

わかゐんきよしてゐる。宋江と云とをりものかござりやす。そこに同居してゐる。呉用と云おやぢがありやすが妙な狂言をかくやつさ。

（20）手跡

御そんじと書たるは。たしかに花和尚が手跡なり。

（21）林冲

林冲もともに舟こそりて。咄しながら大さんばしへつき。

（22）別荘

宋江が別荘のほとりにいたり。ひそかにそのすまひを見るに。後には待乳山屏風をたてたることく。

（23）屏風

宋江が別荘のほとりにいたり。ひそかにそのすまひを見るに。後には待乳山屏風をたてたることく。

（24）豪傑

をくよりせきばらひ二ツ三ツして。宋江とおぼしく立いづるを見るに。志気堂々。威風凛々。として。いかにも一個の豪傑と見へける。

（25）柴進

たがいに一礼おはれば。花和尚林冲が事をくわしくはなし。引合すれば。宋江もよろこび。かねかね柴進のはなしではたびたび。御高名をききおよびましたといへば。林冲も足下の大めいは雷の耳ニとどろくかごとく。

（26）酒肴

たかひニそこいなきあいさつ。それよりいろいろ浮世はなしになり。酒肴しゅじゅもてなしあつて。

（27）商人

宋江がぞうりとりの李逵助。むかふはちまき大はだぬきにて。虎鰒

133

をうり来りし<u>商人</u>にむかひ。ちやるめらのやうなこゑを出して。

（28）田地

むさしゃ武松が兄の武太郎。このきんじよの村に。すこしの<u>田地</u>をもとめて。ひきこみ。にようぼうをも持しときき。

（29）高俅

ここに神田へんに。<u>高俅</u>といふものあり。

（30）貴人

ここに神田へんに。高俅といふものあり。もとはたいこもちなりしが。じやちふかきものにてよく人にとりいり。ことに鞠をよくけたるゆへ。だんだん<u>貴人</u>にまじわり。

（31）蒙汗薬

又てうしをかへさせて。かの男にもすすめければ。このにかつき。何心なく茶わんに二三ばいのみしに。何かはもつてたまるへき。二度めのてうしへひそかに<u>蒙汗薬</u>をいれたれば。どく五ぞうにしみて。たちまちよだれをながし。

（32）武松

むさしゃ<u>武松</u>が兄の武太郎。このきんじよの村に。すこしの田地をもとめて。ひきこみ。にようぼうをも持しときき。

（33）風流

まつちの山に残すことのはと。よみしは。戸田茂酔の<u>風流</u>にして。

其中专有名词为 12 个。而且，《通气粹语传》里的主人公，多借用了《水浒传》中的人物姓名，如宋江、高俅、柴进、孙二娘、张青、鲁智深等，这些人物都是《水浒传》中的重要人物。反过来，我们也可以说是《通气粹语传》中随处可见的《水浒传》元素符合时代审美的需求，从而增加了作品的流行性。其他普通名词，多是从汉语的常用词汇中借鉴过来的，在《唐话纂要》等江户时期出版的唐话辞书中多有收录。

2. 量词

量词指的是表示人、事物或动作的数量单位的词。《通气粹语传》中的量词有字、个，具体使用情况如下。

（1）字

林冲又ざしきの上を見るに。はま丁の先生が筆にて通気堂と云。三

字を書たる 額をかけたり 。

（2）個

をくより せきばら ひ二ツ 三ツ して。宋江と おぼしく 立いづるを 見る に。志気堂々。威風凛々。として。いかにも 一個の 豪傑と 見へける 。

这里值得注意的是"个"这个量词。"在现代日语中，表示动物、植物和人的数量词被详细的区分开，但大多数还是使用'个'这个数量词。'个'在现代日语中表示物体的数量，但在汉语里既可以表示物体的数量，也可以表示人的数量。"① 在上面的句子中，山东京传用"一个"来表示人的数量，而没有用"一人"这样的量词，不难看出这是山东京传受到汉语影响的缘故。

3. 动词

一般来说，动词指的是表示动作或者状态的词。

戯言

今戸ばしとうたひしは。英一蝶が 戯言也。

"戏言"早在《吕氏春秋》中已出现："周公对曰：'臣闻之，天子无戏言。'"毫无疑问，山东京传根据特定的情景套用相应的动词类汉语词汇，使文章趣味横生，又渗透着浓厚的"中国趣味"。

4. 代词

足下

たがいに 一礼おはれば。花和尚林冲が 事をくわしく はなし。引合すれば。宋江もよろこび。かねかね 柴進のはなし ではたびたび。御高名をきき およびましたといへば。林冲も 足下の 大めいは雷の 耳ニとどろくかごとく 。

"足下"是第二人称代词，是对对方的尊称。译为"您"。"足下"是旧时交际用语，是下称上或同辈相称的敬辞。虽然对于"足下"的来历，学者们还未达成统一意见，但不可否认，《通气粹语传》中林冲在与宋江对话时，称呼对方为"足下"，表达出了对宋江的尊敬之意。

5. 成语

（1）志気堂々

をくより せきばら ひ二ツ 三ツ して。宋江と おぼしく 立いづるを 見る

---

① 李艳：《〈南总里见八犬传〉中的汉语修辞研究》，《黄山学院学报》2017 年第 2 期，第 79 页。

に。志気堂々。威風凛々。として。いかにも一個の豪傑と見へける。

"志气堂堂"就是很有志气的意思。明代万历年间凌迪知撰《万姓统谱》中有"奚容蒧：鲁人孔子弟子，有文采，志气堂堂，后世追为济阳侯"的描述。

（2）威風凛々

をくよりせきばらひ二ツ三ツして。宋江とおぼしく立いづるを見るに。志気堂々。威風凛々。として。いかにも一個の豪傑と見へける。

"威风凛凛"是四字成语，形容人威严可畏、有气势的样子。元代费唐臣《贬黄州》："见如今御台威风凛凛；怎敢向翰林院文质彬彬。"罗贯中《三国演义》第一回"宴桃园豪杰三结义 斩黄巾英雄首立功"："玄德看其人：身长九尺，髯长二尺；面如重枣，唇若涂脂，丹凤眼、卧蚕眉；相貌堂堂，威风凛凛。"《三国演义》第三回"议温明董卓叱丁原 馈金珠李肃说吕布"："时李儒见丁原背后一人，生得器宇轩昂，威风凛凛，手执方天画戟，怒目而视。"《三国演义》第七回"袁绍磐河战公孙 孙坚跨江击刘表"："看那少年，生得身长八尺，浓眉大眼，阔面重颐，威风凛凛。"明代冯梦龙、蔡元放《东周列国志》第二十五回："只见城楼上一员大将，倚栏而立，盔甲鲜明，威风凛凛。"《东周列国志》第九十七回："范雎威风凛凛，坐于堂上，问曰：'汝知罪么？'"由此可见，"威风凛凛"是汉语中常见的成语之一。

《通气粹语传》中包含了许多日本人不熟悉的汉语词语，这些词语分别属于汉语的多个词性，如名词、动词、量词等。这些词语既有来源于《水浒传》的，也有来源于当时发行的辞书的。虽然这些汉语词语出现在和汉混合文体中略显生硬，但是不可否认，这些词语的使用增加了作品的中国特色，迎合了当时大众读者对《水浒传》的热爱之风。

四 结语

《水浒传》《西游记》等白话小说传入日本，给日本文学界带来一种前所未有的新鲜感。江户时期"唐话学"兴起，关于中国白话小说的"翻案热"也应运而生。山东京传将中国传统文化元素融入洒落本中，这一行为也是迎合当时的中国热之举。尽管山东京传的汉语能力不及他的门生曲亭马琴、石川雅望等人，但他仍然不遗余力地、积极地将大量的汉语词语融入其作品之中。这也从侧面反映出，精通本土游廓文化和《水浒传》的山东京传立足于日本民族的特性，对《水浒传》做了充分而又有所选择的吸收借鉴，从而形成新的文学作品——《通气粹语传》。

当然，通过对比《水浒传》和《通气粹语传》，我们也再次了解到18世纪中日两国在文学上的交涉关系，以《水浒传》为代表的优秀文学作品传入日本，激发了一代代日本作家们的新的创作灵感。另外，日本作家们也不断大胆创新，从中国文学中汲取养分，基于当时的社会现实，深刻探讨日本社会问题。

The Sharebon in Japan in the Edo Period and Chinese Ancient Novels

Investigation and Research Centered on *Tsūki Suigoden*

Li Yu

Abstract

The Sharebon, established under the influence of Chinese Ming and Qing dynasty literature, is not only comparative literature data, but also linguistic data. The use of Chinese vocabulary in the Sharebon reflects the actual situation of Japanese learning in the Edo period, and it is necessary to conduct a comprehensive investigation.

This article attempts to analyze and analyze the typical works by the author's first man, Tokyo, on the basis of the researches of the Chinese and Japanese sages. The analysis is based on a comparative study of *Tsūki Suigoden* and its reprinted version *Water Margin* Demonstrate the absorption of Chinese novels in the Edo period and provide an empirical basis for understanding the influence of ancient Chinese novels on the development of Japanese novels in the Edo period, and discuss this fact in a literary and linguistic sense.

Keywords

Sharebon; Chinese Ancient Novels; *Tsūki Suigoden*; *WaterMargin*

国木田独步《聊斋志异》译文研究

——以《竹青》为中心

刘　阳*

摘　要

《聊斋志异》在江户时期传入日本后，受到许多文人的喜爱，也因此出现了大量的翻译及改编作品。近代著名作家国木田独步在1903年翻译了《聊斋志异》中的4篇，第一篇名为《黑衣仙》，是对原作中《竹青》一文的翻译。将《黑衣仙》与《竹青》进行对比后发现，独步将文中对于日本人而言比较陌生的概念进行了意译，转换成容易理解的内容，并补充了一些细节，使故事情节更加完整生动。相较于逐字逐句的直译，独步更加注重故事性，致力于将自己喜欢的中国志怪小说以一种通俗易懂的形式分享给更多的人。

关键词

《聊斋志异》　《黑衣仙》　国木田独步　《竹青》

引　言

《聊斋志异》是中国清朝小说家蒲松龄创作的文言短篇小说集。"聊斋"是作者书斋的名字，"志异"就是记录怪异之事。全书由短故事组成，由于

* 刘阳，日本关西大学东亚文化研究科博士，主要研究方向为文学翻译，邮箱：yangyan-gly920507@ yahoo. co. jp。

版本及计算方式的差异，其没有一个固定的篇数，一般认为有 491 篇或 494
篇。全书内容十分广泛，多谈狐仙、鬼、妖，反映了 17 世纪中国的社会面
貌，是中国家喻户晓的志怪小说。

作为与中国一衣带水的邻邦，日本从弥生时代（258）开始就不断引进
中国的书籍，所以不论在文字、文化还是文学方面，都受到了深远的影响。
到了江户时代（1603～1868），日本文学对中国文学的吸收达到顶峰。《聊
斋志异》就是在这个时期传入日本，并逐渐被阅读、翻译和改编的。进入
明治时期后，日本开始转向吸收欧美先进文明。作为了解西方的工具，大
量的欧美文学被翻译为日文，中国文学在日本的地位也随之降低。尽管如
此，从小接触汉籍的日本文人们对《聊斋志异》的热爱仍不曾减少，在近
代也涌现出很多《聊斋志异》的译本及改编作品。

关于《聊斋志异》在日本的吸收情况，已经有很多学者进行了分析考
察。但这些先行研究大多侧重于改编的作品，倾向于通过与原作品进行比
较，探讨中日作家在创作想法上的不同及从中体现出的两国的文化差异，
对于翻译作品的研究还存在很多不足之处。所以笔者将以日本近代文人翻
译的《聊斋志异》为研究对象，与原作进行对比分析，以期能够更加深入
地了解近代日本对中国文学作品的吸收情况。著名的近代作家国木田独步
共翻译过《聊斋志异》中的 4 篇故事，其中的第一篇名为《黑衣仙》，是对
原作中《竹青》一文的翻译，也是《聊斋志异》中第一篇被译成现代日语
的作品。本文将重点对这篇作品进行分析，通过与原作的对比来探讨国木
田独步的翻译观。

一　国木田独步与《聊斋志异》

国木田独步（1871～1908）原名国木田哲夫，出生于日本千叶县，是
著名的作家。其创作以小说和诗歌为主，还包括日记、随想、传记、报道、
戏曲、书简等，他也从事翻译、改编、注释等工作，涉猎范围非常广泛。
虽说国木田独步对中国文学的翻译只是其众多成就之中的一小部分，不过
他对中国文学，尤其是《聊斋志异》的热爱是毋庸置疑的。这一点可以从
大正 14 年（1925）出版的独步的最后一篇作品《病休录》中得到证实。

原文：

『聊斎史異』は余の愛読書の一なり、余は自ら怪むまでに怪異譚を好み、これを聞きこれを読みては殆ど夜を徹するを憎まず。特に支那①の怪談に至りては、其思想の奇抜にして破天荒なる到底わが国人の及ぶ所にあらず。『聊斎史異』はその文字の豊富新鮮なる点に於いても亦他に卓絶す。

拙译：

《聊斋志异》是我最爱的书之一，我对奇异故事的喜欢到了连自己都觉得奇怪的地步，恨不得彻夜地去听、去读。尤其是中国的鬼怪故事，其思想的新奇是前所未有的，也是我们日本人无法企及的。《聊斋志异》在文字的丰富性、新鲜感方面更是超然卓绝。

前文中已经提到，日本从弥生时代起就不断引进中国典籍，吸收中国的文学、文化，并在江户时代达到顶峰，因此对中国典籍的学习也成为其教育的重要组成部分。江户时代以学习儒学为主，并以朱子学为正统。② 当时的教育机关主要有两种，分别是为统治者、武士阶层设立的"藩校"和为平民阶层设立的"寺子屋"。藩校的教育目的是提高统治者、武士阶层的文化知识水平，以巩固其统治地位，主要学习汉学，特别是儒学知识，一般以《千字文》和《三字经》为入门书籍，之后再以《孝经》、"四书"、"五经"等为教科书。寺子屋的主要目的是向平民阶层传授日常生活中实用的基础知识，以读写和算术为主，入门的教科书是老师手写的字帖，之后再学习儒学经典、史书、诗文集等中国的古典作品以及日本的古典作品。可以说在当时，中国文化已经深深地渗透到日本统治阶层和平民阶层的思想生活之中了。

除了上述藩校和寺子屋外，还有一种教育机构也在不断发展，即"私塾"。幕末时期的私塾可细分为汉学塾、习字塾、算学塾、国学塾、洋学塾

① 现今该词被认为是一种对中国的歧视用语。但使用这个词汇称呼中国的习惯于 9 世纪初通过佛教交流传入日本，江户时代后期到甲午战争之前，该词作为日本民间一种对中国的普遍的昵称使用，无任何贬义（参见 https：//zh. wikipedia. org/wiki/支那）。为保证学术论文的准确性，笔者在引用原文及书名、论文名等专有名词时保留其用法，特此说明。

② 参考日本文部科学省（行政机关之一，相当于中国的教育部）对日本教育史的记录，《幕末期的教育》部分，参见 http：//www. mext. go. jp/b_menu/hakusho/html/others/detail/1317577. htm。

等。当时幕府非常重视汉学，特别是儒学，所以汉学塾得以发展壮大。进入明治时代后，随着西方文化的不断引入，汉学逐渐没落。但在翻译西方的各种概念、书写正式文书，以及制定政府的法令时还是用汉语，再加上汉学塾弥补了当时中等教育的不足，所以在明治初期依然有很多汉学塾存在。独步就是在这个时期出生的。桑原伸一在《国木田独步：山口时代的研究》[①] 一书中提到，独步 14 岁（1884）时曾在一个名为西鄙义黉的汉学塾中作为旁听生学习，这段经历让他与中国的书籍结下了不解之缘。独步喜欢《水浒传》以及陶渊明的诗歌等作品，尤其爱读《聊斋志异》，并进行了翻译。他的 4 篇译作都发表在了名为《东洋画报》的杂志上，详情如下：

      ① 《黑衣仙》（「黒衣仙」）   1903 年 5 月，原作为《竹青》

      ② 《船上的少女》（「舟の少女」） 1903 年 5 月上篇，1903 年 6 月

                                      中、下篇，原作为《王桂庵》

      ③ 《石清虚》（「石清虚」）   1903 年 7 月，原作为《石清虚》

      ④ 《姐与妹》（「姉と妹」）   1903 年 9 月，原作为《胡四娘》

    《东洋画报》是一本画报杂志，由敬业社于 1903 年创办，独步的好友矢野龙溪[②]受邀成为该杂志顾问，独步在他的推荐下成为主编。当时的独步和妻子带着一儿一女居住在镰仓，稿费赚得不多，生活过得十分拮据。也许是目睹了独步的窘境，矢野龙溪推荐他担任杂志的主编。独步一直都十分留意欧美杂志的动向，知道美国人制作的杂志得以大卖是因为其主体是绘画和照片，他也曾计划创办自己的杂志。矢野龙溪爱好绘画，撰写过美术评论，具备一定的艺术鉴赏能力，早年游历英国时就非常爱读当地的画报，并一直想要创办日本的画报。这两人的想法可以说是不谋而合，只用了不到三个月的时间，便于 1903 年 3 月 10 日发行了《东洋画报》的创刊号。这本杂志的内容分为两部分，前一部分是绘画和照片，后一部分是读物。读物的题材包含随笔、小说、戏剧、料理、音乐、短歌、俳句、怪谈

---

    ①   笠间书院 1972 年出版。

    ②   矢野龙溪（1851~1931）是日本明治时代的立宪政治家、自由民权家、作家、记者，曾担任清朝驻华公使、报知新闻社社长、大阪每日新闻社副社长。

传说等。该杂志没有将目标读者局限于知识分子阶层，而是致力于通过图片的形式向各个阶层、各个年龄段的群体进行信息输送。

不过由于《东洋画报》经营不善，连续几个月都入不敷出，敬业社决定舍弃这本杂志。矢野龙溪和独步并没有因此放弃，他们在1903年9月创办了近事画报社，并将杂志名改为《近事画报》，继续经营。1904年日俄战争开始后，这本杂志改名为《战时画报》，主要进行战争情况的报道，1905年战争结束，杂志名又变回《近事画报》。但遗憾的是，其经营状况依然没有得到改善，1906年8月并入独步创办的独步社后不久便废刊了。独步执笔的作品主要集中在日俄战争前的《东洋画报》与《近事画报》时期，翻译共计10篇，具体情况如表1所示。

表1 国木田独步翻译作品详情

杂志号（1903）	作品名	原作名	原作作者及出处
3月创刊号	《懒汉学徒》（「怠惰屋の弟子入り」）	《无花果与懒汉》（«La Figue Et Le Paresseux»）	阿尔封斯·都德①（Alphonse Daudet）
	《骗术的奇妙》（「騙術の妙」）	《奇骗》	袁枚《子不语》
	《三斗汉》（「三斗漢」）	《三斗汉》	袁枚《子不语》
4月号	《支那因果物语》「支那因果物語」	《旁观因果》	袁枚《子不语》
5月号	《黑衣仙》（「黒衣仙」）	《竹青》	蒲松龄《聊斋志异》
	《船上的少女》上（「舟の少女」上）	《王桂庵》	蒲松龄《聊斋志异》
6月号	《三个骗术》「三騙術」	《偷画》《偷靴》《骗人参》	袁枚《子不语》
	《船上的少女》中、下（「舟の少女」中、下）	《王桂庵》	蒲松龄《聊斋志异》
7月号	《石清虚》（「石清虚」）	《石清虚》	蒲松龄《聊斋志异》
9月号	《姐与妹》（「姉と妹」）	《胡四娘》	蒲松龄《聊斋志异》

注：①阿尔封斯·都德（1840~1897），法国著名现实主义小说家，代表作为《最后一课》。

从表 1 可以看出，10 篇翻译作品中有 9 篇为中国的志怪小说，包括
《聊斋志异》中的 5 篇和《子不语》① 中的 4 篇。这 9 篇作品后来被收录进
近事画报社 1906 年 2 月到 5 月出版的《支那奇谈集》之中。该书分为 3 册，
共收录了 164 篇中国清朝以前各种志怪小说的翻译作品，《聊斋志异》中的
作品占三分之一左右，是除了中国文学研究者柴田天马 1951 年到 1952 年出
版的全译本外，收录《聊斋志异》翻译作品最多的书籍。可以说独步在推
动《聊斋志异》在日本的传播方面做出了巨大贡献。②

关于独步翻译的特点，藤田祐贤的评价是，大部分是逐字逐句的翻译，
也包含了删减和意译的部分，虽算不上最优秀的翻译作品，却让《聊斋志
异》第一次以通俗易懂的现代文形式进入大众的视野，这是不容忽视的。③
王晓平在《〈聊斋志异〉与日本明治大正文化的浅接触》④ 中提出，独步的
译作发表于报刊，为了迎合读者的口味，对原文的选择有明显的猎奇倾向；
他的翻译可谓精心，一改原文一事一段的格式，将其按照西方文学的排列
方式，用段落调节叙事速度，使其放慢节奏，单列对话，适当增加解释性
语句，以突出话语衔接关系。这看似平常的变动，大大拉近了原文与近代
读者的关系。这种分段法，为以后的《聊斋志异》翻译者所沿袭，是一个
重大的贡献。陈潮涯在《国木田独步和〈聊斋志异〉：以〈竹青〉和〈王
桂庵〉为中心》⑤ 中指出，独步在选材和翻译时注重的是幻想性，而非男女
之间的爱情故事。

另外，关于独步在翻译时参考的《聊斋志异》的版本问题，陈潮涯也
在其论文中进行了考察。因为江户时代传入日本的是《聊斋志异》的第一
部刻印本——青柯亭本（1766），所以先行研究默认独步与其他译者一样，
都是使用青柯亭本作为底本进行翻译。但经过对比研究可以发现，独步在
翻译前两篇（也就是《竹青》和《王桂庵》）时实际上使用的是王金范选

---

① 《子不语》又名《新齐谐》，文言笔记志怪，清代袁枚著，共 24 卷，又有续集 10 卷。
② 参考藤田祐贤「『聊斎志異』の一側面——特に日本文学との関連において——」，载《庆
应义塾创立百年纪念论文集》，1958。
③ 参考藤田祐贤「『聊斎志異』の一側面——特に日本文学との関連において——」，载《庆
应义塾创立百年纪念论文集》，1958。
④ 载《山东社会科学》2011 年第 6 期。
⑤ 载《阪大近代文学研究》，2018 年 3 月。

刻本（1767）①。之后他才得到了青柯亭本，所以独步在翻译后两篇（也就是《石清虚》和《胡四娘》）时拥有两个版本的《聊斋志异》。

接下来笔者将在先行研究的基础上，重点对独步的第一篇译作《黑衣仙》进行分析，通过与原作《竹青》的对比分析来考察独步的翻译观。本文所引用的独步的译本出自《东洋画报》（《近事画报》），并将其中的旧汉字和旧假名改成了新汉字和新假名；王金范刻本出自《王刻聊斋志异校注》②。

二 《黑衣仙》与《竹青》

《黑衣仙》（「黑衣仙」）的原作是《竹青》。王金范刻本中《竹青》的大意如下：

> 湖南的鱼生，在科举落榜回来的路上，盘缠用光了。饿得不行，暂时到吴王庙中歇息。在庙中拜祷完出来后躺在廊下，忽然有一个人出现，把带他到了吴王的面前。吴王给了鱼生一件黑衣服，他穿上后，变成了一只乌鸦，学着其他乌鸦用嘴接着吃船上的旅客抛向空中的肉，不一会儿就吃得饱饱的。过了两三天，吴王可怜他没有配偶，许配他一只雌乌鸦，名叫"竹青"，他们很恩爱。一天，有士兵经过，用弹子射中了鱼生的胸膛。他伤得很重，到了晚上就死了。这时鱼生忽然像从梦中醒来一样，发现自己仍然躺在庙中。
>
> 三年后，鱼生参加考试时又经过这个地方，到庙中参拜了吴王，摆设了食物，想寻找竹青，却没有找到。后来，鱼生中举回来，又来参拜吴王庙。这天晚上，竹青以人的形象出现，告诉鱼生她如今是汉江的神女，并邀请他一同到汉阳去。二人在那里日夜吃喝谈笑，鱼生竟高兴地忘了回家。
>
> 过了两个多月，鱼生忽然想要回家，却恨路途太远，不能常来常

---

① 王刻本共18卷，共收录了267篇，也就是全本的二分之一左右，分为"孝""悌""智""贞""贤"等25个主题，并且删除了一些违背儒教道德的文章，改变了《聊斋志异》的全貌，这也是这个版本没有广泛流传的原因。参见孙力之《王金范选刻本〈聊斋志异〉价值及印刷堂号考辨》，《蒲松龄研究》2016年第1期。

② 齐鲁书社1998年出版。

往。竹青把他之前穿过的黑衣服送给他，告诉他穿上这件衣服就可以回到这里。之后竹青摆下了美味佳肴，给鱼生饯别。鱼生喝得大醉，不禁睡着了，醒来后发现自己已经在船上了。回家几个月后，鱼生苦苦思念竹青，就偷偷拿出黑衣穿上，两胁立刻长出翅膀，他迅速飞向空中，两个时辰后，到达了汉水。过了几天，竹青生了个男孩，鱼生非常高兴，给孩子取名"汉产"。又过了几个月，竹青用船将鱼生送回家，从此便不断地来往。

鱼生的妻子和氏不能生育，常常想见一见汉产。竹青让儿子跟随父亲回去，约定三个月后回来。和氏非常喜爱汉产，过了一年多，还舍不得让他回去。一天，汉产忽然不见了，和氏悲痛欲绝。鱼生去汉水告诉竹青，一进门，见汉产光着脚躺在床上。竹青说："你长时间背约，我想儿子，所以就把他接回来了。"鱼生就说这是和氏太喜爱孩子的缘故。于是竹青许诺，生了其他孩子之后就会把汉产送回去。又过了一年多，竹青生了对双胞胎，一男一女，男孩取名"汉生"，女孩取名"玉佩"，鱼生就带着汉产回了家。后来和氏死了，汉生和妹妹都来举哀送葬。结束之后汉生留下了，鱼生带着玉佩离开，从此再没回来。

《黑衣仙》的发表平台（也就是《东洋画报》）为了让知识水平不高的人也能读懂，将杂志里的文章全都标上了用来注音的假名。从图 1 中可以看到，独步将原作的题目《竹青》改成了《黑衣仙》，并加上了"支那奇谈"四个字，表明这篇故事取材自中国。其实《聊斋志异》中有很多故事直接将主人公的名字作为题目，"竹青"就是主人公乌鸦仙子的名字。可不得不承认的是，从《聊斋志异》这个整体中单独拿出来后，这个没有涉及故事内容的题目是很难一下子抓住读者眼球的。独步结合作品内容将题目改为《黑衣仙》，提示了"黑衣服的仙子"这一重要信息，可以说是很高明的。

接下来看一下独步对开头部分的处理。

《竹青》：
湖南鱼生，下第归，资斧之绝。
拙译：
湖南的鱼生，在科举落榜回来的路上，盘缠都用光了。

图 1　国木田独步《黑衣仙》开头部分

《黑衣仙》：

　　昔 は支那の国、湖南という 所 に魚生という 青年 が居た。

　　官吏になる 試験を受けるため 都 に出向たところ不幸にして
落第した。

　　再 び故郷へと 帰りがけ、金はなくなる 、食物 はなし、宿屋に
は無論泊まることも 出来ず、殆 ど閉口して 了った。

拙译：

　　很久以前在中国的一个叫湖南的地方有一个叫鱼生的年轻人。

　　为参加成为官员的考试去了首府却不幸地落榜了。

　　在回乡的途中，钱都用光了，没有食物，当然也住不了旅店，实
在是走投无路了。

《黑衣仙》的文体虽是现代日语，但在词语的使用上还是可以看出汉语的痕迹。比如开头中的"年轻人"和"官员"两个词，其汉字部分是汉语词语（从中国传入的汉字，多为当初传入日本时的汉语发音，也就是音读）——"青年"和"官吏"，标注的却是和语词语（日本原有传统语言，又称"大和语言"）——"若者"（年轻人）与"役人"（官员）的发音，也就是训读（日本固有同义词语的读音）。这也是在日本近代"言文一致运动"① 后很长时间里日语文体的一个特点，在先行研究中也被提到过。②

了解了《黑衣仙》的整体特征后，接下来将从专有名词、增译、改译和省略这四个方面具体分析独步的翻译观。

（一）专有名词

翻译外国作品的时候，对于与目的语国存在差异的，或是目的语国并不存在的概念，每个译者都有不同的处理方法。《聊斋志异》中就有很多关于科举考试③的要素，比如前文引用的《竹青》开头中的"下第"一词。科举时考试不中者曰"下第"，又称"落第"。④ 独步对科举考试这个概念进行了概括说明，译为"成为官员的考试"，这对读者来说是非常通俗易懂的。

原作中的人名，主人公"鱼生""竹青"，他们的孩子"汉产""汉生""玉佩"，以及"湖南""汉江"等地名，在《黑衣仙》中基本上是直接沿用原作的。不过其中也有例外，比如"吴王庙"的翻译。独步没有沿用原作，而是将"吴王庙"译成了"水神の廟"（水神庙）。其实这间庙宇是祭祀三国时吴将甘宁的，清朝宋荦的《筠廊偶笔》记载："楚江富池镇（在今江西兴国）有吴王庙，祀甘将军宁也。宋时以神风助漕运，封为王。舟过庙前，必报祀。有鸦数百，飞集庙旁林木，往来迎舟数里，舞噪帆樯上下，舟人恒投肉空中喂之，百不一堕。其舟送亦然。云是吴王神鸦。"但甘宁庙不仅见于江西，原作《竹青》中的鱼生是湖南人，文中的吴王庙是位于湖

---

① 最初是于幕府末期由受西欧影响的洋学者们提出的、使口语和书面语一致的运动。
② 翁苏倩卿：「日本近代文壇に於ける『聊斋志異』の受容と変容」，第六届国际日本文学研究集会，1982 年 11 月。
③ 指中国隋唐以来封建王朝设科取士而定期举行的中央或地方级考试。参考《汉语大词典》⑧，汉语大词典出版社，2003，第 57 页。
④ 《汉语大词典》①，汉语大词典出版社，2003，第 323 页。

南省洞庭湖边的。在清朝王嘉桢《在野迩言》卷六的"洞庭湖神"词条中，就以甘宁为湖神。[①] 由此可见，独步的翻译是有据可循的，这也反映出他对中国文化了解之深。而且，如果直接使用原作中的"吴王庙"，日本的读者是无法理解其中包含的历史和文化因素的，译成"水神庙"反而会更容易理解。

（二）增译

《聊斋志异》是一部文言作品，文言的特点之一就是简约精练，很短的几个字有可能包含很多的信息。独步的翻译将其中一部分进行了增译，其内容大致可以分为以下三个方面：情节、人物心理和情感，以及解释说明。

比较典型的例子应该数鱼生被弹子射中，从乌鸦变回人醒来后的场景。

《竹青》：

先是，居人见鱼死，不知谁何，抚之未冰，故不时以人逻守之。至是，询知其由，敛资送之。

拙译：

在此之前，居住在这里的人看见鱼生死了，不知道他是谁，摸摸他的身体还没有冷，就让人不时来照看他。这时，人们向鱼生询问了缘故，凑了些钱送他回家。

《黑衣仙》：

これより先き、村の者は一人の青年が廟内に斃れて居るのを見て、驚いて其体を撫て見るとまだ温気が有る。其処で介抱しながら番人を置いて見張をさして居ると、突然起き上がったので名を聞くと魚生。魚生も事の次第が解り、大に村人の好意を謝したものゝ一文なしで出発ことが出来ない。村の人々は気の毒に思い、醵金して幾何かの旅費を作ってやり、故郷へと出立してやった。

---

① 栾保群编著《中国神怪大辞典》，人民出版社，2009。

拙译：

在这之前，村里的人看见有一个年轻人<u>晕倒在庙里面很吃惊</u>，摸了他的身体发现还是暖的。于是便照顾他并派人看守着，<u>因为他突然爬起来了，就问了名字，说是叫鱼生。鱼生也知道了事情的经过，深深地感谢了村里人的好意，但身上一文钱都没有，无法动身。村里的人们觉得他很可怜</u>，凑钱给他用作路费，鱼生这才启程回家了。

带下划线的部分是独步增加的，看到有一个年轻人晕倒在庙里时，村里人感到"很吃惊"，听了鱼生的遭遇后"觉得他很可怜"，这是对人物心理状态及情感的描写。"鱼生也知道了事情的经过，深深地感谢了村里人的好意，但身上一文钱都没有，无法动身"，这是对事件情节的补充描写。通过增加这样的内容，故事变得更加连贯和生动。

另外，在吴王庙前乌鸦们争抢着吃过路人抛到空中的肉的场景中，可以看到起解释说明作用的增译。

《竹青》：

舟人争以肉抛上，乌于空上，接食之。因以效尤。

拙译：

船上的人，争着把肉抛向空中，乌鸦们都飞起来在空中用嘴接着吃。鱼生也学着这样做。

《黑衣仙》：

すると舟から水夫や旅客共に我先にと肉の片を投上て呉れるのを空中で受けて食うのである。魚生も他の鳥に倣って肉を食い満腹して木の枝に復った。

舟の者が肉を投げるのは烏を水神の奴僕と心得、兼て信心して居るからのことで水上の安全無事を希うための志願であるのだ。

拙译：

于是（乌鸦们）在空中接着由船上的船夫和旅客争先恐后地抛过

来的肉吃，鱼生也学着其他的乌鸦吃肉，填饱了肚子，回到了树枝上。

　　船上的人抛肉是因为知道乌鸦是水神的奴仆，再加上信仰神明，<u>有希望水上平安无事的愿望。</u>

　　标有下划线的有关船上的人给乌鸦抛肉的理由的内容，是原作中没有的。如果不加上这些解释说明的部分，不了解其中的文化背景的日本读者可能会觉得很奇怪。

（三）改译

　　将《黑衣仙》和《竹青》进行对比可以发现，在竹青生下大儿子汉产的情节之前，虽然独步进行了适当的意译和增译，但其基本内容是忠于原著的。仅有一处，也就是鱼生被竹青带回汉江后询问船夫的场景，进行了改动。

　　《竹青》
　　鱼问："仆人何在?"答曰："在舟。"生虑舟不能久待，曰："不妨，当助君报之。"

　　拙译：
　　鱼生问："（我的）仆人在哪里?"（竹青）回答说："在船上。"鱼生担心船主不能久等，（竹青）说："不要紧，我会替你酬报他的。"

　　《黑衣仙》
　　けれども魚生は舟のことが気になるから、『舟の者がさぞ待疲ぶれて居るだろう』と言う。『大丈夫長くは待しません、御安心なさいまし』と竹青が言う…

　　拙译：
　　鱼生担心船的事情，说："船夫一定等累了吧。"竹青说："不要紧，不会让他等很久的，放心吧。"

　　通过之后的情节可以知道，鱼生的仆人和船夫第二天早上醒来以后发现船到了汉江觉得非常吃惊，而且到处都找不到鱼生，船夫决定离开，却无法开船，只能在原地等了鱼生两个月，他无法开船的原因必定是竹青施了仙法。两个月后鱼生离开时，竹青给了他很多金钱，他将其中一部分拿出来重重酬谢了船夫。这与原作中竹青说的"不要紧，我会替你酬报他的"这句话是可以联系上的，体现了她的知恩图报的美好品质。《黑衣仙》中的竹青说的却是"不要紧，不会让他等很久的"。船夫在汉江等了两个月，实在不能说是没有久等，而且"不会让他等很久"这个表达透露出一种让船夫等是理所当然的感觉，所以笔者认为此处的翻译是不算成功的。

（四）省略

独步翻译的《黑衣仙》与原作最大的区别是将整个故事分成了上、中、下三个部分，并在结尾处进行了大量的删减。从故事开头到鱼生在水神庙醒来，用村里人筹的钱回到故乡的内容为"上"；三年后鱼生又去参加考试，被竹青带去汉江生活了两个月后再一次返回故乡的内容为"中"；之后的部分为"下"。与"上"和"中"相比，"下"的内容明显少很多，有很多情节并没有被体现出来。下面笔者将对删减的部分进行考察。

《竹青》：

……由此往来不绝。

数年，汉产愈秀美。妻和氏，苦不育，每思一见汉产。生以情告女。女乃治任，送儿从夫归，约以三月。既见，和爱之过于所生。年余，不忍令返。一日，忽不见，和痛悼欲绝。生乃诣汉，入门，见汉产卧床上。喜以问女。女曰："君久负约。妾思儿，故招之也。"生因述和氏爱儿之故，女曰："待妾再育，令汉产归。"又年余，女双生男女各一：男名汉生；女名玉佩。生遂携汉产归。然岁恒三四往，不以为便，遂移家汉阳。汉产十二岁，入郡庠。女以人间无美质，招去，为之娶妇，送归。妇名"圮娘"，亦神女产也。后和氏卒，汉生及妹皆来会葬。汉生遂留，生携玉佩去，自此不返。

拙译：

……从此便不断地来往。

　　过了几年后，汉产长得更加秀美。鱼生的妻子和氏苦于不能生育，常常想见一见汉产。鱼生把这件事告诉了竹青。竹青准备了行装，送儿子跟随丈夫回去，约定三个月就回来。见面之后，和氏非常喜爱汉产，甚至胜过亲生的孩子。过了一年多，还舍不得让他回去。一天，汉产忽然不见了，和氏悲痛欲绝。鱼生就去汉水告诉竹青。一进门，见汉产躺在床上，高兴地问竹青。竹青说："你长时间背约，我想儿子，所以就把他接回来了。"鱼生就说这是和氏太喜爱孩子的缘故。竹青说："等我再生个孩子，就让汉产回去。"又过了一年多，竹青生了对双胞胎，一男一女，男孩取名汉生，女孩取名玉佩。鱼生就带着汉产回了家。然而，一年总要到汉水三四次，鱼生觉得很不方便，就把家迁到汉阳。汉产十二岁时，进了郡学学习。竹青觉得人间没有素质很好的女子，就把汉产叫回去，给他娶了妻子后，才让他回来。汉产的妻子名叫"厄娘"，也是神女所生。后来和氏死了，汉生和妹妹都来送葬。汉生就此留下，鱼生带着玉佩离开了，从此再没回来。

　　《黑衣仙》：
　　この後絶えず往来して居る中に男女の双児が生れ、其 女 の方は魚生の妻の和氏が 貰 て育てることにした。

　　　　　　　　＊　　＊　　＊　　＊　　＊
　　魚生の 終 はよく 解 ない。竹青と共に仙化して仙 鳥 に隠れて了ったものらしい。

　　拙译：
　　这之后的往来不断，一男一女的双胞胎出生了，其中的女儿由鱼生的妻子和氏来抚养。
　　鱼生的结局不是很清楚。好像是和竹青一同成了仙，隐藏到仙鸟之中了。

通过对比可以看出，原作中内容很长的部分被粗略地概括成了几句话，而且其内容也是有差异的。前文中提到陈潮涯在其论文中重点对这一部分删减进行了分析，她指出，在原作中竹青过继给和氏的是大儿子汉产，但在独步的译本中变成了女儿玉佩，这可能是独步的错译。中国古代非常重视子嗣问题，尤其是男性子嗣。所以为了让家族得以传承，留在人界的一定是儿子，这也体现出《竹青》这篇作品的现实意义。鱼生带着女儿去了仙界与竹青一起生活，儿子留在人界延续家族香火，可以说是非常圆满的结局。独步却进行了大量的删减和改译，这是因为他没有完全领悟原作的精髓。

对于这一点笔者认为，以独步对中国文学和文化的了解程度，错译的可能性不是很大，应该是有他自己的考量。其中缘由还需要进一步探讨，笔者将把这作为今后研究的课题之一。

三　结语

国木田独步的《黑衣仙》是《聊斋志异》中第一篇被翻译成现代日语的作品，本文通过与原作进行对比，考察了国木田独步的翻译观。独步将一些日本人不熟悉或者没有接触过的专有名词等转化成了通俗易懂的概念，并且增加了一些情节、人物心理和情感，以及解释说明的部分，虽说存在一些翻译得不准确的地方，但到结尾部分之前可以说是比较尊重原著的。总的来说，他遵循的是归化的翻译策略，也就是使用日本文化认可的表达方式和语言规范，使译文流畅、通顺，以更适合日本读者阅读。① 笔者认为，相较于逐字逐句的直译，独步更注重的是文学性，他的根本目的在于将自己喜欢的中国志怪小说以一种通俗易懂的方式分享给更多的人。然而，结尾处大刀阔斧的改动也是不容忽视的问题，笔者将在今后的研究中对独步其他 3 篇翻译作品进行分析考察，期待在更全面地了解独步的翻译观的同时，能对这个疑问做出解答。

---

① 朱安博：《归化与异化：中国文学翻译研究的百年流变》，科学出版社，2009。

Doppo Kunikida's Translation of *Liaozhai Zhiyi*

Centering on *Zhu Qing*

Liu Yang

Abstract

Liaozhai Zhiyi (《聊斋志异》) spread to Japan in the Edo Period and was loved by many intellectuals, and so a lot of translations and adaptations were made. The well-known Japanese modern writer, Doppo Kunikida translated 4 stories of Liaozhai Zhiyi. The first one is *Heiyi Xian* (《黑衣仙》), which is from *Zhu Qin* (《竹青》). By comparing *Heiyi Xian* and *Zhu Qing*, we can understand that Doppo Kunikida added some details and made the story more complete and vivid. More than word-for-word translation, he aimed at sharing his favorite Chinese stories with other Japanese.

Keywords

Liaozhai Zhiyi; *Heiyi Xian*; Doppo Kunikida; *Zhu Qing*

《点石斋画报》与《飞影阁画报》的关联探究

邓怡然[*]

摘 要

《点石斋画报》和《飞影阁画报》的出现标志着晚清石印画报的第一个繁荣时期的到来。这些徘徊于"娱乐"与"启蒙"之间的晚清画报，对于我们更加全面地认识历史、了解史实具有不容小觑的作用。本文将以《点石斋画报》与《飞影阁画报》最重要的纽带画家吴友如为切入点，从两者的发刊背景、创刊过程、经营方式、绘画风格等方面来进一步对其关系进行梳理，从而探寻历史环境对文人创作的影响，以及清末封建文明向近代工业文明迈进的时代变迁。

关键词

《点石斋画报》 《飞影阁画报》 吴友如 近代化

一 《点石斋画报》与《飞影阁画报》的创立与发行

（一）《点石斋画报》的创立

1. 《点石斋画报》创立背景

《点石斋画报》创刊于清光绪十年四月（1884 年 5 月），由英国旅沪商人梅杰（旧译"美查"）——画报所载之尊闻阁主人创办，连史纸石印，每

---

* 邓怡然，日本关西大学文化交涉学博士，主要研究方向为晚清西学东渐背景下传教士在华创办的画报、杂志等，邮箱：oea121221348@ yahoo. co. jp。

月上、中、下旬各出一次，次凡 8 帧，随《申报》出售，售洋 5 分，发行至
光绪二十四年（1898），共出 528 号，刊行图画 4666 幅。因画报由点石斋石
印书局印刷，故得名《点石斋画报》。点石斋会集了吴友如、金桂（蟾香）、
张志瀛、田英（子琳）、贾醒卿、何元俊（明甫）、马子明、符节（艮心）、
朱儒贤等一批画师，以单线白描的画法、夹叙夹议的文字说明，对晚清朝
政、市井百态、发明创造、民间信仰、中外关系等做了详尽的描绘，可谓
洋洋大观。《点石斋画报》以图文并茂的形式，"盖取各馆新闻事迹之颖异
者，或新出一器，乍见一物，皆为绘图缀说，以征阅者之信"①，也"择新
奇可喜之事，摹而为图"，为之赢得了一批阅读者。在初创的月余中，"购
者纷纷，后卷嗣出，前卷已空"，为弥补未能购阅者的遗憾，点石斋不断由
后补前，"以备诸君补购"②，但仍是"司石司墨者日辄数易手犹不暇给"。
因其独特魅力，《点石斋画报》后来得以不断地结集出版。发行至 300 号
时，点石斋"不惜工本，特将缺号逐一补印齐全"，以补"赏鉴家虽重价搜
求亦有未能重窥全豹之憾"。③ 三年之后，点石斋"志在玉成是用，不惜工
本，再将元号起至四百号止，细查缺漏，逐一补齐，其中如淞隐漫录、功
臣图、风筝误、闺媛丛录等有美皆臻，无图不备，装潢精雅，钉成全套"④，
不仅可满足海内鉴赏家们收藏鉴赏之需，还可作为馈赠官场同好者的礼品。

2.《点石斋画报》创刊动机

《点石斋画报》的创刊动机可从梅杰的发刊词中窥探一二。光绪十年
（1884），梅杰在《点石斋画报》创刊号中撰写了《点石斋画报缘启》，有
如下表述：

> 画报盛行泰西……中国画家拘于成法，有一定之格局，先事布置，
> 然后穿插以取势，而结构之疏密，气韵之厚薄，则视其人学力之高下，
> 与胸次之宽狭，以判等差。要之，西画以能肖为上，中画以能工为贵，
> 肖者真，工者不必真也，既不皆真，则记其事又胡取其有形乎哉……

① 尊闻阁主人启《点石斋画报缘启》，载《点石斋画报》第一号，广东人民出版社，1983，
第 2 页。
② 申报馆主人启《第二号画报出售》，《申报》1884 年 5 月 17 日。
③ 点石斋主人启《一号至三百号全部画报发兑》，《申报》1892 年 6 月 13 日。
④ 点石斋主人启《重印四百号全部画报出售》，《申报》1895 年 12 月 30 日。

近以法越构衅，中朝决意用兵，敌忾之忱，薄海同具。好事者绘为战捷之图，市井购观，恣为谈助，于以知风气使然，不仅新闻，即画报亦从此可类推矣。爰倩精于绘事者，择新奇可喜之事，摹而为图，月出三次，次凡八帧，俾乐观新闻者有以考证其事。而茗余酒后展卷玩赏，亦足以增色舞眉飞之乐。倘为本馆利市计，必谓斯图一出，定将不翼而飞，不胫而走，则余岂敢。①

梅杰在这段文字中不但介绍了创办画报的原因、宗旨，还对画报的风格审美表达了自己的观点。他认为中国传统的文人绘画强调气韵，忽视"能肖"，即逼真地再现对象，但这和画报"记其事"的新闻性、时效性是相矛盾的。此外，传统绘画对创作者与接受者学养有较高的要求，普通市民很难领略。这些因素使得《点石斋画报》选择了具有西方插图绘画特点的风格。这奠定了其迎合大众口味的基调，这样我们也不难理解为何《点石斋画报》中出现了大量粗俗、猎奇的内容。

（二）《飞影阁画报》的创立与发行

1. 《飞影阁画报》创立的背景与动机

吴友如主持《点石斋画报》一直持续到清光绪十六年（1890），这一年九月初三，吴友如在上海英租界大马路（今南京路）石路（今福建路）口公兴里另择一幢房子，创办画报，以其室名"飞影阁"命名。对于其为何独立门户创办画报，众说纷纭。《苏州近代书画家传略》谓，《点石斋画报》在社会上威望与日俱增，奈何该报终因外人掌握，清规戒律甚多，作画内容也常受干扰，吴友如才借故辞去主绘职务，毅然自己创办《飞影阁画报》。为增加实力，又聘请启蒙老师张志瀛来画报社工作，共襄其事。吴氏在《飞影阁画报》发刊辞中曰：

> 画报昉自泰西，领异标新，足以广见闻，资惩劝。余见而善之，每拟仿印行世，志焉未逮。适点石斋首先创印，倩余图绘，赏鉴家佥以余所绘诸图为不谬，而又惜夫余所绘者每册中不过什之二三也。旋应

---

① 尊闻阁主人启《点石斋画报缘启》，载《点石斋画报》第一号（甲一册），1884 年 5 月 8 日。

曾太官保（忠襄公）之召绘平定粤匪功臣战绩等图，图成进呈御览，
幸邀称赏。回寓沪，海内诸君子争以缣素相属，几于日不暇给，爰拟
另创《飞影阁画报》，以酬知己。事实爰采乎新，图说必求其当。每月
三期，每册十页，仿折叠式装成，准（于庚寅）九月初三日为第一期，
逢三出报，并附册页三种，曰百兽图说、闺艳汇编、沪装仕女。它日
或更换人物山水翎毛等册，必使成帙，断无中止。至于工料精良，犹
其余事。夫以一人之笔墨，而欲餍通都大邑海澨山陬之人之心，此亦至
不及之势。是册一出，吾知向之争先恐后以索得余画本为幸者，当无不
怡然涣然矣。然则是册也，余敢不尽技以献耶！特托鸿宝斋精工石印，
庶墨色鲜明，丝毫毕肖，无复贻憾矣，装成。每册计价洋五分。本阁设
在上海英租界大马路石路口公兴里内，售处托申报馆以及各外埠售申报
处均有发兑，赐顾者请就近购阅为盼。再，以后本阁画报号数用千字文
字以次排下，第一号为天字号，第二号为地字号，余可类推。① 此布。
庚寅九月上浣飞影阁主人谨白。②

从发刊辞可以看出，随着名声的增大，求其画作的人越来越多。《飞影
阁画报》创办的动机主要是回报日益增多的仰慕者。画报内容仍以时事新
闻、风俗为主，即所谓"事实爰采乎新，图说必求其当"，基本沿袭了《点
石斋画报》的特点，增加了三种附页，首页为沪装仕女，下接七幅新闻时
事画，末尾为百兽图说和闺艳汇编，共十幅。为旬刊，每月逢三出版，仿折
叠装。均为吴友如一人所绘。画报高约 22 厘米，宽约 12 厘米，封面题楷书
黑字。在版式、刊期、画法、题记文末加盖闲章的形式，以及封面用彩色
纸、连史纸石印、发行的渠道等方面，《飞影阁画报》都传承了《点石斋画
报》的风格。但其创刊动机和《点石斋画报》截然不同。吴友如艺术作品
的接受者，可以分为三种类型，一是曾国荃、慈禧太后之辈，以宫廷活动为
中心，他们所要求的是肖像画、历史画的严肃性、权威性，为巩固政权所
需；二是平民大众，他们所要求的是故事画的图解性和趣味性；三是真正的
绘画爱好者与收藏者，他们代表了文人墨客和知识阶层的审美趣味，所要

---

① 发刊辞中提到以千字文字编号，实际是从第十一号"盈"字开始的，"天地玄黄宇宙洪荒
日月"所对应的一至十号均未见千字文字编号。
② 吴友如：《飞影阁画册》第一号，1893，卷首。

求的是绘画的艺术性，他们对传统题材有强烈的兴趣。功臣像和战绩图迎合第一种需求，符合统治阶级的功利性；《点石斋画报》创刊是为了迎合第二种需求，这符合画报立足之本——营利性；《飞影阁画报》的问世则是满足第三种需求。虽然读者不能决定作品的形式及特性，但是他们的艺术趣味和精神状态对题材的选择有着重要的作用。虽然说仅仅靠画报并不能"以酬知己"，这可能是吴友如的一个场面之词，但是我们从吴友如的生平来看，他从小生活于苏州年画氛围的熏陶之下，作为一个画者，他首先追求的一定是自我绘画艺术价值的实现。然而，如前文所述，梅杰对画报的插图风格是有明确要求的，在《点石斋画报缘启》一文中就已经指出了这一点。所以，吴友如为画报所做的插图必须符合画报的宗旨，从题材到技法层面都需要妥协和适应。尽管梅杰给了他很高的礼遇，他也因《点石斋画报》而声名大噪，甚至出入宫闱，为皇权阶级作画，但他作为一个文人、一个画家的艺术梦想始终得不到完全实现。笔者认为这是促使吴友如离开《点石斋画报》的最为重要的原因。

2. 《飞影阁画报》的发展

光绪十九年（1893），《飞影阁画报》办了两年多后，吴友如又将《飞影阁画报》转让给周慕桥，开始独立编撰《飞影阁画册》。吴友如在《飞影阁画册》第一卷中撰写了《飞影阁画册小启》。

夫诗中有画，金推摩诘化工，颊上添毫，惟仰长康神似，良由法超三昧，故能誉播千秋也。余幼承先人余荫，玩偈无成，弱冠后遭赭寇之乱，避难来沪，始习丹青，每观名家真迹，辄为目想心存，至废寝食，探索久之，似有会悟，于是出而问世，借以资生。前应曾忠襄公之召，命绩平定粤匪功臣战绩等图进呈御览，幸邀鉴赏，余由是忝窃虚名。迨事竣旋沪，索画者坌集，几于日不暇给，故设飞影阁画报，借以呈政，屡蒙阁报诸君惠函，以谓画新闻如应试诗文，虽极揣摩，终嫌时尚，似难流传，若绩册页，如名家著作，别开生面，独运精思，可资启迪，何不改弦易辙，弃短用长，以副同人之企望耶。余为之愧谢不敏。窃思士为知己者用，女为悦己者容，前出画报已满百号，愿将画报一事让与士记接办，嗣后与余不涉也。兹于八月份起，新设飞影阁画册，每逢朔望，月出两册，每册十二页，其中如人物仕女、仙佛神鬼、鸟兽鳞介、花卉草虫、山水名胜、考古纪游、探奇志异等，分类成册，皆余一手所绘……光绪十九年仲秋月元和吴嘉猷友如甫谨启。①

由于《飞影阁画册小启》中称"前出画报已满百号"，故后来的研究者多以此为据，认为《飞影阁画报》出了100期后易主，改为《飞影阁士记画报》，封面添了"士记"二字，其时间在光绪十九年五月（1893年6月），也有认为是1893年10月的。②之后续刊32期，至1894年3月停刊，共发行132期终刊。同年6月，周慕桥又刊出《飞影阁士记画册》。董惠宁在《〈飞影阁画报〉研究》一文中，据其收藏的实物，认为《飞影阁画报》只出了90期，"九十一期开始，即更名《飞影阁士记画报》，完全是周慕桥一人之笔墨了"，又谓"不知这'已满百号'从何而来，抑或是吴嘉猷认为'百'字吉利所作的虚称"，还指出《飞影阁士记画报》一直维持到1894年4月，最后一号题"光绪二十年四月上浣一百三十三号"，实际共出了133期。③

从这一段话来看，更加证实了前文所述，这一次，身体每况愈下的吴友如选择了完全地成全自己的艺术梦想。新创设的《飞影阁画册》与《点石斋画报》《飞影阁画报》在本质上有很大区别。第一，《飞影阁画册》确立的办刊路线是小而精的，每册出版的画报均由吴友如一人绘制。第二，虽然《飞影阁画册》仍然采用了定期发行的期刊形式，但是它不再依附新闻，不再是解读一事一物的插图。吴友如将内容设定为"人物仕女、仙佛神鬼、鸟兽鳞介、花卉草虫、山水名胜、考古纪游、探奇志异"等，这也是传统文人绘画的题材。第三，《飞影阁画册》的受众群体已不是广大的市民阶层，吴友如已经决意"士为知己者用，女为悦己者容"，以酬知己。遗

① 吴友如：《飞影阁画册小启》，《飞影阁画册》第一号，1893，卷首。
② 如《上海美术志》记载："1893年五月，《飞影阁画报》出版100期，让给周慕桥接办（约出32期。见吉林大学图书馆、浙江省图书馆藏《飞影阁画报》存132期）。"见徐昌酩主编《上海美术志》，上海书画出版社，2004，第196页。《上海大辞典》则记载："1893年10月改名《飞影阁士记画报》。"见王荣华主编《上海大辞典》（中），上海辞书出版社，2007，第1393页。
③ 董惠宁：《〈飞影阁画报〉研究》，《南京艺术学院学报》（美术与设计版）2011年第1期，第110~111页。

憾的是,《飞影阁画册》只出了十册,就随着吴友如在光绪十九年十二月十一日因病离世而终止。[①]

二 吴友如简介

谈到两本画报的关联,最重要的桥梁便是吴友如。吴友如在 19 世纪末的上海画坛,名噪一时,蜚声中外。然在死后,几乎湮没无闻。有关他的生平史料,可见杨逸(字东山)所著《海上墨林》中的吴嘉猷小传,仅 121 字,且是在吴友如死后所撰。其他如后人为吴友如结集的《吴友如画宝》《吴友如真迹》等大型画册中,虽有序文、传略,但多是臆测,连生卒年都不详。故目前仍是《海上墨林》史料最为翔实,现全文辑录如下:

> 吴嘉猷。字友如,元和人。幼习丹青,擅长工笔画,人物、仕女、山水、花卉、鸟兽、虫鱼,靡不精能。曾忠襄延绘《克复金陵功臣战绩图》,上闻于朝,遂著声誉。光绪甲申,应点石斋书局之聘,专绘画报,写风俗纪事画,妙肖精美,人称"圣手"。旋又自创《飞影阁画报》,画出嘉猷一手,推行甚广,今书肆汇其遗稿重印,名曰:《吴友如画宝》[②]。[③]

上述可算是关于吴友如的最全面、最重要的史料,直到 20 世纪 90 年代后期,随着关注《点石斋画报》的学者越来越多,关于吴友如的生平探索研究也越来越多。这位清末的民间画家所留下来的资料甚少,学者们只能从一些回忆性的语录中推测想象。如郑逸梅先生在《点石斋石印书局和吴友如其人》中提到:"他从小死了父亲,很是孤苦,由亲戚介绍在阊门城内西街云蓝阁裱画店当学徒。"如今广为流传的一种说法也是吴友如从小父母去世,家境贫困,由伯父抚养。幼年时居无锡,常摹习一位邻居画师的画稿,后来又在无锡、常熟一带的裱画铺搜集、观摩前人作品。不久,他在

---

① 对于吴友如病逝时间学界一直存疑,其中较为可靠的考证,参见邬国义《近代海派新闻画家吴友如史事考》,《安徽大学学报》(哲学社会科学版)2013 年第 1 期,第 98 页。

② 宣统年间,上海璧园以巨资自吴友如哲嗣处购得粉本 1200 幅,编成《吴友如画宝》传世,其中大部分是《飞影阁画报》与《点石斋画报》中的作品,据载吴友如一生所绘作品有 6000 余幅,但大多散失。

③ 杨逸:《海上墨林》,印晓峰点校,华东师范大学出版社,1970。

苏州虎丘山塘年画铺中创作年画，多以历史故事和社会风俗为题材。苏州阊门内，是城中玄妙观以外的另一个书画中心，书肆画店以及出售文房四宝、文物古董的商店、地摊比比皆是。吴友如在这个环境中耳濡目染，视野大开。公余之暇，他继续孜孜不倦地临摹、创作。附近一个叫张志瀛的画师颇喜欢这个年轻人，对他时加热心指点，吴友如也不时向张画师求教。

（一）"年画师"吴有如与苏州桃花坞

吴友如就这样开始走上以绘画谋生的道路。在当时，姑苏的年画十分流行，吴友如便先后为虎丘山塘街、桃花坞等处的许多画铺创作年画，内容有神像、农事、仕女、儿童、鸟兽、花卉，还有根据戏曲故事、民间传说以及时事新闻改编的编图。主题大多为吉祥喜庆、富贵荣华，画面丰满质朴，色彩鲜艳夺目。从表面看，苏州桃花坞的年画画法与《点石斋画报》中大量运用的西方明暗对比透视与白描相结合的画法大相径庭，但其实苏州桃花坞年画在清朝乾隆年间，便开始接触西洋画，也积极汲取其透视画法、阴影画法等各种先进的西洋画法。从小就在桃花坞耳濡目染的吴友如，相对于同时代的其他民间画家，掌握了与中国传统画截然不同的新式西洋画法，同时因其在苏州桃花坞的出色表现而名气渐增。这无疑为其之后被聘到点石斋书局工作做了重要的铺垫。

从他在苏州的活动和到上海后即任《点石斋画报》主笔来看，他在到上海前已经是苏州的著名画家，在年画、人物风俗画方面更是首屈一指的人物。从1884年到1893年是他艺术创作中最重要，也是社会影响最大的时期。由此我们可以看出，吴友如在去上海之前深受苏州年画的影响，在《点石斋画报》中有些图像与当时的年画有很多非常相似的图案和标志。①

（二）梅杰选择吴友如的原因

关于梅杰为何选择吴友如作为《点石斋画报》的主要画师，经过综合考察分析，笔者认为可能有以下几个理由。

第一，当时吴友如应曾国荃召见，为朝廷做出《克复金陵功臣战绩图》

---

① 赵建雷：《从"画师"到"美编"：〈点石斋画报〉中苏州画家的图式嬗变与媒介政治》，《南京艺术学院学报》（美术与设计版）2019年第4期，第126页。

等画作，因此声名大噪。对于以营利为主要目的来创办画报的梅杰来说，聘请当时有名的画师无疑是非常有效的宣传方式。

第二，吴友如成长于苏州桃花坞，其绘画功底毋庸赘述，关键在于吴友如在年画创作时期学习了当时年画中普遍运用的西方绘画技巧，例如透视法及阴影法等。梅杰创办《点石斋画报》的风格要求就是求真，他希望画报不同于写意的传统中国文人画，而是呈现写实的艺术效果。所以吴友如拥有这样的绘画教育背景，无疑是非常吸引梅杰的。

第三，清朝道光、咸丰年间，江南地区仍以苏州为文化艺术中心，那里艺术从业者众多，艺术市场繁荣。吴友如在苏州桃花坞时也逐渐形成了自己的团队，《点石斋画报》自 1884 年 5 月 8 日创刊至 1898 年 8 月终刊，15 年间共发行 528 期，刊发 4666 幅配有文字的手绘石印画。在能确定身份的 23 位画师中，吴嘉猷（友如）绘 443 幅，金桂（蟾香）绘 1126 幅，张淇（志瀛）绘 501 幅，田英（子琳）绘 210 幅，周权（慕桥）绘 135 幅，何元俊（明甫）绘 810 幅，符节（艮心）绘 1169 幅，此 7 人所绘约占全部画报的 94%。不难看出《点石斋画报》在约 15 年的发行时间里，核心画师的阵容极为稳定。当梅杰选择吴友如时，相当于选择了一支已经相对成熟的画师团队。

第四，当时发生了太平天国起义，为了躲避战乱，这些优秀的画师有了来沪的动机。

（三）吴友如离开点石斋的原因

很多专家学者在讨论吴友如为什么离开点石斋这一问题时提到，其不想自己的创作风格受到外国人牵制。但其实当时的吴友如相对于一般被传统思想束缚的文人画家来说，其思想是具有先进性的。

第一点，不留恋皇室公卿恩赐的朱紫浮名，结庐于上海。纵观当时的大环境，19 世纪下半叶的上海已成为当时的大都市，吸引着国内外成千上万的移民。自开辟为通商口岸之后，上海关税收入逐年增加，到 19 世纪下半叶已大大超过了广州。这时上海的繁华程度远远胜过了康乾之时的扬州和苏州。上海的自由思想和消费潜力，以及在一定程度上摆脱人身依附关系的自由的市民生活，不断吸引着艺术家们移居上海，以谋求较优裕的生活条件或较独立的创作条件。如此看来，似乎不难想象，为什么吴友如放弃了为朝廷作画的工作而选择到清末朝廷封建统治较弱的上海发展。但是，在那个年代，长期接受封建思想的人们，如果其本身的思想不具有一点先进性，很难做出这样果决的选择。要知道，当时大部分百姓还对腐朽的清廷抱有幻想，天朝大国的思想仍在人们心中根深蒂固。所以，从吴友如的选择上我们可以看出他思想的先进性。

第二点，关于其进入点石斋后的作画风格。新技术与新材料的引进，冲击了传统的年画，吴友如就是试图把传统绘画技法与新技术结合起来的探索者。吴友如生活在上海，耳濡目染照相制版，较早萌发了维新意识。他在1884年所做的春江胜景图卷中，有一幅为申报馆及申昌书画室外景作的图画，并缀以诗云："文人但知古，通人也知今。一事不知儒者耻，会须一一罗胸襟。心胸上下五千年，笔墨纵横九万里，见闻历历备于此，读之可惊复可喜。费去十文买一纸，博古通今从此始。"① 这首诗是对有清一代厚古薄今的学术风气的挑战，是对传统儒者提出的新要求，强调了新文人（或谓通人）重视现实、通晓"时务"（新学）的必要性，反映了当时有识之士的共识。无论是从吴友如的诗文和学识来看，还是从他的见地来看，虽然他并没有功名学历，但无疑是一个文人，而且是一个新型文人，他的思想观念和所处环境，均在维新思想大氛围的笼罩之中。

（四）关于吴友如逝世的材料整理

关于吴友如逝世没有明确的史料记载，关于其逝世时间有很多推测、考察。光绪十九年十二月十五日（1894年1月21日）《申报》刊登了一则《飞影阁画册》告白，其中清楚地交代了其逝世的时间。

> 《飞影阁画册》告白 申报馆代启
>
> 第十册画册本应十五日出售，不料吴君友如撄疾，于十一日逝世，所绘画册尚未装订齐全，故十五一期作为罢论，准二十日预出。所绩元旦之十八学士登瀛洲图，附送着色平地春雷立轴一张，价照曩例。嗟乎，斯人既归天上，妙绩永绝人间，想海内赏鉴者当亦同声悼惜也。

---

① 吴友如：《春江胜景图》（卷下），引自张静庐辑注《中国近代出版史料二编》，群联出版社，1954，插页。

次日（十二月十六日）《申报》又刊登了同一告白。这一告白明白无误地说明，吴友如于该年十二月十一日逝世，换算成公历即 1894 年 1 月 17 日。光绪二十年正月初四（1894 年 2 月 9 日），《申报》又刊登了一则《飞影阁画册》的告白。

> 《飞影阁画册》第十次画册已于腊月二十日预登《申报》，册内所绘系十八学士登瀛洲图，并附送着色平地春雷立轴一张，每册价洋五分，仍由本馆及各埠申昌寄售，赐顾者请就近购阅为祷。再查吴友如先生身后所遗画稿甚多，拟选其佳者仍付石印，装订成册，以公同好。一俟出书，再行登报布闻。①

告白中除介绍《飞影阁画册》第十册出版的情况外，还特别说到吴友如身后事宜，称其所遗画稿甚多，"拟选其佳者仍付石印"，刊行画册，以供同好。显然，从这里可看出时人对其画稿的重视，也反映了吴友如创办此画册的初衷。

在吴氏逝世的几个月后，《申报》又刊登出这样一则启事：

飞影阁新出中日战图　飞影阁启

> 前吴友如先生所创石印画图，其用笔惨淡经营，布置缜密，洵称独步一时，故能风行中外。自吴谢世，继起为难，惟周君慕桥天姿秀拔，笔意清超，所绘中日水陆交战图二幅，别出心裁，尽脱窠臼，可与吴君后先媲美。今已告成，别外加封套，计实洋五分，由本阁及申昌并卖报人处，苏州抚松馆、蕴辉室均有发售，谅为识者所共赏也。②

这则启事明确交代了吴友如逝世后，飞影阁的后续工作将由周慕桥接手。这是飞影阁为了其经营开始为周慕桥宣传，但其同样强调"为识者所共赏"，也算是继承吴氏遗志。

---

① 《申报》1894 年 2 月 9 日。
② 《申报》1894 年 8 月 30 日。

三　《点石斋画报》与《飞影阁画报》的内容及影响

（一）《点石斋画报》与《飞影阁画报》的内容异同

《点石斋画报》由点石斋书局印刷出版，随《申报》附送，其内容主要可以分为如下几类。第一类是国内大事。如庆祝光绪寿辰的《万寿盛典》、庆祝慈禧寿辰的《普天同庆》等，又如反映清朝国防军备的《八旗武备》《演放水雷》等。还有重大祭祀、节日活动、自然景象、各地灾情等方面的。第二类为国内社会新闻，该类内容最丰富、数量最多。多为民间的奇闻逸事，与社会风俗、伦理道德、奇异鬼怪等相关。第三类是海外新闻异俗、景物风光，如《俄皇加冕》《英国地震》。还有很多名人及元首皇帝的肖像，以及很多记载洋人的节日和娱乐活动的画报，如《西人庆典》《赛马志盛》等都是描写西方人在上海租界内开展的一些大型活动。第四类是科学新知。随着对《点石斋画报》的深入研究，"格物致知"被人们赋予越来越重要的意义，通过对西方科学技术（如气球飞艇、地铁、潜艇、物理化学实验、医疗等）的相关介绍，启蒙了清末平民阶层的维新思想，对晚清近代化的发展具有重大意义。

与《点石斋画报》一样，《飞影阁画报》的画家在每幅画旁加上一段当时流行的笔记体题记文字，夹叙夹议，将画面时间、地点、人物情节都交代得清清楚楚。受众观画读文，有合璧之感。这种图画生动、文体寓庄于谐的样式，广受读者的欢迎。除了时事新闻之外，《飞影阁画报》每期首页的沪装仕女多是对女子日常生活的写照，富有生活情趣，包括梳妆、下棋、赏花、养蚕、玩骨牌等，一派恬静安乐的情态。通观《飞影阁画报》，吴友如虽然开始创作单独的人物画、动物画以及故事画，如"沪装仕女""闺艳汇编""百兽图说"，但原先作为创作重点的时事消息、社会新闻还是占绝大多数。

（二）二者的绘画风格

从绘画风格上看，二者大体也都很相似，由于西洋绘画技法的渗透，惯用毛笔、宣纸的国画家对其产生了浓厚兴趣，他们把西洋画法中的透视、解剖、注重形象写实等西画技法吸收、融合到自己的绘画中去，形成了别开生面的"海派"人物画风。吴友如等继承了明清版画木刻艺术，特别是民间艺术的优秀绘画技巧，用写真的方式广泛描绘社会风情，将其擅长的人物肖像画和界画①发挥得淋漓尽致。他特别擅长战争画，画作大多融入民间年画线描技巧与西洋画透视、解剖之术，擅作层次丰富之大场景，构图新颖紧凑，线条简洁生动、遒劲流畅。他的创作最大的艺术特点及效果是：人物丰富而具有真实性，画面生动而富戏剧性，对连环画创作风格甚有影响。因为无论从画报的表现形式还是装订样式上看，都与后来的连环画极其相似，不同的是画报的每张画都是独立的，前后不相连贯。在吴友如等的时事新闻画中，传统的题材，如花草树木或旧式屋宇，仍用传统画法，即以白描为主；新式建筑、机器和西式穿戴的人物则参用一些西洋版画技法，如以密集的网状线条处理深色部分或阴影。在空间与构图方面，采用西洋线透视和中国界画中平行透视相结合的折中手法，以达到构图较饱满和容纳较多人物的目的。② 这些独特的形式，虽然稍显幼稚、不够成熟，但可以说是一种创造，在当时非常流行，示例见图 1、图 2。

（三）二者的经营方式

从经营方式的角度来看，《点石斋画报》发行之初注重追求经济利益，对此，梅杰也并不讳言，他说："夫新报之开馆卖报也，大抵以行业营生为计。"但其也顾虑到中国人向有重义轻利的传统观念，随即强调："亦愿自伸不全忘义之怀也。"③ 梅杰的成功运营，使得《点石斋画报》名噪一时，销量更是其他画报无法企及的。《飞影阁画报》也是借鉴了其经营模式的成功之处，同样运用石印技术，定价洋 5 分，采用每月发刊的模式。但相比之下，《飞影阁画报》似乎稍显简单纯粹一点，不论是以酬知己，还是为了自

---

① 界画是中国绘画很有特色的一个门类。在作画时使用界尺引线，故名：界画。作画时将一片长度约为一支笔的三分之二的竹片，一头削成半圆磨光，另一头按笔杆粗细刻一个凹槽，作为辅助工具作画时把界尺放在所需部位，将竹片凹槽抵住笔管，手握画笔与竹片，使竹片紧贴尺沿，按界尺方向运笔，能画出均匀笔直的线条。界画适于画建筑物，其他景物用工笔技法配合。通称为"工笔界画"。

② 刘权：《由"俗"归"雅"——吴友如光绪十六年后的新选择》，《美术研究》2017 年第 3 期，第 48 页。

③ 梅杰：《论本馆作报本意》，《申报》1975 年 10 月 11 日。

图 1　乞儿治病

资料来源：《吴友如画宝·古今谈丛图上·第八集下》。

图 2　拽神检药

资料来源：《吴友如画宝·风俗志图说上·第十集下》。

己的赤子之心，它都更像是吴友如抒发情怀的一片净土。二者在发行期间都多次在《申报》上刊登广告，以及关于其销量的告示。《申报》作为一个新闻媒体大平台，在向民众传播其思想观念的同时，也成为这些画报最好的展示和营销平台。这部分内容在笔者今后的研究中会作为重点来论述，这里不再赘述。

四　结语

清末画报广泛传播，成为老少咸宜、群众喜闻乐见的通俗读物。《点石斋画报》与《飞影阁画报》就其时事新闻画和社会风俗画而言，仍然是不可多得的中国近代史剪影，具有直观的民族意识和历史价值。其关注时事、注重新知，以及用图文互相诠释，为后世画家表现晚清社会，提供了不可多得的场景与细节。就描绘外国风俗、建筑、火车、轮船、飞艇、跨江大桥以及光电留声等而言，其具有拓宽视野、科技扫盲的作用，是具有百科全书性质的画报。

面对 19 世纪末上海大众文化的风行，迎合世俗成为这一时期文人生活的唯一选择，难以避免。作为传统文人画家的吴友如，一边为生计所迫去适应时代，成为上海滩知名度极高的画家；一边焦虑于世俗对其内心的侵蚀，选择逃离并另辟路径。吴友如的觉醒不仅是他个人的志趣与人生选择，也是 19 世纪末 20 世纪初中国城市文人对传统文化失落的最后抗争。吴友如等末世文人这一"不合时宜"的选择，正是中国传统文化得以延续的基本保障，弥足珍贵。后世对吴友如有两点很重要的评价。一是他在侵略者面前是主张抵抗的，这在他的时事新闻画中也有所反映，如《基隆再捷》《基隆惩寇》等。从艺术上看，他积极借鉴西方的科学技术，学习西方绘画的表现手法，融会中西，创新风格。二是同情人民群众的苦难、不幸，支持群众的反抗斗争，这在他后期的创作中比较明显。不过，他又和封建统治阶级有着千丝万缕的联系，表现出立场上的摇摆性，甚至同意镇压人民。但从反抗外国侵略、主张向西方学习、介绍西方近代科学等方面来看，吴友如还是一位值得肯定的人物。他在我国近代画报业发展史上做出的贡献也是不可磨灭的。在晚清封建社会商埠初开的历史阶段，以吴友如为代表的民间画家"平实且世俗"，"不怎么强调'文以载道'，而是兼及新旧与雅俗，突出可视性与趣味性"。① 从本质上说，他们仍是渴望能在封建社会权力话语内得到认可的底层知识分子。因此，在苏州良好的艺术环境下成长起来的吴友如，通过卓越的图像叙事技能，将《点石斋画报》提至中国近代画报史上前无古人的艺术高度，并使之成为绝唱，有其历史的偶然性与必然性。

The Study of the Relationship Between the *Dianshizhai Pictorial* and *Feiyingge Pictorial*

Deng Yiran

Abstract

The appearance of the *Dianshizhai Pictorial* and *Feiyingge Pictorial* marked the first prosperous period of lithographic pictorial in the late Qing Dynasty. This paper will take the painter Wu Youru, the most important link between the *Dianshizhai Pictorial* and *Feiyingge Pictorial*, as the breakthrough point, and further sort out their relationship through their publishing background, publishing process, management mode, painting style, etc. This paper will explore the influence of historical environment on literati's creation and the changes of The Times when feudal civilization advanced to modern industrial civilization in the late Qing Dynasty.

Keywords

Dianshizhai Pictorial; *Feiyingge Pictorial*; Wu Youru; Modernize Course

---

① 陈平原：《图像叙事与低调启蒙——晚清画报三十年（下）》，《文艺争鸣》2017 年第 7 期，第 63 页。

以《鲁迅传》为中心的增田涉手稿研究

——鲁迅与光复会关系新考

东延欣[*]

摘　要

本篇论文以日本关西大学图书馆增田涉文库所藏鲁迅的学生之一——增田涉撰写的世界上最早出现的有关鲁迅的传记类作品《鲁迅传》手稿为中心，通过了解这本《鲁迅传》的背景，解读增田涉版《鲁迅传》的手稿内容，寻找鲁迅对其进行的亲笔修改痕迹，对这些痕迹加以简单的分析说明，同时探究鲁迅与光复会之间的关系，为鲁迅加入光复会这一史实提供一个新的线索。

关键词

鲁迅　增田涉　《鲁迅传》　光复会　手稿

一　《鲁迅传》概述

（一）《鲁迅传》的发表过程

1931 年，增田涉[①]在上海得到了在鲁迅的书斋中接受鲁迅亲自指导的机

---

    * 东延欣，日本关西大学东亚文化研究科文化交涉学博士，主要研究方向为增田涉研究以及近代中日文化交涉，邮箱：doris9436@yahoo.com。

    ① 增田涉（1903～1977），日本鲁迅研究第一人，其主要成就是对鲁迅作品的翻译，在有关中国古典文学的翻译上也享有非常高的评价。

会，这是比任何日本的鲁迅研究者都要近距离接触鲁迅的机会。当时，鲁迅以自己的作品《中国小说史略》《呐喊》《彷徨》为教科书来指导增田涉，这些书中留下了很多增田涉的手写笔记。与鲁迅接触并且接受鲁迅指导的一年间，他根据与鲁迅相处的经历、与鲁迅亲密交流时对鲁迅的了解，以及上课期间鲁迅本人的一些叙述，开始写作《鲁迅传》。《鲁迅传》的原稿由鲁迅亲自审阅并且加以修改。由此，增田涉比起其他的鲁迅研究者来说更加近距离地与鲁迅交流、向鲁迅学习，在这个过程中增田涉留下的笔记对于增田涉研究或鲁迅研究可以说都非常有价值。如果通过增田涉的笔记发现这种超越国境的学术交流以及人与人之间的交流碰撞出的问题，并解决这些问题，对于鲁迅及其作品研究意义的理解便会有更深层次的发展。

增田涉回到日本之后，与恩师佐藤春夫两人为了出版这本《鲁迅传》四处奔走，十分艰辛。因为当时日本社会和学术界对于鲁迅既不了解也不重视。佐藤春夫曾经向《改造》《中央公论》投稿，但都没有被采用。在这样的环境下，佐藤春夫在《新潮》杂志上发表的文章《"个人的"问题》里提到："如此被极力宣传的邻国的世界性作家，日本读书界几乎对此不感兴趣。"他一边在《中央公论》发表鲁迅作品《故乡》的译本，一边在《新潮》杂志文艺栏中讽刺道："一般情况下，对于这种翻译作品有兴趣、抱有关心的人，能有多少呢？"当时屡屡受挫的佐藤春夫非常恼怒，直接将《鲁迅传》的稿子投给了改造社的社长山本实彦，终于得到了出版的许可。1932 年 2 月，增田涉于东京在编辑的要求下对原稿进行压缩与修改，并在《改造》杂志 1932 年 4 月号上发表。随后，《鲁迅传》又作为增田涉和佐藤春夫共同翻译的《鲁迅选集》的附录，于 1935 年由岩波文库出版。

此后日本出版发行的关于鲁迅的传记一类的作品是 1941 年 3 月由筑摩书房出版、小田岳夫撰写的《鲁迅传》，并于 1947 年由一位名叫范泉的中国学者翻译成中文。小田岳夫撰写的《鲁迅传》比增田涉的版本晚了大约 10 年。日本出版发行的鲁迅传记的其他版本比小田岳夫版更晚。其中最著名的是《鲁迅》，由增田涉的好友、同样是中国文学研究者及鲁迅研究者的竹内好撰写，1944 年 12 月由评论社出版。田野理夫撰写的《鲁迅传——其思想与传播》1964 年由潮文社出版，横松宗的《鲁迅——民族的教师》《鲁迅的思想——民族的怨念》两本由河出书房新社于 1973 年出版。增田涉与鲁迅有为期一年的直接交流，其撰写的《鲁迅传》由鲁迅亲自看过并修改之后发表，同时是世界上最早出现的关于鲁迅的传记，这本《鲁迅传》可以说对于鲁迅研究具有非常重要的意义。

根据调查，增田涉撰写的《鲁迅传》总共有手稿版（现藏于日本关西大学图书馆）、1932 年 4 月号《改造》杂志版、1935 年岩波文库版三个版本（见图 1）。

图 1　增田涉《鲁迅传》的三个版本

（二）鲁迅与增田涉版《鲁迅传》

增田涉曾经在自己撰写的关于鲁迅的回忆录中提到过《鲁迅传》最早在《改造》杂志上发表的事情。

こんな人のいることを日本ではあまり知られないようだし、こんな人の生きている中国の事情というものについても日本ではあまり知られてないように思ったので、魯迅の歩いた足跡をたどって、近代中国の成長を紹介しようと『改造』に『魯迅伝』というものを私は書いた。だがこれが日本の雑誌に出たときは、「隣の麦飯はうまい」というやつだろうと、匿名評者は片づけてくれた。そのころはまだ魯迅といっても一般には知られていなくて、私のその『魯迅伝』の出た雑誌の広告をみて、若いとき中国にいたこともある私の伯父は、「魯は姓で、迅伝は名だ」と従弟に説明したという。（似乎日本并不知道这样的人存在，而且似乎日本对存在这样的人的中国的情况也不怎么了解。我想沿着鲁迅走过的足迹，来介绍近代中国的成长，于是在《改造》上发表了《鲁

迅传》。然而，当这篇作品出现在日本杂志上时，有匿名者评论说，这文章就是"这山望着那山高"而已。当时，即使说到鲁迅，一般也没人知道，看到我出版的《鲁迅传》的杂志的广告，年轻时去过中国的我的叔叔向我的堂兄解释说"鲁是姓，迅传是名字"。)①

由此可见，当鲁迅在日本鲜为人知，甚至在中国也不那么出名的时候，增田涉已经写出并发表了《鲁迅传》。增田涉可以说是第一个将鲁迅的名字引入日本的人，他不仅想要向自己的国家介绍鲁迅这位伟大的作家，也希望通过自己的恩师鲁迅，向日本介绍近代中国的情况。当增田涉告诉鲁迅，他想写《鲁迅传》，并且想将完成之后的手稿给鲁迅看的时候，鲁迅立即写了一副郑板桥的对联并将其交给了增田涉。"搔痒不着赞何益、入木三分骂亦精。"意思是希望增田涉能够实事求是地写，也包含了鲁迅对增田涉的鼓励以及对增田涉想要写的《鲁迅传》寄予的厚望。

鲁迅不仅亲自审阅了《鲁迅传》并加以修改，对《鲁迅传》的发表也给予了关心。他在1932年1月5日写给增田涉的信中提到："一月の改造には某君の伝（増田の書いた『魯迅伝』）が出なかった。豈に文章の罪であるか？某君（魯迅自らをいう）が尖端の人物でないからです。証拠としてはGandiははだかでも、活動写真にでました。佐藤様は『故郷』訳文の後記にも一生懸命に紹介しておりましたがどーなるでしょ——（1月号《改造》未刊载《某君传》，岂文章之过耶？实因某君并非风头人物。证据是：甘地虽赤身露体，也出现在影片上。佐藤先生在《故乡》的译文后记中也尽力宣传了，又会怎么样呢——）"② 这里所说《某君传》即增田涉写的《鲁迅传》。在看到增田涉撰写的《鲁迅传》之后，鲁迅不仅对这个作品进行了各种修改，也十分关心其在日本的发表情况。在得知这个作品没有很顺利地在《改造》杂志上发表的事情之后，他认为这并不是增田涉所写的作品质量不好的原因，而是因为他的知名度太低，并不为人所知。

1932年11月7日鲁迅寄给增田涉的信中这样写道："今日『改造』に出た広告をも拝見しましたが作者は非常にえらく書かれて居ります、こ

① 増田涉『魯迅の印象』角川書店、1970、23~24頁。
② 増田涉『魯迅の印象』角川書店、1970、146頁。

れも、慨歎すべき事です。つまり、あなたの書いた『某君伝』は広告の
つとめになりました…（我今天看到了在《改造》杂志上刊登的广告，作
者写得非常精彩。这也是值得感叹的事情，总之你写的《某君传》也有广
告努力的结果……）"这篇《鲁迅传》刊登之后，鲁迅在给增田涉的信中提
及看到广告很精彩，这说明他对《鲁迅传》在日本的发表情况十分关心，
连广告也会注意到，也说明鲁迅看到了在《改造》杂志上刊登的这版《鲁
迅传》，在他之后与增田涉的书信往来中，也没有提到对内容的异议。

写作过程中有鲁迅本人的参与，成稿之后又经过鲁迅亲自修改，所以
鲁迅对增田涉的这篇《鲁迅传》还是抱有相当大期待的。这不仅仅是增田
涉创作的关于鲁迅的一篇简单的传记，甚至可以说这是现存的唯一一个鲁
迅生前亲自校阅过，并且始终非常关心、寄予非常大期待的鲁迅传记。

二 《鲁迅传》手稿中的鲁迅笔迹

（一）《鲁迅传》手稿中鲁迅笔迹的鉴定

增田涉在其撰写的《鲁迅的印象》中有以下两段记载。

其一：

その祖父は翰林だったというから相当な役人であったろうと、私
は『魯迅伝』の原稿に、祖父は翰林出身の大官であったと書いたら、
大官じゃないといって「大官」の二字を消したことを覚えている。
（因为他的祖父叫作翰林，应该是相当大的官员，我就在《鲁迅传》的
原稿中写道，祖父是翰林出身的大官，我记得他说并不是大官，于是
就把"大官"二字删掉了。）①

其二：

さてこの言葉につづけて原稿には「そのころ、 僕はいつも枕
頭にピストルをおいていましたよ。」という魯迅の言葉がつけ加えら

---

① 増田渉『魯迅の印象』角川書店、1970、47 頁。

れているが、その私が書いたペン字を魯迅が鉛筆で消している。発
表されることを予想して消したものらしい。だが私が書いているの
は、彼からいつか聞いたから書いたので、全然無根のことを、思い
つきでかってに書くはずはない。彼としては発表したくなかったのだ
ろう。(在原稿上,接着还有鲁迅的话"那时候,我总是在枕头底下放
着手枪",他却用铅笔把我用钢笔写的这句话勾掉了。大约因为考虑到
要公开发表,所以勾掉的吧。不过我所写的都是听他说过的,并不是
自己随便想象写出的、全无根据的事情,他是不想发表吧。)①

　　本文所参照的《鲁迅传》的手稿中,修改的痕迹很多,笔迹也不是十
分鲜明,因此难以清楚地判断增田涉或鲁迅的笔迹分别是哪些。然而,如
图 2 中左图所示,增田涉在《鲁迅的印象》中的描述——"その私が書い
たペン字を魯迅が鉛筆で消している(他却用铅笔把我用钢笔写的这句话
勾掉了)",以及"大官じゃないといって「大官」の二字を消したこと
(他说并不是大官,于是就把'大官'二字删掉了)",均可以在增田涉的原
稿中找到对应的修改痕迹,因此可以确认上述部分是鲁迅亲自修改而留下
的笔迹。根据这个信息可以判断出鲁迅在校阅修改时使用的笔留下的线条
的形状和颜色,以及鲁迅在做修改时的书写习惯,从而辨别出鲁迅亲自修
改的部分。

　　在图 2 左图中可以看到《鲁迅的印象》中删除了"大官"的地方,鲁
迅在删除"大官"二字的时候使用的是一支较粗的黑色铅笔,并且是用画
圈式的涂抹来加以删除的。在增田涉的手稿中,鲁迅亲自删除了"大官"
二字,并在旁边加了一个"文"字,笔者推测鲁迅的本意应该是想说,自
己的祖父并不是大官,只是翰林出身的一个文官而已。在那之后发表于
《改造》杂志上的这一部分就改成了没有"大官"二字的"彼の祖父は清朝
に仕へた翰林学士であった(他的祖父是在清朝任职的翰林学士)"。在图 2
右图中同样可以看到与上述描述相同的、很鲜明的画线式铅笔痕迹将"那
时候,我总是在枕头底下放着手枪"这部分内容删除了。

　　图 3 中,鲁迅将增田涉写错的"突喊"的"突"字画圈式涂抹掉,并

────────────

① 　增田涉『魯迅の印象』角川書店、1970、128 頁。

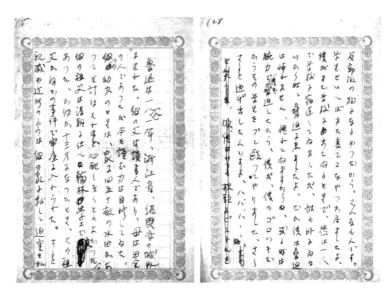

图 2 　《鲁迅传》手稿中鲁迅亲笔修改的痕迹

且在旁边写了一个正确的"呐"字。可以推断，当增田涉拿到鲁迅做了修
改的原稿之后，自己再一次进行修改时，用了一支与鲁迅修改时不同的、

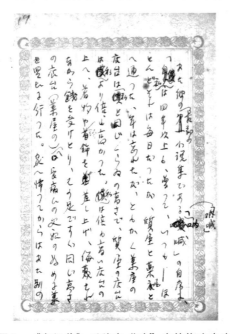

图 3 　《鲁迅传》手稿中"呐"字的修改痕迹

与原稿中的笔迹相同的黑色钢笔，在鲁迅修改痕迹的旁边写下了正确的"呐喊"二字。仔细观察对比，两者的笔迹很明显是不同的。在这份增田涉的手稿中，增田涉把所有"呐喊"全部写成了"突喊"，鲁迅把所有错误的地方都标注了出来，并且在旁边写了一个正确的"呐"字。《鲁迅的印象》中的记载，在原稿中都可以找到相应的修改部分，对比多次出现的这个"呐"字，可以更加确定鲁迅修改的笔迹。

（二）《鲁迅传》手稿中鲁迅亲笔修改部分的整理

根据以上的分析对比，基本确定了鲁迅亲笔修改的部分如表1所示。

表1　《鲁迅传》中鲁迅亲笔修改的内容

页码	手稿中鲁迅修改部分	《改造》版	《鲁迅选集》版
13	僕が清朝に対する革命運動を<del>やってゐ</del>（が盛んであっ）たころは、<del>山賊を煽動して暴動化する係りで</del>（革命的）、山賊の<del>仲間</del>と（顔る）往来し<del>てゐましたが</del>…	清朝に対する革命運動が盛んだったころは、革命的山賊と顔る往来したが…	削除
14	非常に貧乏して、<del>食べるものがなくて</del>（きる着物がなくて、防寒のため）、唐辛<del>の</del>粉をしきりに食べました	非常に貧乏して、着る着物がなくて、防寒のため）、唐辛の粉をしきりに食べました	削除
15	彼の祖父は清朝に仕へた翰林学士で<del>大官であった</del>	彼の祖父は清朝に仕へた翰林学士であった	彼の祖父は清朝に仕へた翰林学士であった
34	クラスの代表者は彼のノートを検査するために彼の<del>不在中</del>、室内へはいったりした	クラス代表がノートの検査に来たり…	クラス代表がノートの検査に来たり…
43	コールウィッチが魯迅（の友人）に送った手紙を見たが…	削除	削除
45	サイン入りの大版のマップ（ペエ）をもってゐる	削除	削除
46	<del>その間、彼は革命党員として実際運動の働いた、山賊や掏摸の間に往来して、彼等を利用して、反政府のデモや暗殺をやった。彼自身も刺客に行くべく命じられたこともあった。</del>	だがこの間、彼は革命党員として始終劃策奔走してゐる	だがこの間、彼は革命党員として始終劃策奔走してゐる

续表

页码	手稿中鲁迅修改部分	《改造》版	《鲁迅选集》版
59	思綺堂と袁随園との流れを汲む駢四六の駢体文…	思綺堂と袁随園との流れを汲む駢四六の駢体文…	思綺堂と袁随園との流を汲む四六の駢体文…
92	林玉堂(いまアメリカにあって委員)	削除	削除
99	彼の家庭は(母と妻)鲁迅が官憲に追い廻されるため…	彼の家庭は(母と妻)鲁迅が官憲に追い廻されるため…	彼の家庭は鲁迅が官憲に追い廻されるため、
128	頃、僕はいつも枕頭にピストルを置いてゐましたよ。	削除	削除
154	…識字の教育の施設（の施し）にあづかうなかったのみでなく…	…識字の教育の施設（の施し）にあづかうなかったのみでなく…	…識字の教育の施しにあづかうなかったのみでなく…
19、28、37、38、41、77	突喊（吶）	吶喊	吶喊

根据表 1，鲁迅亲笔修改的地方不多，基本是对增田涉描写的其自身经历中他认为不妥的地方加以修改，或对言辞敏感、他不希望被发表的地方进行简化或删除。《鲁迅传》原稿共 168 页，从鲁迅修改的情况来看，基本可以确定他看完了全部内容，并且较为仔细地进行了审阅，因此可以认为他没有加以改动的地方是被默认为没有问题的。

由于鲁迅已经亲自校阅了增田涉的《鲁迅传》手稿，并且留下了许多亲笔修改的痕迹，可以认为增田涉所撰写的《鲁迅传》更加贴合鲁迅的真实生活，里面所记载的内容也更加具有可信度。此外，通过分析这份有鲁迅亲笔修改痕迹的手稿，可以解决一些现在仍然存在争议的关于鲁迅的问题。本文将引用表 1 鲁迅修改的内容中关于他参加革命党的部分，具体考证鲁迅与光复会的关系。

三 鲁迅与光复会

对于鲁迅与光复会之间关系的问题，一直存在着不同说法，鲁迅与光复会的关系，历来是学界众说纷纭的一个疑难问题。这个问题之所以疑难，主要是因为缺乏第一手材料。① 虽然现在学术界普遍认为鲁迅的确是加入过光复会的，但关于这个问题，鲁迅生前在他自己的文字中没有涉及过，其他人的回忆和叙述没有经过鲁迅本人确定。学术界讨论的几种说法都是在鲁迅逝世后，从一些与鲁迅有过接触或是对鲁迅有所研究的人的回忆以及复述中得出的结论。

周作人是最早提到鲁迅与光复会关系的人，也是鲁迅没有加入过光复会这一说法的最有力的依据。他曾在 1936 年 12 月发表于《宇宙风》的《关于鲁迅之二》中提到：

> 他始终不曾加入同盟会，虽然时常出入民报社，所与往来者多是与同盟会有关系的人。他也没有加入光复会……以浙东人的关系，豫才似乎应该是光复会的人了。然而又不然。这是什么缘故呢？我不知道。我所记述的都重在事实，并不在意义，这里也只是记述这么一件事实罢了。②

周作人在与鲁迅不睦之前，因为是亲兄弟，所以一起生活过一段时间，可以说对于鲁迅的事情是最熟知的人之一。然而，1961 年沈瓞民在《辛亥革命回忆录》中发表的《记光复会二三事》一文中写道："为了避免清政权的残酷镇压，光复会严守秘密，虽父子兄弟也闭口不谈，又系用一方块的方式联系（如浙江为一方块、江苏为一方块），不是一方块成员，互不知道。"③ 从而可以看出，在当时的政治环境下，可以认为鲁迅为了保守光复会的秘密，连家人兄弟也保密的可能性是非常大的。

1902 年与鲁迅一同在弘文院学习日语的许寿裳曾在 1937 年发表的《鲁迅先生年谱》的"1908 年"这部分解释道："是年从章太炎先生炳麟学，为光复会会员，并与二弟作人译域外小说集。"鲁迅研究专家林辰为了考证鲁迅加入光复会的问题，曾于 1944 年写信向许寿裳请教"所依据的是什

① 项义华：《鲁迅与光复会关系考辨》，《鲁迅研究月刊》2005 年第 9 期，第 68~77 页。
② 周作人：《关于鲁迅之二》，《宇宙风》1936 年第 30 期。
③ 沈瓞民：《记光复会二三事》，《辛亥革命回忆录》第四集，中国文史出版社，2012，第 39~141 页。

么"，对此许寿裳在回信里写道：

> 光复会会员问题，因当时有会籍可凭，同志之间，无话不谈，确
> 知其为会员，根据惟此而已。至于作人之否认此事，由我看来，或许
> 是出于不知道，因为入会的人，对于家人父子本不相告知的。①

许寿裳曾与鲁迅一同学习，政治立场也相同，因此许寿裳的话是具有可信度的。除此之外，经过若干学者的研究考证，现在学术界普遍认为鲁迅的确是加入过光复会的。

胡风在 1943 年所写的一篇纪念鲁迅逝世七周年的文章中，有一个注释说他曾和鲁迅有过关于光复会的对话："周先生加入过同盟会没有？""没有。我加入的是光复会，不过这件事没有人知道，他们晓得了要更不高兴的。"②

冯雪峰在 1946 年发表的《关于知识分子的谈话》一文中复述了鲁迅与他的谈话："我们光复会反对满人是要反对到底的，可以说是更农民式的。"③ 另外，冯雪峰在《回忆鲁迅》中写到，鲁迅曾对他说："我可就属于光复会的……我们那时候，实在简单得很！"

然而，以上的根据都来自回忆性的文字和对谈话内容的复述，并不能说是由鲁迅亲自确认过的第一手资料。结合史实资料来看，虽然具有较高的可信度，但并没有确凿的文本证据证明鲁迅真的说过这样的话。同样，与鲁迅有过近距离接触的增田涉在其撰写的回忆录《鲁迅的印象》中也曾提到过鲁迅加入光复会的事情。

> 周作人の書いたものには、魯迅は清末の革命党に党員としては
> 入っていないとあった。私もハッキリしたことはいま覚えていないが
> （だが私が書いた『魯迅伝』という原稿を彼は目をとおしてくれた
> が、いまそれを見ると、彼は党員であったと書いているところが、そ
> のままイキている）、たとい正式に入党していなくても、章太炎との

---

① 林辰：《鲁迅曾入光复会之考证》，载《鲁迅事迹考》，开明书店，1948，第 21 页。
② 胡风：《从有一分热发一分光生长起来的——纪念鲁迅先生逝世七周年及文学活动四十周年》，载《人与文化：胡风随笔》，北京大学出版社，2007，第 202 页。
③ 冯雪峰：《关于知识分子的谈话》，《文艺复兴》1946 年第 3 期。

関係から光復会に関係していたことは争えない事実だといえる。だが入党していたのではないかと考えることは、自分は清末に革命運動をやっていたとき、ある要人の暗殺を上級のものから命じられた、だが出かけるときに、自分はたぶん捕まえるか殺されるかするだろう、もし自分がなくなったら、あとに母親が残っているが、母親をどうしてくれるかハッキリきいて置きたい…私はやはり彼は党に入っていたのではないかと思う。［周作人写的文章里，说鲁迅没有加入过晚清的革命党。确切的情况现在也记不清了（不过，我所写的《鲁迅传》的原稿，是经他看过的，现在再看那写着他是革命党员的地方，还照样保留着）。即使没有正式入党，从他和章太炎的关系而联系到光复会，那是不容争论的事实吧。但也可以认为他是真正入了党的。因为他曾经向我说过他在晚清搞革命运动的时候，上级命令他去暗杀某要人，临走时，他想，自己大概将被捕或被杀吧，如果自己死了，剩下母亲怎么办，该如何安置呢？……我认为他是入了党的。因为我们不能想象，命令党外的人去干暗杀之类的事情。］

增田涉的回忆与许寿裳的话一致，据此，可以说鲁迅的确加入了光复会并且参加过革命活动。这段回忆中最重要的一句是："我所写的《鲁迅传》的原稿，是经他看过的，现在再看那写着他是革命党员的地方，还照样保留着。"增田涉在上海时每天去鲁迅家里跟鲁迅上课，这一年间写下的《鲁迅传》手稿，是现在唯一可以找到的由鲁迅亲自看过、没有否定他加入光复会的事情的第一手资料，也就是唯一可以证明鲁迅加入过光复会的确凿证据。

在鲁迅亲自校阅并修改的增田涉撰写的《鲁迅传》手稿中有这样一段话。

…その頃、彼はまた清朝を滅ぼそうとする革命党の党員であったが、獨逸協会学校に通ってドイツ語を勉強する同時に、種々の実際運動に加ってゐた。宮崎滔天のところなどへも出入してゐる。（那时，他还是要推翻清朝的革命党的党员，在德国协会学校学习德语的同时，参与了各种实际运动。同时也出入宫崎滔天等人的住所。）

增田涉的《鲁迅传》中的确有关于鲁迅加入了光复会的叙述，增田涉在 1976 年 8 月号的《文学》杂志中发表的《鲁迅与光复会》一文中也引用了这段话，并且说明这段话是在上课时听鲁迅说起自己的经历时记下的。[①] 增田涉明确写下了鲁迅加入革命党成为党员，根据原稿，鲁迅在之后的校阅过程中的确没有删掉，也没有加以修改，可以确定这段叙述被鲁迅本人默认是正确的了。除此之外，在这份《鲁迅传》的手稿中，还有另外一个证据（见图 4）。

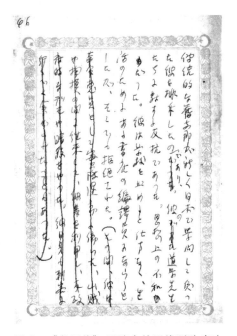

图 4 《鲁迅传》手稿中的画线删除痕迹

在图 4 中可以清楚地看到大段内容被删除的痕迹。上文提到，增田涉在《鲁迅的印象》中写到，鲁迅曾对他说过，上级命令他去暗杀某要人。然而这部分的叙述并没有在已经发表的两版《鲁迅传》中出现。众所周知，鲁迅的确接到了暗杀清政府要员的任务，然而他并没有执行，根据上文提到的增田涉的回忆，鲁迅曾对他说，自己十分担心暗杀任务失败被抓或被杀后，母亲该如何安置。按照鲁迅对增田涉所说的这个解释，鲁迅没有执行暗杀任务的很大一部分原因是对母亲的一片孝心。许广平曾问过鲁迅对暗杀的看法，鲁迅回答说："第一，这不是少数人所能做，而这类人现在很不

---

① 鲁迅博物馆、鲁迅研究室编《鲁迅年谱长编》第 1 卷，河南文艺出版社，2012。

多，即或有之，更不该轻易用去；还有，是纵使有一两回类此的事件，实不足以震动国民，他们还很麻木，至于坏种，则警备极严，也未必就肯洗心革面。还有，是此事容易引起坏影响，例如民二，袁世凯也用这方法了，革命者所用的多青年，而他的乃是用钱雇来的奴子，试一衡量，还是这一面吃亏。但这时革命者们之间，也曾用过雇工以自相残杀，于是此道乃更堕落，现在即使复活，我以为虽然可以快一时之意，而与大局是无关的。第二，我的脾气是如此的，自己没有做的事，就不大赞成。"① 由此可见，鲁迅表明并不赞同暗杀行为，拒绝暗杀任务就已经与光复会在思想上产生了分歧，在鲁迅看来，"光复会非失败不可，它可以说连够得上政纲的政纲也没有"②。回忆起在日本从事革命的那段岁月，鲁迅一再说道："那时的讲革命，简直像儿戏一样。"③ 因此对于这段经历，鲁迅是持否定态度的，对于暗杀，鲁迅没有去做，并表示他对此是十分不赞成的。

这部分光复会行动的具体叙述并没有在已经发表的两版《鲁迅传》中出现（见表2）。鲁迅把原稿中增田涉在括号中补充的叙述全部删除了，随后增田涉将这段内容简化，之后出版的两个版本中都是简化过、没有具体关于暗杀任务之类的党内运动的描述。根据增田涉原稿中的叙述，鲁迅作为革命党员，确实接受了一些革命任务，并且做了一些实际的革命工作。手稿中这段补充叙述写的是，在鲁迅从仙台回到东京的第三年，《新生》杂志刊行计划失败，因为不得不对在国内的母亲以及其他家人给予经济上的援助，于是回到中国之后的事情。或许增田涉是在听过鲁迅的描述之后，几乎原封不动地写下了鲁迅参与革命活动的详细内容。鲁迅删掉这部分内容的原因大概有三方面。其一，这段描述的确过于详细，如上文沈飚民所说，为了避免清政权的残酷镇压，光复会严守秘密，所以鲁迅并不希望具体的行动被公开发表。根据《鲁迅传》的上下文，可以推测鲁迅是为了严守光复会的秘密，并不希望具体的革命行动公之于众，所以删掉了增田涉的这段补充叙述。其二，正如许广平与鲁迅在对话中提到的，鲁迅在思想上与光复会产生分歧，并不赞成光复会有关暗杀的革命行动。其三，晚年的鲁迅再回想起曾经的革命岁月，或许有自己的后顾之忧，选择不参加行

① 鲁迅：《两地书·十二》，江苏凤凰文艺出版社，2019。
② 冯雪峰：《回忆鲁迅》，人民文学出版社，1952，第173页。
③ 鲁迅：《致杨霁云》，载《鲁迅书信集》，人民文学出版社，1976，第699页。

动，于是不愿提起有关暗杀任务的部分，删掉了增田涉写的有关暗杀的具体革命任务的内容。此举动印证了鲁迅对自己曾经加入光复会的这段经历十分在意，也可以反映出他后期与光复会思想上的分歧，以及对光复会革命行动中暗杀这一方式的不满。

表 2　关于暗杀行动的内容的修改

页码	原稿	《改造》版	《鲁迅选集》版
46	その間、彼は革命党員として実際運動の働いた、山賊や掏摸の間に往来して、彼等を利用して、反政府なデモや暗殺をやった。彼自身も刺客に行くべく命じられたこともあった	だがこの間、彼は革命党員として始終劃策奔走してゐる	だがこの間、彼は革命党員として始終劃策奔走してゐる

如果鲁迅没有说过这样的经历，增田涉也不会在之后的《鲁迅的印象》中提到，更不会在当时直接写进《鲁迅传》的原稿里。正如增田涉所说："因为我们不能想象，命令党外的人去干暗杀之类的事情。"从鲁迅在看过这份手稿之后做出的反应来看，他对其中关于他加入革命党成为党员的内容并没有做出任何修改，而是删掉了所有关于暗杀的革命行动的部分。这说明晚年的鲁迅对光复会的事情依然十分在意，他没有否认加入光复会，只是因为后期的思想分歧以及其他考量，他不愿去曝光其中的具体内容，从而可以更加确认这份由鲁迅亲自审阅过的手稿中所出现的关于他加入光复会的内容是非常可信的，并且可以认为这份手稿能够作为佐证鲁迅参加过光复会的第一手资料。

四　结语

本文主要介绍了增田涉撰写的《鲁迅传》，对增田涉手稿中修改过的部分进行了解读，并对鲁迅亲笔修改的地方做了简单的整理与说明。根据《鲁迅传》中的内容以及手稿中鲁迅亲自审阅修改部分的相关线索，为鲁迅与光复会的关系，即鲁迅是否加入过光复会这一问题提供了新的资料与证据。

1931 年，增田涉在近一年的时间里，每天出入鲁迅在上海的住所，并且接受鲁迅一对一的指导。基于这样的与鲁迅近距离且长时间的接触，基本可以确定，增田涉在与鲁迅的亲密交流中听到鲁迅说起自己的经历，并且在当时写的《鲁迅传》原稿中记录了鲁迅加入光复会的相关叙述。增田涉明确写下了鲁迅加入革命党成为党员，对此鲁迅在通篇审阅了原稿之后并没有删掉，也没有加以修改，可以确定这段叙述被鲁迅本人默认是没有异议的了。在增田涉详细描写鲁迅的具体革命任务的时候，鲁迅只删掉了关于暗杀任务的部分，而并未否认其他内容。总之，增田涉的这份《鲁迅传》手稿为鲁迅加入光复会这一问题提供了新的线索以及证据，是十分宝贵的鲁迅研究的相关资料。在之后的研究过程中，笔者还会继续整理解读这份手稿，来解决更多与鲁迅研究相关的问题。

Research into Wataru Masuda's Manuscript of *Luxunzhuan*

New Analysis of the Relationship between Luxun and Guangfuhui

Dong Yanxin

Abstract

This essay researches into Wataru Masuda, one of the students of Lu Xun whose manuscript of *Luxunzhuan*, which collected in the Masuda Library of Kansai University Library, Japan. This book is the earlist Biography of Lu Xun in the world. By understanding the background of this *Luxunzhuan*, and through the interpretation of this manuscript to discover the trace of Lu Xun's handwriting modification and analysis the handwriting modification, to research the relationship between Luxun and Guangfuhui. Moreover, it provides a new clue for the history of Lu Xun's joining the Guangfuhui.

Keywords

Luxun；Wataru Masuda；*Luxunzhuan*；Guangfuhui；Manuscript

The Worship of Snakes in the Legends of Ông Cụt (Mr. Curtail) and Ông Dài (Mr. Length) in Vietnam

Nguyen Thi Tuyet Nhung[*]

Abstract

Snakes are animals that have a strong influence on Vietnamese people's customs and beliefs. The legends of Ông Cụt (Mr. Curtail) and Ông Dài (Mr. Length) has been circulated in many localities, from the Northeast to the Red River Delta and the North Central region. It comes from a kind of legend with an ancient theme of snake worship with countless different versions. These versions are usually intended to explain the origin of particular places in Vietnam and the interpretation of the custom of snake worship in these regions. This paper mainly snakes' image in such stories to explore the Vietnamese people's thoughts about two sides of water: the gentle and the destructive aspects. Simultaneously, based on the two-side of water mentioned above and the relationship between water and snakes, explore the deep reasons why the Vietnamese people worship snakes.

Keywords

Snake Worship; Ông Cụt (Mr. Curtail); Ông Dài (Mr. Length); Water God; Folklore

---

   *   Nguyen Thi Tuyet Nhung, 关西大学东亚文化研究科文化交涉学博士，主要研究方向为越南文化、民间文化的传承，邮箱：nguyennhung0718@gmail.com。

1. Introduction

Many nations in the world worship snakes. It can be said that few species have a rich symbolic meaning like snakes. Snake images not only appear in most cultures but also have many different meanings, sometimes in opposition. They represent water and fire; good and evil; immortality and death; yin and yang; destruction and rebirth.

In Vietnamese culture, snakes are animals that accupy a special place on people's customs and beliefs. Like many other cultures, snakes are also worshiped by many different ethnic groups in Vietnam, from the Mường, Thái, Kinh in the North to the Chàm, and the Khmer in the South. Snake worship is a primitive tradition of the ancient Vietnamese people with two primary meanings: the totem and the Water God's religion. the snake's image assimilated with the Water God entered the Vietnamese folk mind very early and often associated with the worship of the gods of nature. This custom carries the concept of the water to inhabitants dependent on it for agriculture especially the country with wet rice civilization like vietnam.

In the North and North Central areas, the Snake Gods are considered as Water Gods with the surrounding legends telling about a pair of snakes called Ông Cụt (Mr. Curtail) and Ông Dài (Mr. Length). This snake couple's legends express the characteristics of water and Vietnamese's attitude towards water.

This paper aims to clarify the snake worship in Vietnam by analyzing these legends of Ông Cụt and Ông Dài.

2. The Legends of Ông Cụt and Ông Dài in Vietnam

The legends of Ông Cụt (Mr. Curtail) and Ông Dài (Mr. Length) has been circulated in many localities, from the Northeast to the Red River delta and the Central region, with countless different versions. It comes from a kind of legend with an ancient theme of snake worship, which featured the image of a snake who was raised by humans and wrongly had his tail cut off. In most stories, there is a pair of snakes, in which the ones with short-tailed are called Ông Cộc (Mr. Curtail) and long-tailed ones called Ông Dài (Mr. Length). However, these legends are also rich in local color with many different details and often aim to explain the origins of some places in the Northern and North Central region. Each place is associated with explaining of the custom of worshiping the snake in the rivers flowing through that place.

It is easy to see many legends, monuments, and festivals related to Snake Worship and Water God's localities beliefs where large rivers flow. In this section, We will see some examples of the places associated with the legend of Ông Cụt and Ông Dài.

2.1 The Legends of Ông Cụt and Ông Dài in the Northeast

First, we will focus on the Northeast region of Vietnam.

In Lạng Sơn province (a province in far northern Vietnam, bordering Guangxi province in China), we can find the traces of the Water God worship in the farming community living along the large rivers: Kỳ Cùng River, Bắc Giang River. In the area there are many temples that worship Water God, such as Kỳ Cùng temple, Khắc Uyên temple, and Bạch Đềtemple. Concerning snake worship, there are many legends, including many different versions of the origins of locations. It can be seen that basically, the contents of the legends are consistent with the story of two snakes: Ông Cụt and Ông Dài. These stories all tell about humans collect snake eggs or give birth to snake eggs, and the snake eggs hatch into snakes. The snakes live with humans and are raised and cared for like their children. In many different situations, one snake's tail is mistakenly cut off by humans. The ones with the tail cut off called Ông Cụt and the other called Ông Dài. Lately, the snakes became a deity to rule the river, and people built temples to worship them. [1]

For example, the area near Kỳ Cùng River has the following story. At Kỳ Cù

---

[1] "Tục thờ rắn và tín ngưỡng thờ thần sông của người Xứ Lạng", Lạng Sơn Portal, September 30, 2019, http://sovhtt. langson. gov. vn/node/7005.

ng River, there was a poor fisherman who had a son. One day the older man found a giant egg, and on return, he hid it in the basket and then forgot about it for a few days. Unexpectedly the egg had hatched a white snake. Later in the story it is also mentioned that the old man cut off the snake's tail, and the people built a snake temple. [1]

The Tày people live near Kỳ Cùng river tell the story of the love affair between the daughter of a wealthy family and the son of the water king. The daughter then became pregnant and gave birth to two snakes. The father knew the story and tried to kill them with a knife. One escaped. The other had his tail cut off, later known as Mr. Curtail. After that, Mr. Curtail reigns at the waterfall in front of the village, which is called Khuổi Ngự (Snake Falls). There is also a snake temple here. [2]

Kỳ Cùng Temple worships one god of Đạo Mẫu [3] （圣母道）, called The

[1] Nguyễn Đổng Chi. , *Kho tàng Truyện cổ tích Việt Nam*, Hồ Chí Minh: Trẻ, 2014, pp. 270 – 271.

[2] Nguyễn Đổng Chi. , p. 271.

[3] Đạo Mẫu (圣母道) is the worship of mother goddesses in Vietnam, a unique religion based on Taoism transmitted from China and animism that recognizes the existence of spirit in everything. The most prominent form of Đạo Mẫu is Four Realms (四府 Tứ Phủ), which worships a hierarchical pantheon of Vietnamese local deities with a strong influence from historical figures, Taoism and Buddhism. Four Realms is the most common in the North. Other forms in different areas have also developed interference with other local beliefs. The name means "Four Palaces," which includes the four realms Heaven, Highlands, Water, and Earth. The palaces governing those realms are named as follow: Heaven Palace (Thiên phủ 天府, ruled by Mother Goddess of Heaven), Highlands Palace (Nhạc phủ 岳府 ruled by Mother Goddess of Highlands, also known as Mother Goddess of Forest Residence), Water Palace (Thoải phủ 水府, ruled by, Mother Goddess of Water, also known as Mother Goddess of Water Residence), Earth Palace (Địa phủ 地府, ruled by Mother Goddess of Earth, also known as Mother Goddess of Earth Residence). Beneath that, subordinates such as Grand commander (from the First Grand Commander to the Fifth Grand Commander), Ladies of the Four Palaces (included the Twelve Ladies), Princes of Four Palaces (from The First Prince to The Tenth Prince), Saintly Maidens of Four Palaces (includes twelve Maidens), Saintly Pages of Four Palaces (include twelve Pages), Five Tigers (Ngũ Hổ) and Two Snakes (Ông Lốt) are in a row. The worship of snakes is represented in Đạo Mẫu with the image of Ông Lốt (Mr. Lốt). Ông Lốt is a symbol of Water God, and usually a pair of white snakes (白蛇) and a green snake (青蛇), which lies on the girder upside the altar. (Ngô Đức Thịnh, *Đạo Mẫu Việt Nam*, Hồ Chí Minh: Tôn giáo, 2009, pp. 56 – 72.)

Fifth Mandarin in Blue (Quan Lớn Đê Ngũ Tuần Tranh) . [1]The legend of The Fifth Mandarin in Blue is told as follows. The Fifth Mandarin in Blue was born under Hùng King XVIII, in a family in Ninh Giang province (now Hải Dương). He was also a military general assigned to protect the coastal area of Tranh river. He has made many outstanding merits, so he is admired. In his hometown, he fell in love with a beautiful young woman, who was the unhappy concubine of a mandarin. She responded to his feelings without even telling him that she was married. So, he still believed that it was a beautiful love and set a date to marry her. By the time the mandarin found out about it, he slandering him for seduced his wife. he was banished to Kỳ Cùng, Lạng Sơn. At the Kỳ Cùng River, he committed suicide to prove himself innocent. Returning to his hometown, he appeared in the form of two white snakes and was raised by a couple of farmers. However, when the government officials learned about the parents who bought chickens to raise the snakes, they forced the parents to kill them. Unable to kill the snakes The parents released them into the Tranh River. People told that The place where the parents dropped the snakes formed an intense vortex.

In Thái Nguyên province, in the area near Cầu River and Thương River, the story is as follows. In Hương Thượng commune a widow was living by silk farming. One day, she was thirsty and waded into the river to drink water and saw two strange eggs. The eggs hatch two snakes, one white, one black, and each with a red crest on its head. One day, she accidentally cut off one snake's tail. Since then, the villagers called the snakes Mr. Curtail and Mr. Length and built temples to worship them. [2]

The legend of the Tày people living near the Lô River (Tuyên Quang province) tell of a poor woman who picked up a strange egg. The egg then hatched a white snake. In this story, the snake also got his tail cut off by his adoptive moth-

---

[1] According to the folklore, The Fifth Mandarin in Blue is the fifth son of King Bát Hải Động Đình— the Head of Water Palace. King Bát Hải Động Đình is also the father-in-law of Kinh Dương Vương (father of Lạc Long Quân), the ancestor of Bách Việt.

[2] Nguyễn Đổng Chi. , pp. 271 – 272.

er, but because of the original intention to help him in the fight with another. ①

In Phú Thọ province a story called *The Legend of Ghềng Bợ* tells about a woman became pregnant after stepping on a large footprint and gives birth to three eggs. Three snakes hatched from these eggs. One day, she accidentally cut off the youngest snake's tail and this causes the three snakes leave home. Later one snake returned to his mother. After his death, he was worshiped by the villagers and called Mr. Length. The youngest snake with short-tail (people here often called him Mr. Curtail) came to Ghềnh Bợ (belong to a section of Đà River). This snake is quite fierce. Since he came to Ghềnh Bợ , he created the tsunami to make it difficult to the ships to travel. He often sank the ships and even ate one person every year. Therefore, Ghềnh Bợ was famous as a wild section of the Đà River. ②

2. 2   The Legends of Ông Cụt and Ông Dài in the Red River Delta

According to the Vietnamese archaeologists, the Red River Delta is the first and oldest residential area after the ancient Vietnamese people migrated from the mountains to the plains. Along with settling in the river basin, the Vietnamese people also take agriculture as the basis for maintaining and developing life. Therefore, along with the desire for a year of lush trees and abundant crops comes fears of natural disasters. Building up a life of nature worship, the residents here believe that it is one of their essential channels of communication with nature so that people and nature can get along with each other better. And they think that the result of those exchanges will give them a full and happy life. With that belief, water is considered a significant factor. And the snake with its wavy river-like shape has been identified with the water. Snakes have come into the religious life of the people of the Red River Delta and in the folktales of this area. ③In this area, snake worship is also

---

①   Nguyễn Đổng Chi. , p. 273.

②   Phạm Huyền Trâm, *Hình tượng rắn trong truyện kể dân gian Việt Nam*, Hồ Chí Minh: Trương ĐH Sư phạm, 2010, p. 84.

③   Trần Minh Hương, "Hình tương rắn qua tục thờ và huyền thoại", *Tạp chí Văn Hóa NghệThuật*, Vol. 311 – 312, 2010.

quite common, reflected by hundreds of snake temples along the major rivers such as Hồng River, Đồng River, and Cầu River.

There is a story found in Hoài Đức, Hà Nội named *Ms. Tăng Má*. This story tells about a poor woman who went into the river and saw a snake floating next to her. She then became pregnant and gave birth to three eggs, which hatched into three snakes. After one snake accidentally had his tail cut off, she puts her three snakes into the river. ①

The Legend of Mr. Curtail—Mr. Length told in the area of Tranh River, Haải Dương province is the story about an old couple who has no children. One day while going to the field, the husband picked up two eggs as big as a fist. Then he brought them back and put them in a pot next to the kitchen. Within a few days, the eggs hatched into a pair of small snakes with beautiful red crests on their head. They grew up to be as big as a chopstick and were soon as big as a finger. One day when the husband is weeding garden, the pair of snakes crawl close by to find what to eat in the turned dirt. Accidentally the spade cuts off one's tail. Since then, the snake who lost his tail became more and more aggressive than the other. When the snakes grew up, they often crawl into the coop of the neighborhood, looking for chicks and being cursed by neighbors. The couple brought the snakes to the riverbank and dropped them down. When the snakes were dropped into the water, immediately, the wind and waves grew loud, and the aquatic species in all places gathered to swim. At night, they returned in a dream of letting their parents know that they had been given the right to manage the Tranh River by the Water King. The people here built their temple by the river, called them The Grand Commander of Tuân Tranh, or Ông Cụt and Ông Dài. ②

Hà Nam province is also home of many Water God temples such as Laảnh Temple, Cửa Sông temple (Tam Giang Temple), Lê Chân temple, Vũ Điện tem-

---

① Kiều Thu Hoạch, *Tổng tập văn học dân gian người Việt tập* 5: *Truyền thuyết dân gian người Việt*, Hà Nội: Khoa Học Xã Hội, 2004.

② Nguyễn Đổng Chi., pp. 266 – 270.

ple, Tiền Phong stone communal house, located near the Red River and Laảnh Giang River. The legend of the village communal house of Văn Xá, Hà Nam province, is told as follows. There is an old married couple who still have no children. One day, the couple picked up two white eggs near the river and brought them home. One hundred days later, the eggs hatched two white snakes, named Câu Mang. The couple raised them and loved them as their children. One year, there was an epidemic. Câu Mang brothers make the rainfall to erase the disease, built a deep well, and go away. ①This story has the detail of eggs hatching two snakes, but it does not mention that one snake has its tail cut off.

2.3 The Legends of Ông Cụt and Ông Dài in the North Central Region

The practice of worshiping snakes as a Water God is not only widespread in the North, but also in Central Vietnam.

The Mường people who live in Thanh Hóa have a legend called *Mế Cụt*. The content is different from other stories about Ông Cụt and Ông Dài, but the image of a lost tail snake and an adoptive mother are still apparent. ②

Coming to Nghệ Tĩnh province, the story has many other details, but there is still detail of the snake's cut tail. The story tells about a couple who have been married for a long time but have no children. One day, the couple caught water from the roof and saw a star fall into their pot. The wife drank that water and became pregnant, but she did not give birth for three years. Then she gave birth to three green shell eggs. They hatched three snakes. The snakes always stayed close to their parents, so one day the father accidentally cut off the tail of one snake. The cut tail snake off left home and became a river god. ③

Nghệ An people also have a story of *The Tailless Snake*. A man caught an egg

---

① "Tục thờ các vị thần sông", Hà Nam Portal, September 30, 2019, http://hanam. gov. vn/Pages/ Tuc-tho-cac-vi-than-song-nuoc299616797. aspx.

② Nguyễn Đổng Chi. , p. 273.

③ Nguyễn Đổng Chi. , p. 272.

when he went fishing. The man brought it back and put in a hen house to incubate. Then the egg hatched into a red-crested snake. The man dumped the snake into the river several times, but the snake followed him home, so the man had no choice but to raise him like a son. The bigger the snake becomes, the more he looks like a dragon. The man wanted to kill him but ended up cutting his tail off. At that moment, it was suddenly raining. The man was scared and brought the snake home to apply medicine for him. From there, the man called him Ông Cụt (Mr. Curtail). One day, the man asked the snake where he had liked to go, and the snake decided to live in the river. From there, people or animals passing through there are often attacked by the snake. [①]

The Caả Temple, located in Hà Tĩnh Province, worships Tam Lang God (Snake God). The legend of The Tam Lang god has many different versions, but one version in *Nghệ An Phong Thổ Chí* (乂安风土志) is about a couple who pick up three eggs that hatch into three snakes, and one of them had the tail cut off accidentally. [②]

Thus, it can be seen that the type of stories about Ông Cụt and Ông Dài appeared not only in the North but also in some North Central provinces. However, the number of stories here are not as common, and the details of these stories also have some differences from the stories in the North. From that, it can be predicted that the legend of Ông Cụt and Ông Dài was initially created in the Northern region. Because of the time and human migration process, When it was spread to the North Central some details were added, some details were removed, and the place name changed to suit the area where it is handed down.

3. The Worship of Snakes in the Legends of Ông Cụt and Ông Dài

It can be seen that the legends of Ông Cụt and Ông Dài have been trans-

---

① Nguyễn Đổng Chi., p. 272.

② Nguyễn Đổng Chi., p. 272.

mitted in various versions, but the common points of these versions are: human pick up snake eggs or give birth to snake eggs, snake eggs hatch into snakes, human mistakenly cut off one snake tail, and the snakes become river gods. The ones with short-tailed are called Ông Cụt and the ones with long-tailed are called Ông Dài.

This section analy zes these legends' details to see the Vietnameseattitude toward the snakes and water.

3. 1   The Birth of Ông Cụt and Ông Dài

A unique feature of this motif is Ông Cụt and Ông Dài are not born in human form like other snake gods but are hatched from eggs and born in snake form, and their form is maintained during their lives. [①]The appearance of the egg is divided into two motifs. One is that the eggs are born by a woman as a child of snake god and human (Table 1). The other is that the eggs were picked up by humans near rice fields or rivers (Table 2).

Table 1   The Snakes are Children of Water Gods and Human Woman Motif

Story Title (Place)	Character	The Birth of the Snakes
Ms. Tăng Má (Hoài Đức, Hà Nội)	Three snakes	A poor woman saw a snake floating by her side when taking a bath in the river. When she came back home, she got pregnant and gave birth to three eggs. Three snakes hatched from these snake eggs
Legend of Ghềnh Bợ (Thanh Thuảy, Phú Thọ)	Three snakes	The woman got pregnant after stepping on a large footprint and gave birth to three eggs. Three snakes hatched from these snake eggs
Legend of Mr Curtail and Mr. Length (YênThành, NghệAn)	Two snakes	The woman had a dream of herself going to God of Death's wife who is a midwife. She becomes pregnant when she got up. Ten months later, two eggs were born. Two snakes hatched from these eggs

---

① Võ Hoàng Lan, "Về tục thờrắn qua huyền thoại Ông Cụt-Ông Dàiơẩ châu thổ sông Hồng", *Di sa ả n văn hóa*, Vol. 1, No. 42, 2013.

Story Title (Place)	Character	The Birth of the Snakes
Legend of Mr Curtail and Mr. Length (Nam Đàn, NghệAn)	Two snakes	When a woman went to the field to catch a crab, her body was covered by a *tsunami*, and she got soaking wet. After she came back home, she got pregnant and gave birth to an egg three years later. A red snake and a green snake were hatched from the egg. Both of them have a red crest on their heads
Legend of Mr Curtail and Mr. Length (Thạch Hà, NghệTĩnh)	Three snakes	The couple caught water from the roof and saw a star fall into the pot. The wife drank that water and became pregnant, but she did not give birth for three years. Then she gave birth to three green shell eggs. They hatched three snakes

With the first motif, as mentioned in Table 1, we can see that the mothers in these stories take a bath in the river, drink the water or are covered by waves, then they become pregnant and bear eggs. This detail emphasizes that the mother's pregnancy is deeply related to water. In other words, Ông Cụt and Ông Dài here are considered to be children of snake gods that symbolize water and humans.

The relationship between humans and the Dragon/Snake Clan (龙蛇族) with the motif of bearing eggs is not only spread to Vietnam but appeared in many myths of founding a nation. For example, one of the oldest myths in Vietnam, "Descendants of the Dragon and the Fairy" explains the Vietnamese origin as children of a Fairy Mother (Âu Cơ) and a Serpent Father (Lạc Long Quân). This folklore is a Vietnamese version of the nation-building mythology and is the most important story for Vietnamese people. Lạc Long Quân, who has a dragon king's daughter as a mother, is a starry heroine who defeats many monsters one after another. He married Âu Cơ- the daughter of the king of the fairy who ruled the mountain. After that, Âu Cơ gave birth to a sack containing 100 eggs from which 100 children were born; this is the origin of the story of the 100 Vietnamese family names, later the Bách Việt tribes. [1]

In Cambodia and Myanmar, there is the legend of marriage between humans

---

[1] Trần Thế Pháp, *Lĩnh Nam Chích Quái: Truyện Họ Hồng Bàng*, Hà Nội: Kim Đồng, 2017, pp. 23 – 35.

and the princess of Naga. In Myanmar's legend, the motif related to the eggs also appeared. It is typical for the princess of Naga to give birth to an egg, from which a boy is born, and this child is the founder of the royal family. [1]According to Palaung's, the myth also tells that the princess of Naga gave birth to three eggs. One of them fell in the water but was picked up by a couple. Then a boy hatched from that egg. [2]

Thus, it can be seen that the motif that eggs born from a combination of human and snake are a popular motif in many countries. However, the difference between the legend of Ông Cụt and Ông Dài and the stories mentioned above is that the eggs hatched into a snake rather than a human.

On the other hand, the other reasons that Ông Cụt and Ông Dài's mothers get pregnant, are stepping on a big footprint (*The Legend of Ghềnh Bợ*), have a dream (*The Legend of Mr. Curtail and Mr. Length*, Nam Đàn NghệAn) also can be found. By the way, in Vietnamese narrative, the anomalous birth related to the dragon/snake is divided into two main types. One is where the mother tries to be wrapped in a dragon/snake or steps on a large footprint to get pregnant, and a child is born. The other is that the mother has a dream, becomes pregnant, and has children. Both the former and the latter are seen in the legend of Ông Cụt and Ông Dài.

Another motif on the birth of Ông Cụt and Ông Dài is that women and men pick up snake eggs in wet-rice fields or rivers. We can also see the profound relationship between Ông Cụt and Ông Dài's birth and the water in this motif as well. However, here, Mr. Ông Cụt and Ông Dài are not considered children of snake gods and humans, but completely children of water gods.

Table 2 Human Found the Snake Eggs Motif

Story Title	Place	The Birth of the Snakes
Legend of Mr Curtail and Mr. Length	Thác Huống, Thái Nguyên	The womanpicked up two eggs. The eggs hatched into two snakes

---

[1] Mishina Shoei, 『神話と 文化史』, Tokyo: Heibonsha, 1971, pp. 332 – 337.

[2] Obayashi Taryo, "Authropogonic Myths of the Wa in Northern Indo-China", *Hitotsubashi Journal of Social Studies*, Vol. 3, No. 1, 1966, pp. 51 – 55.

Story Title	Place	The Birth of the Snakes
Legend of Mr Curtail and Mr. Length	Nam Đàn, NghệAn	One day while going out to the field, the husband picked up two fist size eggs and showed them to his wife. After watching, the husband tried to throw them away, but the wife stopped him: "Do not throw it away. Let it hatch and see what is inside." Then he put them in a jar next to the kitchen. In just a few days, the eggs hatch into a pair of small snakes with a beautiful red crest on their heads
Legend of Mr Curtail and Mr. Length	Lạng Sơn	One day, an older man caught a huge strange egg. He brought it home, hid it in rice husks, forgot it for few days, and did not expect the egg to hatch into a white snake
Legend of Mr Curtail and Mr. Length	Hướng Thượng, Thái Nguyên	The thirsty woman waded into the river to drink water and found two strange eggs. She brought them to her hens to incubate. The eggs hatched into two snakes: one white, one black, each with a red crest on their head
Tailless snake	NghệAn	One person went to the river to catch the fish and found an egg. He brought it back to the hens to incubate them. The egg hatched into a snake with a red crest on the head

In a variety of ways, Ông Cụt and Ông Dài were hatched from the eggs in the form of snakes. The number of eggs and the number of snakes in every version is different, and it can be one, two, or three. The appearance and color of these snakes are also different, but it can be seen that the snakes with a red crest on the head appeared in a lot in these legends. The red-crested snakes play a significant role in the spiritual life of Vietnamese people. Even today, somewhere in Vietnam, there are often rumors of red-crested snakes appearing near the ancient tombs and the temples. However, one thing is that there is no clear evidence of the red-crested snake other than in legends.

In Vietnamese folktales, a species is also described as a red-crested snake, that is *thuồng luồng*. In terms of language, *thuồng luồng* is not a pure Vietnamese language. Because of this, it is difficult to know exactly what species it is—just knowing that it is often described as a giant snake, with a red crest on the head and often appear in areas of streams or whirlpools. They often harm people by sinking boats. Because of the fear of them, the ancient Vietnamese people thought of making tattoos or making boats with dragon heads to avoid the disasters. The Thai

ethnic people in the Northwest Vietnam call *thuồng luồng* as "Tô ng ược"
. According to the legend, *thuồng luồng* is a master god of rivers and streams,
having extraordinary power. This animal has the soft body of a snake, but is as big
as a pillar or a paddy, between ten and twenty hands long, has a small head with
crest with blue, red, yellow lines, and its body has vivid colors. They live mainly
underwater but can crawl on the ground or go through the ground, which can cause
flooding, drought, and landslides. ①

3.2　Ông Cụt-Ông Dài and Two Sides of Water

In this motif of the snake legend, humans in the stories are frightened be-
cause their children are snakes. However, in spite of their fear, they do not alien-
ate their children but raise them carefully. In response to their love, the snakes
always stick with their parents. Moreover, the second detail that is often men-
tioned in this motif is that the mother or the father mistakenly cuts off the tail of
one snake. After this accident, the snakes became often left the house or were
taken to settle in a section of the river. Since then, they became the gods of the
river.

Here the story often develops in two directions. The first is that the snake has
its tail cut off, but still remembers the parents' foster care. So, they return their
parents' favor by offering water or rain to help people escape the drought. The sec-
ond is the tailless snake's templer becomes fierce, often cause flooding or sinking
boats that go through his section of the river. It is thought that when a mother or a
father cut off the tail of a snake, human beings are rude to the Gods. So the natural
disaster such as rain, wind, thunder, and flood are their punishments. However,
no matter which way the stories developed, they will end that the human builds a
temple along the river to worship the snakes. The creation of the snakes' temples
may be due to the gratitude that the snakes bring water to help the crops and
people's lives. However, it may also be because of the human fear the destructive

---

① Hoàng Lương, "Tín ngỡng thờ thuồng luồngở các dân tộc nói tiếng Thái", *Nghiên cứu tôn giáo*,
Vol 9, 2007.

power of the water that snakes create.

We see that there is always a water element that appears with the snake image. The birth of the snakes related to water; after the tail-cut-off accident, the snakes went to live in the water; also, when the snake reappears, it attaches to water. It shows the close relationship between snakes and water. In other words, the ancient Vietnamese have assimilated the image of Water God into snakes.

In Vietnam, which focuses on rice farming, water can be a demanding factor that determines farmer's lives. The most important belief that reflects the Vietnamese idea of water is the worship of the Water God. While water provides good conditions for human life, especially for agricultural production, it can also cause damages and disadvantages to humans. Therefore, human beings are fearful while respecting water. The legend of Ông Cụt and Ông Dài is a general and rustic view of the Vietnamese people about snake images through the existence of two sides of water: the gentle and the destructive sides.

Snake worship is a primitive form of belief, born in a time when humans have not separated themselves from nature, and their perception of nature was still very wrong. All perception and reflection of people are through visualization and imagination. One of the most common ways is to personalize natural phenomena. Snakes are very familiar and close animals in the daily life of wet rice farmers like Vietnam, but they always been a fear of people here because of their appearance and danger. Because of the close relationship between the snake and water and the two-side of their symbol, Vietnamese people choos snakes to describe their thought about water. They depend on water for living and agricultural production, so their thirst for water is immense. Worry about drought makes rain prayers one of the most popular rituals in Vietnam. However, at the same time, floods are also the fear of the people here. When there were no concrete measures to prevent these natural disasters, people relied mainly on their prayers to the gods to give them a year of good weather. So whether the snakes in these legends bring benefit or cause harm to humans, the stories always end with the details of the people establishing the temple of the snakes. Through the details that the mother raised the snake like her son and was repaid by the snake by bringing rain to save people from drought, or thinking that humans caused floods was to the Gods by cutting off snake tail, we can see the attitude of Vietnamese people at that time towards nature. It is they always want to close to nature, humble before nature other than to overpower nature.

4. Conclusion

Ông Cụt-Ông Dài is the famous snake's legend in Northern and North Central Vietnam. A unique feature of this motif is Ông Cụt and Ông Dài are not born in human form like other snake gods but are hatched from eggs and born in snake form, and their form is maintained during their life. The appearance of the egg is divided into two motifs. One is that women bear the eggs as children of snake god and human. The other is that the eggs were found by humans near rice fields or rivers. The appearance of the snake in this motif always goes with the image of Water. It also represents the relationship between the snakes and humans through details such as women giving birth to eggs and eggs hatched into the snake; humans found snake eggs and raise the snakes.

The legends of Ông Cụt and Ông Dài illustrates a view of the Vietnamese people about snake images through the existence of two sides of Water. Ông Dài 's image is associated with the gentle character of Water and the image of Ông Cụt associated with the destructive character of Water. The folk belief of Ông Cụt is, in fact, the expression of the Vietnamese people's fear of the immeasurable power of the water, and also demonstrates that, very early on, the Vietnamese people have seen the benefits and danger that water can bring to humanity.

Snake is an extremely complex image. Within the scope of this article, I just want to give an example to initially explain the meaning of snake image and the origin of snake worship in Vietnam.

越南传说中 Ông Cụt（短先生）和
Ông Dài（长先生）对蛇的崇拜

阮氏雪绒

摘　要

　　蛇对越南人民的习俗和信仰有重要影响。在越南，从东北到红河三角洲以及中部等地区都流传着关于 Ông Cụt（短先生）和 Ông Dài（长先生）的传说，其主要内容围绕对古老的蛇崇拜这一主题，有无数不同的版本。这些传说通常旨在解释越南某些地方的起源，以及这些地区的人们对于蛇的崇拜。本文主要通过对该类传说中蛇的形象的研究，探求越南人民对水的双重思考：温柔的一面和破坏性的一面。同时，基于上述水的"双面性"以及水与蛇的关系，探讨越南人民崇拜蛇的深层原因。

　　关键词

　　蛇崇拜　Ông Cụt（短先生）　Ông Dài（长先生）　水神　民俗

多元视角下的汉语研究 >>>

关于以"考"字为构成语素的二字汉字动词的考察

——基于中日对比视角

杨　驰[*]

摘　要

本文通过调查以"考"字为构成语素的二字汉字动词的词源，发现"考查""考察""考究""考量""考证""参考"等词属于古语词，且其意义从古延续至今，而"考虑"和"思考"两个词在汉籍中没有书证用例，是来自日语的借形词。"考"字在中国古代主要用于表示调查研究等动作，不侧重表示思考等思维活动。"考"字在日语中借由和训使得汉字"考"的字义增加，变得能够表达"思考"等意思。

关键词

二字汉字动词　词源　日语借形词　和训

本文中所谓的以"考"字为构成语素的二字汉字动词，主要指"考查"（考查する）、"考察"（考察する）、"考究"（考究する）、"考量"（考量する）、"考证"（考证する）、"参考"（参考する）、"考虑"（考虑する）、"思考"（思考する）等词。以上二字汉字动词皆为笔者收集整理的中日同形二字动词清单中的词语。① 笔者在硕士论文中对"考虑"一词加以分析调

---

* 杨驰，日本关西大学外国语教育学研究科在读博士，主要研究方向为近代中日汉字词汇交流研究，邮箱：yaojisang@ gmail. com。

① 杨驰：《现代汉语中动词的二字词化现象——以日语词汇的影响为中心》，硕士学位论文，日本关西大学，2018。

查，发现其为典型的日语借形词。古汉语中并未发现用例，而是借由日语的影响在现代汉语中被广泛使用。

古汉语中，"考"字主要用来表示试验、测验（如考试、考查），检查、查核（如考勤、考核），推求、研究（如考古、考证），或表示老、年纪大，抑或作名词，表示死去的父亲（如先考）等。而"考虑""思考"中"考"所表示的思虑、思索等倾向内心思维活动的意思，在古汉语中的用例非常少。"考虑"在《申报》《大公报》等近代报刊中的使用频率是在 19 世纪第一个十年前后，受到日本新闻文章翻译的影响才开始呈现爆发式增长。同样侧重于表示内心思维活动的"思考"一词，是否也和"考虑"一样来自日语？汉语中其余含有"考"字的二字动词又是怎样发展变化的？

沈国威也对"思考"和"考虑"两词的产生做了较为系统详细的考证，提出以上两词的成立是为符合日语和汉语相通的原则。① 本文进一步探讨了以"考"字为构成语素的二字汉语动词。从孤例验证扩展到对一系列词语群的考察，通过调查中国的汉籍文献，近代英华、华英辞典文献，近代报刊文献，日本的国语辞典，日本语历史语料库等资料，对含有"考"字的一组词语的使用情况做一些梳理整合。希望能够厘清中日二字动词交流的情况，为今后中日二字动词交流研究提供词源方面的素材。

一 以"考"字为构成语素的古语词

"考查"一词在《汉语大词典》中最早的用例是清朝康熙五十四年（1715）《内务府奏请将曹𬙂给曹寅之妻为嗣并补江宁织造折》中的句子。

（1）务必在曹荃之诸子中，找到能奉养曹之母如同生母之人才好……汝等对此，应详细考查选择。

此处"考查"为"研究、审查"之意。中国近代最早的辞典《辞源》（1915 版）及《辞源续编》（1931 版）、《辞源》（2015 版）中皆未收录"考

---

① 〔日〕沈国威编著《汉语近代二字词研究：语言接触与汉语的近代演化》，华东师范大学出版社，2019。

查"一词。但是，笔者在中国基本古籍库中检索"考查"，找到了数百条用例，最早用例是明朝毕自肃（1569～1638）所著《辽东疏稿》卷一中的句子。

（2）今宜考查旧例酌为定额，外不求溢内不加减。

"考查旧例"即研究调查以往的例子。其余例句中的"考查"也多是用作研究调查，表示采用一定的手段弄清事物之意。由此，我们可以判断"考查"一词出自古汉语，其意义一直沿用至今。

关于现代汉语中与"考查"同音近义的"考察"一词，可查证到的用例更早。它可用于表示对官吏政绩的考核。

（3）及拜刺史、郡守、辅相，辄亲见问，观其所由，退而考察其行。（汉·荀悦《汉纪·宣帝纪一》）

也可用于表示观察研究、审察之意。

（4）古之圣贤，必观书以考察往行，然后成治功。（《新唐书·李石传》）

"考察"一词未收录于《辞源》（1915版）和《辞源续编》（1931版）中，《辞源》（2015版）对其解释如下：

考查观察。《汉书·平帝纪》元始五年诏："考察不从教令有冤失职者，宗师得因邮亭书言宗伯，请以闻。"

毋庸置疑，"考察"一词来源于古汉语，且在现代汉语中也一直被使用。"考查"和"考察"有一定区别，"考查"侧重于依据一定的标准进行检查、衡量，以形成某种评定或审核结果，常见对象是学生的学习效果或者工作人员的业绩；"考察"侧重于对事物进行观察、了解、研究，从而掌握事物真相或问题本质，对象可以是事物，也可以是人。本文主旨不在于近义词辨析，在此不再赘述。

"考究"一词同样出自古汉语。《汉语大词典》中作动词用，表示考索研究之意的用例可追溯到《二十四史》。

（5）先所论者，本不注心；及更考究，果如君语。（《魏书·高允传》）

作形容词表示讲究、精美、精致之意的用例只出现于现代文学作品中。

（6）特米德里穿着考究的礼服，但是神志恍惚不定。（夏衍《复活》）

"考究"一词在《辞源》（1915 版）和《辞源续编》（1931 版）中未收录。《辞源》（2015 版）给出的解释和用例如下（同《汉语大词典》中动词用法的释义一致）：

> 考索研究。《魏书·高允传》："先所论者，本不注心；及更考究，果如君语。"宋朱熹《朱子语类》一一三《朱子》："今所以要于圣贤语上精加考究，从而分别轻重，辨明是非，见得粲然有伦，是非不乱，方是所谓'文理密察'是也。"今也指推求或精美之意。

"考量"在《汉语大词典》中为考查衡量之意。该词典列举的书证既有中国古籍中的用例，也有近代作家茅盾的小说中的用例。

（7）拜训谒者，使监领其事。训考量隐括，知大功难立，具以上言。（《后汉书·邓训传》）

（8）就他这宽、敬、哀中，去考量他所行之是否；若不宽、不敬、不哀，则纵有其他是处，皆不在论量之限矣。（《朱子语类》卷二五）

（9）林白霜毫不经意地回答。另一件事在他心上考量。（茅盾《色盲》）

"考量"一词在《辞源》（1915 版）和《辞源续编》（1931 版）及《辞源》（2015 版）中均未收录，但 2015 版中"铨"字的释文片段《汉书》九九《王莽传》中，出现了"考量以铨"。"铨"即为衡量轻重之意。

"考证"可以指考查、验证，如：

（10）仍每季依前备牒官医提举司更为考证，若有差错，具由回报。《元典章·刑部二·察狱》

也可指根据资料来考核、证实和说明文献或历史等问题。

（11）余尝论学问之事，有三端焉，曰：义理也，考证也，文章也。（清·姚鼐《〈述庵文钞〉序》）

《辞源》（1915 版）和《辞源续编》（1931 版）中未收录"考证"一词，《辞源》（2015 版）中解释为"根据文献资料核实说明"，并给出了宋代欧阳修《欧阳文忠公集》中的例句。

（12）汉兴，收拾亡逸，所存无几，或残编断简出于屋壁，而余龄昏眊得其口传。去圣既远，莫可考证。

"参考"① 指参证有关材料来帮助研究和了解；在研究或处理某些事情时，把另外的资料或数据拿来对照。在古汉语中多有书证，古今意思没有发生变化。

（13）唯陛下观览古戒，反复参考，无以先入之语为主。（《汉书·息夫躬传》）

（14）轼寻以敦仁之策，参考众议，皆谓允当。（宋·苏轼《申三省起请开湖六条状》）

"参考"在《辞源》（1915 版）中没有被收录。《辞源续编》（1931 版）

---

① "参考"一词在现代日语中做动词通常需加格助词"に"，用"参考にする"的形式，但明治时期的日语中有"参考する"的用法。

中的解释为"参合他说而考定之也"。《辞源》（2015 版）中的释义同《辞源续编》基本一致。

> 参合他事他说，加以考定。《汉书》四五《息夫躬传》："唯陛下观览古戒，反复参考，无以先入之语为主。"又八九《黄霸传》："吏民见者，语次寻绎，问它阴伏，以相参考。"

以上，"考查""考察""考究""考量""考证""参考"六个词语均能在中国古籍中找到书证，且意义和现代汉语中的意义一致，可以判断它们是古语词。

二　借形词"考虑"和"思考"

（一）汉语中的"考虑"和"思考"

笔者通过之前的调查，发现"考虑"和"思考"与上述词语不同，并非古语词。故把这两个词语单独列为一节，考证其词源。《汉语大词典》中将"考虑"解释为"思索问题，以便做出决定"，给出的两条用例均是现代文学作品中的例句。

> （15）这太突然了，我不能够马上决定。我还应该考虑。（巴金《新生·五月八日》）
>
> （16）他说我所提出的意见很重要，关系到《国闻社》的前途，他也早考虑到了。（徐铸成《报海旧闻》二五）

《汉语大词典》将"思考"解释为"进行分析、综合、推理、判断等思维活动"，给出的用例同样非古汉语中的用例。

> （17）它跟我的其他的作品一样，缺少冷静的思考和周密的构思。（巴金《〈家〉后记》）
>
> （18）韦克就是这样引导学生不断地动脑筋去思考。（陈登科《赤

龙与丹凤》七)

除了参考《汉语大词典》中的用例之外,笔者也调查了中国基本古籍库和中国哲学书电子计划等中国古籍资料库。调查结果证明,古汉语中确实无将"考虑"和"思考"作为词语的用法。① 三版《辞源》中均没有收录"考虑"这一词条。在《辞源》(1915版)中,"思考"的释义为"心理学名词。为意识之作用。即就事物之关系而断定之作用也"。无书证用例。且"心理学名词"在当时是非常新的概念,可见"思考"对当时的人来说应是较为陌生的新词,还未衍生出动词性用法。《辞源续编》(1931版)和《辞源》(2015版)中再未收录"思考"这一词条。

笔者查到的"考虑"和"思考"的最早用例,均出现在20世纪初期的近代报刊中。

(19) 其效能扑灭霉菌。且能活泼运动。振发思考力。起种种之作用。(《申报》1909年7月13日)

(20) 吾人一再考虑返覆深思觉此种官办之铁路实有岌岌可危之势谨举数端以证明之。(《大公报》天津版02〈言论 论官办铁路之可危〉1908年10月28日)

(21) (一) 演绎法与归纳法之区别 (二) 问思考之三阶段如何(《大公报》天津版时事〈北京 考试目兵〉1907年1月21日)

"考虑"和"思考"并非来自古汉语,因此在20世纪初期的近代报刊中突然频繁出现,并不是汉语内部演变的结果。关于这两个词语的来源问题,我们需要考虑外部因素的影响。笔者先是调查了近代主要的英华、华英字典。在台湾"中研院"近代史研究所的英华字典资料库②中,"考虑"并未作为词语收录在其中。只有在1913年商务印书馆的《英华新字典》

---

① 有类似《抱朴子·外篇·省烦》"踟躇歧路之衢,悉劳群疑之薮,煎神沥思,考校判例,尝有穷年,竟不豁了"的例子。但是"思"和"考"只是碰巧紧邻出现,并非作为词语"思考"来使用。并且此种情况的用例极少,很难据此来说"思考"是因为"思"和"考"二字长期大量紧邻共现而引发词汇化,演变成二字词。

② 网站地址:http://mhdb.mh.sinica.edu.tw/dictionary/index.php。

中，词条 Reckon 的解释为"计、数算、估、考、虑"。"考虑"被拆分成
"考"和"虑"两字。另外，"思考"最早收录于 1908 年颜惠庆的《英华
大辞典》中，共有 5 条，现摘录如下。

> Regard Consideration，忖度，体贴，思考，顾虑
>
> Speculate to consider a subject by turning it in the mind and viewing it in
> its different aspects and relations，默图，沉思，默考，默察，思考，辗转思维
>
> Weigh to consider or examine for the purpose of coming to a conclu-
> sion，思考，熟思，筹思
>
> Ponder to examine，思考，斟酌
>
> Thinker One who thinks in a particular manner，深思者，思考家，思
> 想家

通过以上资料可知，"考虑"和"思考"既非来自古汉语，也非来自近
代传教士们的造词。我们接下来把目光转向日语方面，分析日语资料中
"考虑"和"思考"的使用情况。

（二）日语中的"考虑"和"思考"

日语资料中，笔者先是查阅了被称作"日本第一部近代词典"的《言海》
（1882~1886）。《言海》中没有收录"考虑"，虽收录了"思考"一词，但其
词条下只有"しかう 思考 名 カンガヘ。思案"短短一行解释，且没有
给出用例。此外，在"明治期国语词典大系"36 部词典中，无一收录"考
虑"一词。只有以下 3 部收录了"思考"一词，其余皆未收录（见表 1）。

表 1　日本明治期国语词典中收录"思考"的情况

词典	作者	年代	类别①	释义
《帝国大辞典》	藤井乙男·草野清民	1896（明治 29 年）	〔普 10〕	名词（思考）思ひ考ふるをいふ
《日本新辞林》	林甕臣·棚桥一郎	1897（明治 30 年）	〔普 11〕	［名］（思考）思ひ考ふること。◎《同义》かんがへ、　しあん
『ことばの泉』	落合直文	1898~1899（明治 31 至 32 年）	〔普 12〕	しかう　名　思考。おもひ。かんがへ。思案

①这里的类别遵循"明治期国语词典大系"的分类。

在《日本国语大辞典》（第二版）中，有关“考虑”和“思考”的记述分别如下：

【考虑】

物事の种々の要素をよく考え合わせること。考えをめぐらすこと。思虑。

＊一年有半（1901）　中江兆民　附录・日本人の生活　固より怪むに足らず、经世家是に于て乎、根本的考虑を致さざる可らず

＊アパアトの女たちと仆と（1928）　龙胆寺雄　三　各部屋々々は完全に厚い壁で仕切られて居て、窓の向きも大体考虑されて居た

＊中野重治诗集（1935）　中野重治　二・夜明け前のさよなら　露地や拔け里を考虑して

【思考】

考えること。思いめぐらすこと。また、その考え。思案。

＊立宪政体略（1868）　加藤弘之　国民公私二权　思考する所を自在に言述し

＊花柳春话（1878－79）　织田纯一郎訳　二三　此を読み彼を阅し、或は书记し或は思考（シカウ）す

＊露団々（1889）　幸田露伴　三　氏の心中必ず充分精细の思考（シカウ）を有するを知るに足れり

＊吾辈は猫である（1905－06）　夏目漱石　七　余は思考す、故に余は存在す

“考虑”和“思考”在《日本国语大辞典》（第二版）中的释义和现代日语及汉语中的意思一致。但是，“思考”一项给出的用例中，最早的例子是1868年加藤弘之所著的《立宪政体略》中的句子。“考虑”一项给出的用例，最早是中江兆民晚年的评论随想录《一年有半》中的句子，从时间上看业已步入20世纪。为了确认日语中有无更早的用例，笔者在日本国立国语研究所主持构建的日本语历史语料库（日本语历史コーパ

ス）① 中，以语汇素检索的方式，检索了"考虑"和"思考"的使用情况。"考虑"在日本语历史语料库中有 239 例。最早用例为杂志《国民之友》1888 年第 32 期中，一篇名为『市区改正委员长の演说』的演讲稿中的句子。应是出自当时东京府知事芳川显正（1842～1920）（同时任东京市区改正委员会委员长）的演讲稿。出现形式为"考虑せざるべからず"，为动词形式。

（22）今东京の市区を改良せんには其目的とする所独り政治的に止らず、兼て商工业の便否をも深く考虑せざるべからず、是れ政府に于て东京湾筑港の议起り府民に于ても筑港の议を呶々し。

"思考"在日本语历史语料库中有 160 例。最早用例同样出自杂志《国民之友》，是 1887 年 4 月发行的第 3 号中一篇名为『在野の志士に望む所あり』的文章中的句子，同样以动词形式出现。

（23）而して政府も亦少しく思考する所ありて、愿くは我が在野の志士を待つに、更に意を用る所あれ、意を用るは他なし。

（24）故に国会を起すの一事は日本全国人心の帰向する所にして、その思考は既に熟したるものと云わざるを得ず。

笔者统计了"考虑"和"思考"在日本语历史语料库中的使用频率，并将结果绘制成图 1。另外，将二词在各个年代每种杂志中的情况分别绘制为图 2、图 3。

由图 1～图 3 中的数据我们可以观察到，"考虑"最早出现于 1888 年《国民之友》杂志（例句 22），最初仅有 1 例，随后数量逐年攀升。到了1925 年达到顶峰，《太阳》杂志和《妇人俱乐部》杂志两刊共计出现了 108例。"考虑"在《太阳》杂志中出现的用例数量占绝对优势，5 年份期刊中共计出现了 222 例，占了总体使用例的 92.89%。"思考"的最早用例见于

---

① 日本国立国语研究所日本语历史语料库（版本 2019.3，中纳言版本 2.4.2），https://chu-nagon. ninjal. ac. jp/，最后访问日期 2019 年 11 月 15 日。

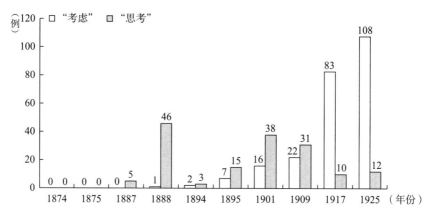

图 1 "考虑""思考"在日本语历史语料库中的使用情况

	1888	1894	1895	1901	1909	1917	1925	总计
⊟国民之友	1							1
文语	1							1
⊟女学杂志		2	2					4
文语		2	2					4
⊟女学世界					1			1
口语					1			1
⊟太阳			5	16	21	83	97	222
口语			1	2	11	61	96	171
文语			4	14	10	22	1	51
⊟妇人俱乐部							11	11
口语							11	11
总计	1	2	7	16	22	83	108	239

图 2 "考虑"在日本语历史语料库中的使用情况（例）

	1887	1888	1894	1895	1901	1909	1917	1925	总计
⊟国民之友	5	46							51
口语	1								1
文语	4	46							50
⊟女学杂志			3	3					6
文语			3	3					6
⊟太阳					12	38	31	10	11	102
口语						7	12	9	11	39
文语					12	31	19	1		63
⊟妇人俱乐部								1	1
口语								1	1
总计	5	46	3	15	38	31	10	12	160

图 3 "思考"在日本语历史语料库中的使用情况（例）

217

1887 年《国民之友》杂志（例句 23），在 1887 年、1888 年两年中就已有
51 例出现。但随后用例数量陡然下降，使用频率与"考虑"相比波动较大，
《太阳》杂志 1901 年出现了 38 例，为第二高峰值，但随后又逐渐下降，直
至 1925 年才略微有所上升。出现次数最多的杂志同样是《太阳》，共计 102
例，为总体用例数量的 63.75%。"考虑"和"思考"早期均以文言的语言
形式为主，"考虑"以 1909 年为分界线，口语形式的使用数量开始多于文
言形式，"思考"则以 1917 年为分界线。

除了日本语历史语料库以外，笔者也查找了日本近代知识分子的著作。
日本庆应义塾大学福泽研究中心搭建的福泽谕吉著作数据库①，公开收录了
福泽谕吉著作初期版本共 119 册书籍。在此语料库中检索"考虑"和"思
考"，发现"考虑"没有用例，"思考"共有 5 例，最早的用例出自 1879 年
的《国会论》。

（25）故に国会を起すの一事は日本全国人心の帰向する所にし
て、その思考は既に熟したるものと云わざるを得ず。

基于以上调查，可知"考虑"和"思考"在日语中也并非来源于古代，
而是出现于明治时期以后。田中通过调查日本明治时期杂志中汉字词的使
用频率，抽出了明治后期 81 个基本语化的词语，并将其分成了"口语的な
语"（口语性的词语）、"科学技术や社会制度を表す语"（表示科学技术及
社会制度的词语）、"抽象概念を表す语"（表示抽象概念的词语）三种类
型，"考虑"一词被划分到"抽象概念を表す语"（表示抽象概念的词语）
一类中。另外，田中指出"考虑"的定着和意义变化，应当是和近义词
"考える"（kangaeru）、"虑る"（omonpakaku）等相关联，才得以产生这一
变化倾向的。

"思考"一词虽然并未列入田中的基本词化 81 词之中，其在日语中是
如何定着下来的仍有待进一步调查研究，但是通过以上分析可以判断"思
考"是和制汉语。我们可以推测，"思考"应该同样是通过言文一致，和日
语中既存和语的近义词"思う"（omou）、"考える"等形成了较强的关联，

---

① 网站地址：http://dcollections.lib.keio.ac.jp/ja/fukuzawa。

在日语中定着了下来。

（三）交流与定型

虽然通过目前的调查还无法断言 "考虑" 和 "思考" 的首个用例出现在何时何处、造词者是何人，但是日语中的 "考虑" 和 "思考" 开始使用的时间显然早于中国，且中国近代 "考虑" 和 "思考" 的用例，或出现在日本新闻报纸的译本中，或见于受日本媒体影响的报刊。前文提到，《申报》中 "考虑" 和 "思考" 的最早用例分别出现在 1905 年和 1909 年。笔者在中国近代报刊库数据库中，检索出 "考虑" 和 "思考" 的最早用例均来源于《新民丛报》。《新民丛报》是梁启超流亡日本后所筹办的综合性半月刊杂志，于 1902 年 2 月 8 日在横滨创立。《新民丛报》中的例文如下：

（26）而此考虑之中即有以发见彼此短长之所在。（1905 年第 63 号《辩论与受用》）

（27）余兹者欲就思考之所及而稍述之。（1903 年第 34 号《华赖斯天文学新论（续三十三号)》）

"考虑" 的用例只有 1909 年 1 例、1913 年 3 例、1914 年 2 例。至 1915 年出现了 18 例，而此 18 例皆来自东方通信社（东方通信社是当时日本外务省直辖的一个通信社，总社位于东京）。摘录部分例文如下：

（28）中国政府提出之对案已经日本政府慎重考虑此之对案与日本之要求大相径庭。（《申报》 15149 号 1915 年 4 月 17 日）

（29）中国政府述明日本已无让步之余地望中政府再加考虑。（《申报》 15151 号 1915 年 4 月 19 日）

（30）日本外务省关于中国问题之紧急会议现尚无所决定、闻该会议之内容为促中国再加考虑之件讲求慎重之手假云。（《申报》 15152 号 1915 年 4 月 20 日）

（31）为此考虑故曾诱致日本以成日英俄法四国同盟。（《申报》15156 号 1915 年 4 月 24 日）

（32）日本依据上述之主义于慎重考虑之后规定此项要求。（《申

报》 15172 号 1915 年 5 月 10 日）

"思考"在《申报》中于 1909 年以"思考力"这一复合名词形式出现（见例句 19）。首次单独出现是在 1909 年 9 月 11 日第 13148 号第 2 版的《论近日教育上急宜改良之要点（续初五日）》一文中，共出现两次。

（33）二曰神经质。谓人之饶于思考而谋事情详者。

（34）神经质凤以思考推理著称。

比《申报》中更早的用例见于《东方杂志》1906 年第 3 卷第 5、6、7 号，共 4 例。

（35）他如为囚人中行状之良善者。与少将来思考之人。亦不可相混同。（《第七次万国监狱会议与狱制改良之前途》）

（36）不过其解释之方法一直观的一思考的一顿悟的一合理的耳。（《奏定经学科大学文学科大学章程书后》）

（37）一以启发儿童之观察力思考力发见力为主，二务求近于直观的。（《比利时教育状况》）

（38）以确实思考善能判断为贵。（《比利时教育状况》）

《东方杂志》由商务印书馆创立于 1904 年 3 月 11 日，与梁启超等维新人士和新民文化思潮有密切关系，很长一段时间内《东方杂志》都被看作维新派的刊物。《东方杂志》的创刊与日本颇有关系，杂志本身也是在参考日本《太阳》杂志的基础上形成的。[①]

笔者分别统计了"考查""考察""考究""考量""考证""参考""考虑""思考"八个词在《申报》（1872～1920）中的使用频率。并绘制了图 4 来更直观地观察各个词的使用情况。

从图 4 中我们可以观察到，"考虑"和"思考"在 20 世纪第一个 10 年

---

① 寇振锋：《中国的〈东方杂志〉与日本的〈太阳〉》，《媒体与社会》（『メディアと社会』）2009 年创刊号，第 7～22 页。

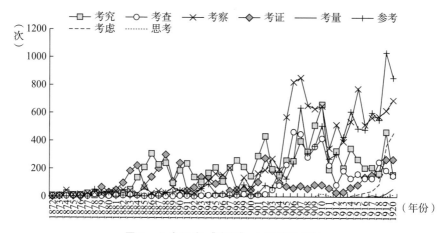

图 4　八个词在《申报》中的使用情况

之前的使用数量近乎 0，但是 1910 年之后开始有些许增长，尤其是"考虑"的使用频率在 1918 年之后陡然增长。"思考"的使用总量较其他词语而言相对较少，但是也可以观察到其增长变化，尤其是在《申报》中，1908 年之前用例都为 0，其他的古语词在 20 世纪之前都出现过。"考察"的使用频率始终高于"考查"。值得注意的是"考量"一词，本文前面提到"考量"是古汉语中已有的词，但是我们可以看到其使用数量一直较少，20 世纪之前几乎没有用例。

三　中日两国"考"的意义分化

（一）中日两国国语词典中的"考"

根据上文调查，我们知道"考查""考察""考究""考证""参考"出自中国典籍，意思用法沿用至今，为古语词。"考量"虽在中国古籍中有用例，且意思和现代汉语中的意思一致，但使用数量甚少，近代之后才开始使用。"考虑""思考"则在中国古籍中找不到书证资料。观察以上这些词，"考查""考察""考究""考证""参考"等词，都指向具体的外部对象，针对外部对象来进行调查研究。"考虑""思考"则更倾向于内心的思想活动。无论汉语抑或日语，最常见的二字词语的构词结构是并列结构（也有人称之为"联合结构"）。"考"字在古汉语中有试验、测验、检查、研究等含义，因而很容易与"查""察""究""证""量"等字结合，形成二字词。之所以中国古籍中没有"考虑"与"思考"，我们推测是因为"考"字在古代汉语中不描写或者不侧重描写内在的思维活动。

《现代汉语词典》（第7版）中"考"字共有7种意义①：

① 动 提出问题让对方回答：~问｜~~妈妈｜他被我~住了。

② 动 考试：期~｜他~上大学了。

③ 调查；检查：~察｜~勤。

④ 推求；研究：思~｜~古。

⑤〈书〉寿命长：福禄寿~。

⑥〈书〉父亲的尊称，特指已故的父亲：先~｜~妣。

⑦（Kǎo）名 姓。

现代汉语中"考"字作"推求；研究"解释时，给出的例子是"思考"和"考古"，但是通过我们之前的调查分析，"思考"和"考古"中的"考"字含义有着细微差别，本不应当混为一谈，共列一项。为了追本溯源，笔者查找了中国古代字书中"考"字的解释。

东汉许慎的《说文解字》是中国第一部系统地分析汉字字形和考究字源的字书，也是世界上较早出现的字典之一。"考"在《说文解字》中的解释为："考，老也。从老省，丂声。苦浩切。"清代段玉裁所著《说文解字注》中，"考"的释义为："（考）老也。凡言寿考者，此字之本义也。引伸之为成也。考槃、江汉、载芟、丝衣毛传是也。凡礼记皇考、春秋考仲子之宫皆是也。又假借为攷字。山有枢弗鼓弗考传曰考、击也是也。凡言考校、考问字皆为攷之假借也。从老省。丂声。苦浩切。古音在三部。"《康熙字典》中采用的是"考"字的异体字"攷"，现将解释摘录如下：

攷《唐韵》《广韵》《集韵》《类篇》《韵会》《正韵》并苦浩切。音栲。《说文》：老也。从老省，丂声。《说文序》：转注者，建类一首，

---

① 《现代汉语词典》（第7版，第732页）中将"考"字分立了两个条目，原文中①到④为"考1（ ˘攷）"的释义，⑤到⑦为"考2"的释义。

同意相受，考、老是也。《佩觿》：考，从丂。丂，苦杲反。老，从匕。匕，火霸反。裴务齐《切韵序》云左回右转，非也。毛晃《增韵》：老字下从匕，考字下从丂，各自成文，非反匕为丂也。《书·洪范》：五曰考终命。《诗·大雅》：周王寿考。又《尔雅·释亲》：父为考。《释名》：父死曰考。考，成也。亦言槁也。槁于义为成，凡五材胶、漆、陶、冶、皮革，于槁乃成也。《易·蛊卦》：有子，考无咎。《礼·曲礼》：死曰考。又《广雅》：考，问也。《易·复卦》：敦复无悔，中以自考也。《诗·大雅》：考卜维王。传：考，犹稽也。又《书·周官》：考制度于四岳。注：考正制度。又《诗·卫风》：考槃在涧。传：考，成也。《左传·隐五年》：考仲子之宫。注：成仲子之宫。又《诗·唐风》：子有钟鼓，弗鼓弗考。传：考，击也。又《淮南子·氾论训》：夏后氏之璜不能无考。注：考，瑕衅。又《楚辞·九叹》：身憔悴而考旦分。注：考，犹终也。又姓。《广韵》：出《何氏姓苑》。又《韵补》叶去九切。边让《章华赋》：众变已尽，群乐既考。携西子之弱腕兮，援毛嫱之素肘。又《韵补》叶口举切。《易林》：周旋步骤，行中规矩。正恩有节，延命寿考。

《说文解字》中把汉字的构成和使用方式归纳成六种类型，即象形、指事、会意、形声、转注、假借，总称"六书"。"考"字类属于转注，许慎在《说文解字》中指出："转注者，建类一首，同意相受，考老是也。"《说文解字注》补充道，"考校""考问"皆为"考"的假借。《康熙字典》中虽然给出众多"考"的用例，但无一项侧重思维活动之意。在中国古代字书中，"考"字也都没有解释为"虑"或"思"。

另外，日语词典、字书中，"考"被训为"かんがえる·かんがへる"，古代日语中也标记为"かむがふ"。其所对应的汉字除了"考"之外还有"勘""校"等字。『デジタル大辞林』中"考"（こう）有以下4个义项：

①かんがえる。かんがえ。（考案·考虑/一考·勘考·愚考·再考·思考·熟考·黙考）

②调べる。调べる事柄。（考查·考试·考证/参考·选考·备考）

③长生き。年寄り。（寿考）

④死んだ父。（考妣（こうひ）／先考）

义项②、③、④在古汉语中都存在。义项①则很难在古汉语中找到用例。

《日本国语大辞典》中"考"（こう）有以下 5 个义项：

（1）考えること。考え。（2）令制における官人の勤務評定。年に一度、成績、才能、操行を調査、比較し、優劣を定めること。考克。また、その結果与えられる評点。考第。（3）考えを述べ記したもの。多く論文についていう。（4）死んだ父。亡父。先考。妣（ひ）。（5）書名などで、名詞の下につけてその名詞についての考察を著した書の意を表わす。また、特に賀茂真淵の（冠辞考）（歌意考）（万叶考）（国意考）などを指していう。

在《日本国语大辞典》中查找"かんがへる"，得到如下解释（篇幅原因，以下为部分摘录）：

かんが・える［かんがへる］〔考・勘〕
解説・用例〔他ア下一〕かんが・ふ〔他ハ下二〕（古くは（かむがふ）とも表記）
（1）いくつかの物事をひきくらべて調べる。勘案する。＊日本书纪〔720〕崇神一二年三月（热田本训）（更に人民（おほつたから）を校（カムカヘ）て、長幼（このかみおとと）の次第（ついで）、及び克役（おほせつかう）先后（さきのち）を知ら令むべし）。（2）罪を問いただす。吟味して処罪する。勘当する。（3）易（えき）によって吉凶を判断する。うらなう。（4）物事を、筋道を立てて思いはかる。あれこれと頭を働かせて判断する。思考をめぐらす。＊法华义疏长保四年点〔1002〕一（文を推（おしはか）り義を考（カムカフレハ））。（5）学びとる。学習する。学ぶ。＊浮世草子・近代艳隐者〔1686〕二・三（我家の武を稽（カンガヘ）、诗哥の大概を学び）。（6）目的のものや、よい机会などをねらう。様子をうかがう。＊咄本・闻上手〔1773〕まり箱（それから后は、おやぢの留守ばかりかんがへて蹴る）。

笹原指出，有些汉字会由于训读的介入而扩大自身的字意。举的例子为"安い"（やすい），原指安心（心がやすらかだ），后来扩大到价格便宜（金额がやすい），造出了"安価"（便宜的价格）这样的汉字词。另外，还举了"谛める（あきらめる）"的例子，从佛教中的"明白宇宙真理"（谛观 あきらかにする）扩大到"放弃，打消念头"（断念する），并造出了和制汉语"谛念"。可以推测，基于同样原理，经由训读"かんがえる"使得汉字"考"发生了意义延伸，由中国古典意义"调べる""调查する"变为能够表示"思いを巡らす""头を働かせる"等意思。

（二）英华、英和词典资料群中的"考"

为了进一步证实这一猜想，笔者查阅了近代主要的英华词典及英和词典中 consider 和 think 这两个通常用于表示考虑、思考等思维活动的英语单词的释例，整理为表 2、表 3。

表 2　英华词典中 consider 和 think 的释义（部分）

词典	consider	think
1822 年马礼逊《英华字典》	想、想一想、思想、忖想	to employ the mind about 思、思想、念及
1844 年卫三畏《英华韵府历阶》	思想、心思	想、思想、念及
1847～1948 年麦都思《英华字典》	to think upon 思想、靖思、訾思、思虑、思念、思维、忖想、忖、思量、周略、恂、恁、忦、恛、慸、憛、怀、谂、忆、虞	思想、意想、用意、寻思、忖度、訾、惟、悠哉、忆、愿、仑、唯、恂、恁、服、忦、訾思
1866～1869 年罗存德《英华字典》	to fix the mind on, with a view to a careful examination 思想、思虑、思念、靖思、訾、思、思维、忖、忖思、思量、怀念、怀思、忦、惟、揆、思忆、斟酌	(pret. & pp. thought), to 想、思、思想、意、用意、暗想、寻思、忖度、惟、忆、唯、忦、訾思
1872 年卢公明《英华萃林韵府》	思、思想、斟酌、心思、打算、讲究	think or cogitate, to 想、怀想、思想、念及、估、想着

225

续表

词典	consider	think
1884 年井上哲次郎《订增英华字典》	to fix the mind on, with a view to a careful examination 思想、思虑、思念、靖思、訾、思、思维、忖、忖思、思量、怀念、怀思、忙、惟、揆、思忆、斟酌	v. i.; pre thought 想、思、思想、意、用意、暗想、寻思、忖度、惟、忆、唯、忙、訾思
1899 年邝其照《华英字典集成》	思想、度、触想	to 思、想、估、度、以为
1908 年颜惠庆《英华大辞典》	to think seriously or carefully, 仔细思想；to deliberate, 细思, 沉思, 熟思	v. t. to conceive, 想起, 思及; to imagine, 想象; as, charity thinks no evil, 仁爱不思恶
1913 年商务书馆英《华新字典》	思想、思虑、思维、酬报、尊敬	v. i. 思、想、意料、忖度、估、以为、料、谅、虑、想起、记忆
1916 年赫美玲《官话》	to think on with care 熟思、掂掇、打量、深思、细想、斟酌	v. i. 想、怀想、思、思想、思虑、思念、思考

表 3 英和词典中 consider 和 think 的释义（部分）

词典	consider	think
堀达之助《英和对译袖珍辞书》（1862）	勘考スル. 思虑スル	思フ. 考フ. 想象スル
J. C. Hepburn《和英语林集成》初版（1867）	カンベン勘辨；カンガヘル考；オモフ思；オモンパカル虑；サツスル察；シアン思案；シリョ思虑 Kangayeru; omoi; anjiru; kamben szru	アンジル案.カンガヘル考 オモフ思.シュキ思维.タテマツル奉.ゾンズル存 Omo; kangayeru; tszmoru; shian szru
J. C. Hepburn《和英语林集成》再版（1872）	アンジル案；カヘリミル顧；カンベン勘辨；カンガヘル考；オモフ思；オモンミル惟；オモンパカル虑；オシハカル推量；サツスル察；シアン思案；シリョ思虑；シュキ思维；スイ推―suru；Kangayeru; omompakaru, omou, omoi-megurasu; oshi-hakaru, kamben suru	アンジル案.カンガヘル考.オモフ思.オモンミル惟.シュキ思维.タテマツル奉.ゾンズル存 Omo; kangayeru; tszmoru; shian szru
J. C. Hepburn《和英语林集成》第三版（1886）	アンジル案；ジュクリョ熟虑；カヘリミル顧；カンベン勘辨；カンカウ勘考；クワンサツ观察；オモフ思；オモンミル惟；オモンパカル虑；オシハカル推量；レンサツ―suru；サツスル察シャクリョウ酌量；シアン思案；シリョ思虑；シュキ思维；スイ推―suru；Kangaeru; omompakaru, omou, omoi-megurasu; oshi-hakaru, kamben suru	アンジル案.カンガヘル考.オボエル觉.オモフ思.オモンミル惟.シュキ思维.タテマツル奉.ゾンズル存.Omo; kangayeru; tszmoru; shian szru

词典	consider	think
柴田昌吉、子安峻《附音插图英和字汇》（1873）	考フル、思虑スル、尊敬スル、沉思スル、酬^{ムクユ}ル、熟思スル	晓^{サト}ル、信ズル、重^{オモン}ズル、想象スル
早见纯一译《英和对译辞典》（1885）	考フル、熟思スル、沉思スル、尊敬スル	思フ、考フ、推料^{オシハカ}ル、晓^{サト}ル、信ズル
P. A. Nuttall 著，棚桥一郎译《英和双解字典》（1886）	查スル。考フル。沉思スル。酬^{ムクユ}ル。尊敬スル。熟思スル	思フ。考フ。志ス。虑ル。意匠スル。推料スル。思维スル。思想スル。忖度スル。晓ル。信ズル。重ズル。想象スル
イーストレーキ・棚桥一郎共译『ウェブスター新刊大辞书和訳字汇』（1888）	思虑スル、熟虑スル、沉思スル、寻思スル、黙想スル、重ンズル、敬スル、见做ス、熟虑スル、熟考スル、笃卜勘考スル、省虑スル	思フ、考フ、虑ル、意匠スル、推量スル、判断スル、思案スル、想象スル
尺振八译《明治英和字典》（1884 – 89）	思虑スル。思念スル。商量スル。熟虑スル。黙想スル	思フ。思想スル○推考スル。推究スル○怀ク。考ヲ怀ク○欲スル。企ル。谋ル。虑ル○以为ク

注：其中 J. C. Hepburn 所著《和英语林集成》三个版本的参考资料为飛田良文・李汉燮（2001）『ヘボン著和英语林集成　初版・再版・三版対照総索引』港の人。

英华词典中多用"想""思"来表述 consider、think。1847 ~ 1848 年麦都思《英华字典》、1866 ~ 1869 年罗存德《英华字典》、1884 年井上哲次郎《订增英华字典》及其他几部 20 世纪编著的英华词典中用"思虑"来解释 consider，始终没有出现"考"。"思考"最早见于颜惠庆的《英华大辞典》，也已是 1908 年，是"考虑"和"思考"开始在报刊中有所使用之后的事情了。反观日本的英和词典，Hepburn《和英语林集成》初版（1867）中，有用到"勘辨""ヘル考"。虽然在笔者的调查范围内，英和词典中没有发现"考虑""思考"的直接用例，但是众多词典中都有这些汉字的和训，如"フ思""ヘル考""ル虑"，也有诸如"勘考スル""勘辨""推考スル"等二字汉字词，说明日语中"考"用于表达 consider、think 等思维活动。

以上，通过对中日两国国语词典及英华、英和词典的调查，我们发现"考"字在中日两国出现意义分化。"考"在古汉语中通常用作动词，表示针对具体存在的对象做调查研究，不侧重思考、思虑等表示内

心思维活动的义项。日语中，"考"被训作"カンガヘル"（カムガフ），通过和训的介入，使得汉字"考"的含义增加，变得能够表达"思う"等意思。

四 结论

本文通过调查以"考"字为构成语素的二字汉字动词的词源，发现"考查""考察""考究""考量""考证""参考"等词在中国古籍中能够找到书证，属于古语词，且其意义没有发生重大变化，从古延续使用至今。而"考虑"和"思考"两个词在汉籍中没有书证用例，不属于古语词。其在汉语中开始使用见于 20 世纪初期的近代报刊，受到当时日本新闻报纸翻译的影响，是来自日语的借形词。之所以汉语内部没有发展演变出二字动词"考虑"和"思考"，是因为"考"字在中国古代主要用于表示调查研究等动作，不侧重表示思考等思维活动。"考"字在日语中被训作"カンガエル"，借由和训使得汉字"考"的含义增加，变得能够表达思考等意思。日本步入近代后，为表达大量涌入的西方概念，日语中新出现了众多的汉字词。"考虑""思考"等也于明治时期出现，但其出现并非表示新概念，而是为了响应日语"和汉相通"的原则。这些词出现后被大规模使用，还流回中国融入汉语，至今仍被使用。

在一篇文章中无法对以上诸词做详细的穷尽式调查，但是希望能抛砖引玉，为今后的调查研究提供一些线索和素材。另外，本篇文章着重调查的包含"考"字的二字汉字动词均是中日同形词，对于一些汉语中存在、日语中不存在或不常使用的词语，如"考验""考核"[①] 等，或者日语中使用、汉语中不存在或不常用的词语，如"考案する"[②] "论考する"等，还有待今后的讨论。

---

① 日语中有"考覈"（こうかく）一词，覈音 hé，但是不常使用。

② 汉语"考案"亦作"考按"，意为考查按验。

An Investigation of the Two-character Chinese Verbs Using the Character "Kao"

Based on Chinese-Japanese Contrastive Perspective

Yang Chi

Abstract

This paper investigates the etymology of a set of two – character Chinese verbs with the word "考" as the constituent elements. The words "考查" "考察" "考究" "考量" "考证" "参考" and other words can be found in Chinese classical books, belonging to Chinese classical words, and their significance has not changed significantly since ancient times. The words "考虑" and "思考" which were influenced by the translation of Japanese newspapers at that time, and they were borrowed words from Japanese. The word "考" is mainly used in Chinese classical to express actions such as investigation and research, and does not focus on thinking activities such as thinking. The word "考" was pronounced as as "Kangaeru" in Japanese and the meaning of the Chinese character "kao" has been expanded.

Keywords

Two-character Chinese Verbs; Etymology; Japanese Loanword; Kunyomi

探析《朴通事新释谚解》中的词缀"子"

〔韩〕金 梅 〔韩〕朴兴洙*

摘 要

《朴通事》大约流传于元代末年，是朝鲜人用来学习当时汉语的会话书。本文从历时的角度考察《朴通事新释谚解》中出现的 118 个后缀"子"，分析"子"词缀产生的原因。通过对谚解版本《朴通事新释谚解》中"子"词缀的使用情况进行分类总结，了解词缀在元末明初时期北方口语中的使用情况，以及这些词缀从近代汉语时期到现代汉语时期的演变。这对近代汉语的词汇研究乃至近代汉语词汇到现代汉语词汇的演变研究具有一定意义。

关键词

《朴通事新释谚解》 "X 子" 后缀 意义泛化

《朴通事》是李朝时期朝鲜人学习汉语的教科书。这本书成于元朝末年（即高丽王朝时期），流传于高丽王朝后期和整个李朝五百年间。使用时间长，流传范围广，在历史上产生了巨大影响，反映了近代汉语音韵、词汇和语法的变化。书中内容极为丰富，涉及日常生活、语言、历史、地理、文化、文学、经济、贸易、社会、宗教等方面，可谓一部可读性很强的外语教科书。《朴通事》有《翻译朴通事》（1510）、《朴通事谚解》（1677）、《朴通事新释谚解》（1765）等多个版本。崔世珍在《四声通解》中说道：

---

* 金梅，韩国外国语大学中语中文学科博士，主要研究方向为词汇学，邮箱：kimmae96@ na-ver. com；朴兴洙，韩国外国语大学中语中文学科教授，主要研究方向为词汇学，邮箱：parkhs@ hufs. ac. kr。

"夫始肆华语者，先读《老乞大》、《朴通事》二书，以为学语之阶梯……臣即将二书谚解音义。书中古语，汇成辑览，陈乞刊行，人便阅习……时正德十二年，岁舍丁丑十一月。"《老乞大》和《朴通事》之所以不断修改，形成多种版本，是因为它们作为汉语教材，必须适应时代的变化和要求。从《老乞大》和《朴通事》诸版本的修改变化中，我们也可以了解明清时期北方汉语在三四百年间的发展演变情况，所以《老乞大》和《朴通事》对汉语研究具有独特的价值。

"通事"就是"翻译"，"朴通事"大概就是指姓朴的翻译。关于原著的作者和成书的年代在历史上并没有记载。《朴通事新释谚解》（1765）采用当时的口语写成，并且以对话的形式向读者介绍各类词语。书中反映的是宋元时期以来的北方口语，也有少数元代蒙古语的成分。这本书在语言学上的意义就是为我们研究当时的语言提供了重要参考。

黄伯荣、廖序东的《现代汉语》（2007）中指出："词缀是意义不实在，只表示某种附加意义的，能起到构词作用的，在合成词内位置固定的不成词语素。"[1]"子"在《朴通事新释谚解》中是使用频率很高的词缀。这些词缀的用法有些与现代汉语的用法相同，有些已经消失。通过对这些词缀的常用搭配和表达方式的归纳总结，可以了解近代汉语词缀方面的一些情况，有助于学习和阅读近代汉语的文献资料，同时可以了解这些词缀从近代汉语时期到现代汉语时期的变化情况。这对近代汉语的词汇研究乃至近代汉语词汇到现代汉语词汇的演变研究具有一定意义。

一 词缀"子"的类型

汉语词缀"子"萌发于西汉时期，成熟于东汉时期，发展于六朝时期。词缀"子"由上古汉语"名＋子"类偏正式复合词中"小而圆"义的"子"虚化而来。到东汉时期扩展为附于一切物名后，唐以降又扩展为不但附于一切物名后，还附于动词、形容词和量词后。"子"词缀形成于上古时期，《左传》《诗经》等典籍中均有记载。"子"在《说文》中是"婴儿"的意思，由此派生出"小"义。《释名·释形体》："瞳子，子，小称也。"

---

① 黄伯荣、廖序东主编《现代汉语》（增订四版）上册，高等教育出版社，2007，第222页。

表小称正是词缀"子"虚化的基础。

王力先生总结出了六种不作词缀用的"子"的情况。一是"儿子"的"子",如《诗经》"乃生男子……乃生女子",其中的"男子""女子"分别指男性小孩、女性小孩。"子"意为"婴儿",用的是本义。二是作尊称用的"子",例如"夫子""君子"。三是指禽兽虫类的初生者,例如"虎子"。四是指鸟卵。五是指某行业的人,如"舟子""渔子"。六是指圆而小的东西。

"子"的本义是幼儿、小的人。"子"大多用于名词后面,作为名词的后缀,少数也用在动词、形容词和量词后,使之名词化。"子"作为附加后缀,它的构词能力自中古以来逐渐增强,多数用来指称动植物或物品名。据笔者统计,在《朴通事新释谚解》(1765)中以"子"为后缀的词语有118 个。[①]

(一)名词 + 子

1. 表植物类

文中有果子、豆子、榛子、荔子、松子、瓜子、稻子、黍子、苏子、茄子、菜子、杏子、李子、荔子、柑子、栗子、种子等,例如:

> (1)一共只要办八桌席面,每桌办干鲜果品十六碟,干果子呢,榛子、松子、瓜子、干葡萄、栗子、龙眼、桃仁、荔子、鲜果子呢,柑子、橘子。(《朴通事新释谚解》上 4b)

以上例子中大多是指植物的果实,即植物之子,由"子"的"小儿"义引申而来,如例(1)中"杏子""果子"等。中古以降,词缀"子"开始附于水果总名"果"后,构成附缀式双音名词"果子"。例如:

> (2)多饮了些烧酒黄酒,生果子也多吃了些。(《朴通事新释谚解》中 24b)

---

① 朴在渊:《〈老乞大·朴通事〉原文·谚解比较资料》,韩国:鲜文大学校中韩翻译文献研究所,2003,第 173~324 页。

（3）吾于砂中尝藏<u>果子</u>，今亦应在。（李昉《太平广记》卷五十二《陈休复》）

中古时期，词缀“子”附于水果（柑子）、粮食（豆子）、蔬菜（茄子）等表植物类名词后。

2. 表动物类

文中有鸭子、狮子、蝎子、虫子、蚊子、蝇子等，例如：

（4）今年雨水很大，直淹过卢沟桥上<u>狮子</u>头了，把那城门都冲坍了。（《朴通事新释谚解》上 9b）

（5）你们若依我这般用心收拾，<u>虫子</u>怎么得蛀呢？这也是怪不得<u>虫子</u>，都是你的不是哩。（《朴通事新释谚解》下 7a）

“子”的本义指小儿，引申出“小”的意义，所以例（5）中的“虫子”都可以表现出其“小”的意思。随着佛教在中国深入广泛地传播，佛教经典不断汉译，汉译外族词“狮子”大量涌现。在音译“名＋子”双音名词“狮子”的影响下，东汉时期“名＋子”附缀式双音名词得到了进一步发展。从西汉仅仅附于带“小而圆”义的名词后，扩大到附于动物名词后。在近代文献中常见的虱子、驴子、燕子、骡子、兔子、狼子、狗子、猴子、猪子等都是在“狮子”的影响下产生的附缀式双音动物名词。

3. 表人或动物的器官或部位类

文中出现尾子、蹄子、腔子、腿子、身子、肘子、嘴子、鼻子、背子等，例如：

（6）家后一群羊，个个<u>尾子</u>长。（《朴通事新释谚解》上 40a）

（7）我今日头疼脑旋，<u>身子</u>颤的，快去请范太医来看一看。（《朴通事新释谚解》中 23b）

4. 表服饰布料类

段子、缎子、带子、绫子、袄子、布子、帽子、袍子、裙子等在文中出现次数较多，例如：

（8）大街上买<u>段子</u>去来。（《朴通事新释谚解》上 16b）

（9）你的<u>帽子</u>哪里买来的？（《朴通事新释谚解》上 32a）

5. 表生活中常见的工具、器物类

在文中这类用法比较多一<u>些</u>，有车子、刀子、金子、银子、盆子、碟子、盘子、珠子、柜子、席子、椅子、桌子、扇子、帘子、篮子、斧子、钉子、钩子、钳子、剪子、竿子、牢子、橛子、炉子、锁子、绳子、毡子、带子、棒子、镜子、壁子、碾子等，例如：

（10）如今米都关出来了。叫四个小<u>车子</u>载了出去吧。（《朴通事新释谚解》上 14b）

（11）张哥在家么？这位官人要打几副<u>刀子</u>，你必须加工打造。（《朴通事新释谚解》上 19a）

（12）那<u>珠子</u>有多大？（《朴通事新释谚解》上 22b）

西汉时期，"名＋子"偏正式双音词中隐含着"小而圆"义的"子"有的已经开始词缀化，附加式双音名词已经萌生。"子"由"小而圆"物名语素后面的量语素"粒"义虚化而来。例如：

（13）明月<u>珠子</u>，约璞江靡。（司马相如《上林赋》）

"珠子"中词缀"子"的"小而圆"之"粒"义已失，"珠子"即"珠"，已不再是"珠粒"义。这是在现有文献中见到的最早的词缀"子"附于单音物品名后，与单音物品名构成附缀式双音名词的用例。在西汉以后的历代文献中都普遍存在附缀式双音名词"珠子"。

在中古文献和近古文献中，"珠子"的用例很多。例如：

（14）<u>珠子</u>流滑，悉缘隙得入。（《宋书·殷琰传》）

（15）掳掠得一串好大<u>珠子</u>。（施耐庵、罗贯中《水浒传》第二回）

（16）这<u>珠子</u>只三颗了，这一颗不是的。（曹雪芹《红楼梦》第二十一回）

这种用法在中古时特盛,除了 "刀子" 表示小称的意义外,其余很少有表小的附加意义,从这也可以看出 "子" 词缀的泛化痕迹。

6. 表人的称谓、身份和职务类

文中常见的有牙子、厨子、牢子、斗子、达子、汉子、弟子、娘子、奶子、小子、男子、孝子、孩子、小童子、小儿子、四子、张黑子、君子、太子、主子等,例如:

(17) 我不会见他,想那厮做牙子去了。(《朴通事新释谚解》上 33b)

(18) 听得那家有一个官人,娶了娘子来家了。(《朴通事新释谚解》上 43b)

(19) 奶子侍婢,捧出珍异果子。(施耐庵、罗贯中《水浒传》第七十二回)

例 (17) 中的 "牙子" 是指古时买卖的中介人。宋元时期这种 "子" 的用法也非常多,如 "斗子" 是指掌管粮库计量的人,"狱子" 是指管罪人的人,"院子" 是指看管院落的人。"汉子" 是骂人之语。"何物汉子",相当于我们今天说 "什么东西"。

蒋宗许认为,甲骨文的 "子" 即为生子,因为有子为可喜可贺之事,所以引申出尊称意义。如先秦的 "孔子" 等诸子,其中的 "子" 为第二人称敬词。[①]

7. 表建筑物类

文中有房子、宅子、亭子等,例如:

(20) 我要典一所房子,须得银二百两。(《朴通事新释谚解》上 23b)

(21) 共凑两百之数,才勾典那宅子哩。(《朴通事新释谚解》上 24a)

(22) 客户有一小宅子。(李昉等《太平广记》卷四百八十六《无双传》)

---

① 蒋宗许:《汉语词缀研究》,巴蜀书社,2009,第 175 页。

8. 附于时间方位等名词后

（23）他说几个**日子**呢？（《朴通事新释谚解》上 10a）

"日子"在汉语中，主要是表示时间，意思为"天，时日，时间，时候"。

中古时期，"日子"表时间，为"天"义。例如：

（24）岁月**日子**，还共诞圣之时并同。（魏征《隋书·袁充传》）

近古时期，"日子"增加了"时日，时间，时候"义。例如：

（25）今日好个**日子**。（王实甫《西厢记》第五本第四折）

近古以降，"日子"除表时间外，又引申出"生活"义。例如：

（26）红尘中**日子**，真过得好疾也啊！（方成培《雷峰塔》第十三出）

（27）姐姐你才做了**月子**，养的是小厮呢，还是女孩儿呢？（《朴通事新释谚解》上 54a）

（二）动词 + 子

动词加"子"后缀的形式，只在《朴通事新释谚解》中有所体现，只有一例，即：

（28）昨日在午门外，看见两个舍人调马**耍子**，真是有福气的好男儿哩。（《朴通事新释谚解》上 29a）

近古晚期，词缀"子"附于动语素后，构成附缀式双音动词。

（29）院公，和你踢气球耍子。（高明《琵琶记》第三出）

（30）我且着了去闲走一回耍子。（《谕世明言》第三十六卷）

"耍"加上"子"后缀仍构成动词，"耍子"意为"玩耍"。还有量词加"子"后缀现象，如"一会子""一家子""一下子"，以及形容词加"子"后缀现象，如"傻子""呆子""蛮子"，这两种用法并没有出现在《朴通事新释谚解》里。①

从以上归类可以看出，词缀"子"作为典型的词缀之一，在近代汉语时期是十分重要的构词方式。这一点集中表现在许多指人、物的名词上，如"果子""林子""碟子""妹子""嫂子"等。不过其中大部分到现代汉语时期都已经消失，如"布子""绫子""壁子"。《朴通事》是李朝时期的汉语教科书，内容涉及广泛，语言反映了当时北方汉语口语的真实面貌。因为是用当时规范的汉语写成的，所以是研究近代汉语的珍贵材料。

二　词缀"子"的特征及产生原因

"子"在《现代汉语词典》（第7版）中的义项如下。

子 zǐ

①古代指儿女，现在专指儿子：父～。

②指人：女～。

③古代特指有学问的男人，是男人的美称：孔～。

④古代指你：以～之矛，攻～之盾。

⑤古代图书四部分类法（经史子集）的第三类：～书。

⑥种子：瓜～儿。

⑦卵：鱼～。

⑧幼小的；小的；嫩的：～姜。

⑨派生的、附属的：～公司。

⑩小而坚硬的块状物或粒状物：棋～儿。

⑪铜子儿；铜圆：小～儿（旧时当十文的铜圆）。

---

① 顾之川：《明代汉语词汇研究》，河南大学出版社，2000，第268页。

⑫用于能用手指掐住的一束细长的东西：一～儿挂面。

⑬姓。

子 zi

①名词后缀：a）加在名词性词素后：帽～，桌～，命根～。

b）加在形容词或动词性词素后：胖～，乱～，垫～。

②某些量词后缀：来了一伙～人。

子是象形字，古字形 ♀ 上部是头，左右是手臂，两腿被裹在一起，本义是"婴儿"。后专指"儿子"。古代对男子的尊称或美称也叫"子"，如"庄子""墨子"等。此外，"子"还被借作地支的第一位。

《常用字字源字典》中"子"的解释如下：

> 甲骨文、金文至小篆象小孩儿。甲骨文最初象婴儿头部，有许多头发。晚期一般三根头发，加两条腿，作觉。周初金文和《说文》所载籀文同。商代和周代大多用于干支。作为地支的第一位。子丑的子作觉，不作子。子用于辰巳之巳。也用于儿子的子。子的上部象头，战国以前个别带三根头发。中间两笔象两臂。身体是弧形的一笔，像婴儿用被单等包着身体和腿。约到隶书以后，觉形不用。子丑用子，辰巳用巳。

> 子一般指儿子。古书常通指儿女。组词如：子弟。古书里有指太子为"子"的。又作爵位名。约周代的五等爵之一。约周代以来"子"作为对人的称呼。对普通一般的人如：男子｜女子。旧称某种行业的人。如：士子｜舟子。古代指著书立说，代表一个流派的人。如：孔子｜荀子｜诸子百家。古代对对方的敬称，和现代"你"义同。如：子试为之｜以子之矛，攻子之盾。又古代称老师。如：子墨子。转义组词如：子虚（虚无的，不实在的。如：事属子虚）。引申指植物的种子。如：菜子｜莲子｜瓜子儿｜结子儿。约近代现代有的有时写作籽。加米旁，从子，子亦声。又指动物的卵。如：鱼子｜鸡子儿｜蚕子｜下子。又指幼小的。如：子鸡｜子姜。又跟"母"相对。如：子金｜子母扣。又由于地支约在近代纪时，用子时称夜里 11 时到 1 时。如：子夜（指深夜）。在现代汉语中又作为名词后缀。如：孩子｜桌子｜胖子｜垫子｜乱子。又作个别量词后缀。如：一档子事｜打

了两下子门。①

（一）"子"词缀的特征

"子"词缀泛化的总体特征是数量由少到多、用法不断增加、附加意义逐渐泛化。

第一，带有"子"词缀的词数量大规模增加，"子"词缀成为高产词缀。

第二，"子"词缀由附加在名词词根之后扩展到也附加在动词、形容词、量词之后，这些词根也因为后附"子"词缀而变为名词。

第三，"子"词缀构成的词语不再仅限于表人，而是扩大到动植物及无生命物体。

第四，由贬义的附加意义泛化为具有任何感情色彩的词语。

第五，"子"词缀由依附单音节词泛化为依附单音节词和双音节词，在近代汉语中，"子"词缀构成的三音节词语非常多。

历史潮流加上自身的因素，使"子"词缀家族在中古和近代汉语中呈现繁荣局面。

（二）"子"词缀的产生原因

首先，"子"之类派生词在表达上比短语更简洁省力，这体现了语言经济性原则。"子"的声调由原来的上声变为轻声，语音的改变必然会影响词义。读音变为轻声的"子"，词义逐渐虚化，它的意义主要由前一词根承担，派生词"子"词缀应运而生。派生词词缀与短语的句法语用不同，促使词缀不断地参与构词，而频繁地使用又反过来加速了词缀化的进程。

其次，单音节词的诸多弱点使汉语词汇开始走向双音节化。复音化现象在商代已出现，在汉语词汇由单音节化向复音节化发展这一规律的影响下，产生了"子"词缀。附加词缀是汉语双音节化以及多音节化的主要途径，能表达单音节词不能表达的概念，并且可以弥补单音节词的很多缺陷。

---

① 高景成：《常用字字源字典》，语文出版社，2013，第385页。

三 结语

汉语大量的词汇和用法更迭从唐五代开始，一直延续到宋元时期。元代时新型词汇成批出现，被大量运用，进一步加速了旧用法的消亡和新用法的巩固。

"子"词缀的形成时间是先秦，距今两千余年。从近代到现代，"子"词缀一直在构成新词方面担负着重任。中古时期由"子"词缀构成的诸多双音节词仍存在于现代汉语中，器皿如"刀子、盆子"，称谓如"儿子、老子、妻子"，动物名如"狮子、蚊子"，植物名如"桃子、李子"等。

从西汉开始，汉语"名＋子"偏正式双音复合名词偏语素"子"逐渐后缀化。东汉以降，随着汉语双音复合词的发展，汉语"名＋子"附缀式双音词不断生成，日益发展。

本文从历时的角度考察《朴通事新释谚解》中出现的 118 个后缀"子"，分析了"子"词缀产生的原因。"子"词缀产生后具有很强的能产性，在中古及近代使用频率急剧上升。这些变化也与社会发展以及人的思维认识有关。社会的发展、新事物的出现、人思维的成熟都是它使用频率上升的原因。

附录　《朴通事新释谚解》条目

1. 赏花筵席（碟子　厨子　干果子　榛子　松子　栗子　荔子　鲜果子　柑子　橘子　杏子　玉黄李子　鸭子　肘子）

2. 差使（日子）

3. 打堵墙（狮子）

4. 关米（小车子）

5. 什么疮（法子）

6. 买段子（段子　银子）

7. 打刀子（刀子　张黑子　打刀子　小刀子　锥子　小锯子）

8. 放鹤儿（小孩子　建子）

9. 带匠（金子）

10. 当钱（珠子　房子　宅子）

11. 喂马

12. 赌输赢（四子）

13. 玩月会（君子）

14. 操马（耍子　对子　靴子　鞍坐子）

15. 买狲皮

16. 那厮（牙子）

17. 一个和尚（汉子　弟子）

18. 害痢疾

19. 猜谜（谜子　剪子　结子　碾子　蝎子　奶子　绳子）

20. 兽医（蹄子　男子）

21. 剃头（笓子）

22. 娶娘子（娘子）

23. 护膝（毡子）

24. 上学（孝子）

25. 书信

26. 混堂（帽子　身子）

27. 田禾

28. 射箭

29. 满月、百岁日（孩子　褥子　奶子　养子）

30. 那里下着

31. 打弓

32. 借钱文书

33. 卖马（牙子）

34. 官人

35. 生日（羊腔子）

36. 西湖景（镜子）

37. 结相识

38. 段子（达子）

39. 高丽和尚

40. 看杂技（棒子）

41. 木匠（柜子）

42. 染房（绫子　里子　样子）

43. 使臣

44. 买人的文契

45. 修理车辆（洒子　筛子　桌子　盘子）

46. 远行知马力　日久见人心

47. 太医

48. 人离乡贱　物离乡贵

49. 姐姐

50. 闲浪荡

51. 观音菩萨

52. 看家

53. 帽儿（帽子）

54. 放债

55. 天气冷杀人（羊腿子）

56. 摆样子

57. 游山玩景

58. 种菜（菜子　茄子）

59. 贼广（竿子　帘子　钉子）

60. 买段子

61. 房契

62. 破瓦

63. 怎么写

64. 不得功夫

65. 收拾（椅子　饼子）

66. 任满

67. 老实常在　脱空常败

68. 孩儿

69. 下棋（君子）

70. 看捽挍

71. 一路稀泥

72. 京城（牢子）

73. 年节（袍子　褂子）

74. 天气炎热（拂子　扇子　洼子）

75. 卖猫（篮子）

76. 蚊子、跳蚤（蚊子　席子　叶子）

77. 告状

78. 虫蛀（虫子）

79. 蜻蜓

80. 佛像

81. 炕壁（橛子　炉子）

82. 疥痒

83. 盂兰盆齐（鼻子）

84. 写书

85. 盖书房

86. 官人

87. 告官

88. 西游记评话（城子）

89. 卖珠儿

90. 茶房

91. 大器皿（嘴子　顶子）

92. 圣节日

93. 食店（包子）

94. 打球儿

95. 监牢（主子　稻子　黍子　苏子　种子）

96. 送君千里　终有一别

97. 书匠

98. 送殡（小儿子）

99. 做饭（块子）

100. 打春（小童子）

101. 北京城

102. 打鱼儿

103. 申窃盗状

104. 写状子

105. 写告子

106. 高丽新事

Analysis of the Suffix "Zi" in
Paktongsasinsukeanhae

Kim Mae, Park Heung-soo

Abstract

PaktongSa spread around the end of the Yuan Dynasty, and it was a conversation book used by Goryeo and Koreans people to learn the language of the Chinese language.

This article examines the 118 suffixes "Zi" appearing in *Paktongsasinsuke-anhae* from a diachronic perspective, and analyzes the causes of the "Zi" affix. By classifying and summarizing the usage of the "Zi" affixes in the proverb version *Paktongsasinsukeanhae*, learn about the use of northern spoken affixes in the late Yuan and early Ming dynasties, and how these affixes evolved from modern Chinese to modern Chinese. There is certain significance for the study of modern Chinese vocabulary and the evolution of modern Chinese to contemporary Chinese vocabulary.

Keywords

Paktongsasinsukeanhae; "X Zi"; Suffix; Meaning Generalization

明治早期汉语教科书中的句型教育

——以《语言自迩集》（1867）中的被动句为例

杨　昕[*]

摘　要

以 1868 年明治维新为起点，日本推行了一系列现代化改革。日本的汉语教育在这次改革的影响下，逐渐开始由以传统的长崎唐通事为中心的唐话教育向近代西式教育的方向转变。特别是从明治 9 年开始，日本汉语教学从南京官话向北京官话转变。为考察这些变化对汉语教学的影响，笔者选择了明治早期由西方人收集整理并编撰成册的汉语教科书《语言自迩集》（1867）为考察对象，以句型教育为切入点，对这本书中出现的有标记被动句进行考察，尝试厘清当时汉语教师编纂的汉语教材中被动句的情况、特点，及其与同一时期汉语中被动句的异同。

关键词

句型教育　《语言自迩集》　汉语教科书　被动句

19 世纪晚期到 20 世纪初这数十年间，对于中国和日本来说都是一个剧烈变化的时期。在洋务运动的影响下，中国近代的新式教育开始形成和发展；明治维新也开启了日本近代化的历程。中日两国的地理位置决定了这一时期两国间的交流会因为各种因素的影响而出现高峰和低谷。语言作为交流必不可少的工具，也由于时代的影响产生了剧烈的变化。从近代西方

---

*　杨昕，日本关西大学外国语教育学研究科在读博士，主要研究方向为明治时期日本汉语教科书的综合研究，邮箱：loanfa17@ gmail. com。

传入的新式教育制度、教育理念与方法，无不刺激着这一时期的外语教授者与学习者进行新的实践与探索。日本的汉语教育，作为日本近代外语教育的一环，也受到了深刻的影响，具体表现为出现了众多公立和私立的汉语教育学校、引进了母语为汉语的教师、编写了大量的近代化汉语教科书等。对这一时期日本汉语教育各个方面的考察，不仅有助于海外汉语教育史的构建，更有利于从另一个角度来观察在一个特定历史阶段中汉语是如何变化发展的。

在学习外语的过程中，除了发音和单词外，学习者接触最多的就是句子。无论在母语还是外语的学习中，我们都需要接触大量的句子，特别是在外语学习中，衡量一个学习者外语能力的高低，除了以发音标准与否、词汇量大小为基准外，更看重外语学习者是否能自然流畅而又完整地表达自己的想法。完整地表达自己的想法靠的就是一个个完整的句子。句型则是从一个个完整的句子当中归纳出的典型语言结构模式。如今，外语学习者只需要在掌握一些常用词的基础上，通过对外语句型的学习，便可以做到与以对象语言为母语者进行简单交流和沟通。由此可见，在外语学习的过程中，对句型的学习已成为一个必不可少的环节。

现在的外语学习中，句型的教学已经是一个重要的组成部分了。然而，对于句型的教学，特别是国外汉语句型教学，并不是一开始就存在的，而是通过不断的实践与进步，逐渐发展起来的。以现在的汉语句型为基础，回溯世纪之交的汉语句型，可以看到 19 世纪晚期汉语句型发展变化的历史轨迹。因此，本文以明治早期的汉语教科书——《语言自迩集》（1867）为研究对象，通过对文本语料的分析，考察这个时期汉语中存在的被动句类型，这些句型在汉语教科书中是如何编排的，教材的编写者、实际使用教材的教师与学生有没有意识到被动句等。通过多样化的视角，归纳近代汉语的特征。

一 汉语被动句与汉语中的句型教学

对现代汉语中被动句语法结构的系统性研究，始于王力的《中国语法理论》一书。首先，在这本书中，王力第一次系统地阐明了汉语被动式的历史由来。其次，他将汉语被动式与西方语言中的被动式进行了对比，说明了汉语被动式的特点。最后，王力对汉语被动式的构成做了一个明确的定义，他认为，汉语是用"被"字帮助叙述词构成被动式的，助动词"被"是从"遭受"的意义演变而来的。① 以此为契机，关于现代汉语被动句的研究和讨论有了极大的发展并取得了丰硕的研究成果。然而，本文主要讨论的是句型教学视角下的汉语被动句，所以对于汉语被动句在语法上的描写不做详细的考察，仅仅进行简单的归纳。

王力对现代汉语被动句进行了整理归纳，并称它为"被动式"，汉语学界在汉语被动句语法研究方面已经积累了大量的成果。例如，王力认为，远古汉语在结构形式上没有被动和主动的区别。真正的被动式在先秦是比较少见的，而且出现时间是在春秋时期以后了。当时的被动式大致可以分为三个类型：第一类是"于"字句，第二类是"为"字句，第三类是"见"字句。② 他认为"被"字用于表示被动意义的句子萌芽于战国末期。到了汉代，被动式出现了新的变化，具体表现为两种结构形式的发展：第一种是"为……所"结构形式表示被动，第二种则是"被"字表示被动。③ 关于"被"字是如何转变成表示被动意义的助词，王力也阐明了他的观点，他认为"被"字原为动词，它有两个意义，第一个是表示主动地覆盖或者施及某一事物，第二个则是表示被动地蒙受、遭受某一事物，表示被动的"被"是由后一种意义发展而来的。④ 关于被动句的来源，蒋绍愚等学者在整理前人研究的基础上，提出汉语中的被动句是自古就存在的，而用"被"表示的被动式是后来才兴起并在唐代之后才开始广泛运用的。⑤ 对于汉语被动句中各个语法成分的讨论也是比较多的，尤其集中在对于被动句中动词问题的考察。例如，吕叔湘认为被动句中"被"之后的动词一般用单个动词，限于少数双音节动词，并且动词后多有表示完成或结果的词语，抑或动词本身包含此类成分。⑥ 刘月华同样认为"被"字句表示一个受事者受到某一动作行为的影响而有所改变，因此"被"字句的谓语动词不可以是一

---

① 王力：《中国语法理论》，中华书局，1955，第176页。
② 王力：《汉语史稿》，中华书局，2015，第405~410页。
③ 王力：《汉语史稿》，中华书局，2015，第410~415页。
④ 王力：《汉语史稿》，中华书局，2015，第416~417页。
⑤ 蒋绍愚：《近代汉语研究概要》（修订本），北京大学出版社，2017，第287~316页。
⑥ 吕叔湘：《现代汉语八百词》，商务印书馆，1980，第56页。

个简单的动词，动词后要有表示动作完结、结果的成分。①

综上所述，笔者认为对现代汉语被动句的研究主要集中在汉语历史语言学上的概括描写和比较单纯的语法线性论述这两个方面。毫无疑问，对现代汉语中被动句句法层面的分析已经被概括得较为细致和全面了。关于为什么使用被动句、被动句所具有的表达功能等问题，以及句型教学层面上的讨论，特别是在明治时期汉语教科书中所载被动句的全貌尚未有系统的考察。

另外，受到行为主义语言学及结构主义语言学的影响，对汉语句型的讨论和汉语句型教学的研究逐渐开始兴起。例如，吕叔湘在借鉴欧美语法理论的基础上，从探索汉语自身规律出发，编写了《中国文法要略》，这部书可以说是早期汉语句型研究的开山之作。书中将汉语句子分为 4 种（叙事句、表态句、判断句、有无句），被动句被归入叙事句进行讨论。② 从这一时期开始，对汉语句型的研究和探索逐渐发展起来。但是，对现代汉语句型体系，目前学界还没有较完整的方案，对汉语句型的分类也存在较大的分歧。本文仅仅讨论作为句型的汉语被动句，不涉及汉语句型体系。

在讨论汉语中的句型教学之前，有必要参考其他语言的句型教学。首先，句型教学发源于西方，西方在实践中的经验可以为汉语句型教学提供更多的参考与指导，让我们在汉语句型教学的探索中少走弯路；其次，在其他语言的对比和参照下，对汉语的句型进行考察，将得到更全面和深刻的认识，继而可得出更符合汉语自身语言规律的研究结果。由于笔者能力所限，本文仅以英语和日语的句型为参照。

翻开任意一本面向中高级外语学习者的英语词典，查询任意一个词，都可以看到英语词典在解释一个词的时候，不仅向学习者解释说明词本身的含义，还提供了大量的短语搭配和例句，使学习者不单掌握了词的含义，还通过短语和例句，锻炼了对词的使用能力，让学习者在理解一个单词的基础上，通过反复训练达到熟练使用的程度，使学习者脑海中留下固定的结构搭配，从而写出合乎目标语言规范的语句。毫无疑问，这里的固定搭配就相当于一个句型，学习者只有掌握了这个固定搭配，才能写出符合语

① 刘月华、潘文娱、故韡：《实用现代汉语语法》，商务印书馆，2001，第 753~757 页。
② 吕叔湘：《中国文法要略》，商务印书馆，1982，第 28~41 页。

法规范的语句。

在以日语为外语的学习领域，句型更是无处不在。例如，在日语学习领域使用非常广泛的《日本语文型辞典》①和《日本语基本动词用法辞典》②两本学习型词典，就专门为以日语为外语的学习者总结归纳了日语的固定搭配与常用句型，以及日语动词是如何与其他成分组合成句的。这些研究成果可以帮助以日语为目标语言的外语学习者更快速、更高效地掌握好目标语言。考虑到句型在英语和日语学习中发挥的巨大作用，笔者认为在汉语学习中，特别是对外汉语教学中引入句型教学，也是有必要的。

总之，我们在讨论汉语句型的时候，一方面可以参考其他语言中关于句型的讨论，以便能以更科学的方法对汉语句型进行研究。另一方面也要注意到，在讨论汉语句型时，要避免完全模仿印欧语系语言的句型讨论方式，需从汉语自身的规律出发，将汉语句型与句子的表达功能结合起来，完整地概括出汉语句型的特点。

二 《语言自迩集》（1867）中的被动句句型

（一）《语言自迩集》（1867）概要

在考察《语言自迩集》（1867）中的被动句句型之前，笔者先对这本书进行简要的说明，以证实语料选择的可靠性。

《语言自迩集》全称为 *YÜ-YEN TZǓ-ERH CHI*，*A PROGRESSIVE COURSE DESIGNED TO ASSIST THE STUDENT OF COLLOQUIAL CHINESE*，*AS SPOKEN IN THE CAPITAL AND THE METROPOLITAN DEPARTMENT*；*in eight parts*；*WITH KEY, SYLLABARY, AND WRITING EXERCISES*。该书 1867 年出版于英国伦敦，作者是威妥玛（Thomas Francis Wade，1818～1895），其以威妥玛拼音为世人所熟知。

威妥玛 1818 年出生于伦敦，在英国完成中学及大学课程后，1841 年随发动第一次鸦片战争的英军来到中国，并在香港成为使馆的见习翻译，由此与汉语结下了不解之缘。1853 年威妥玛出任上海使馆副领事，在以外交

---

① 〔日〕Group Jammassy 编《日本语文型辞典》，黑潮出版社，1998，第 1～851 页。
② 〔日〕小泉保等编《日本语基本动词用法辞典》，大修馆书店出版社，1989，第 1～565 页。

工作为主的同时，他也没有放弃对汉语的教学与研究工作。正是在这段时期他完成了《语言自迩集》的编写工作，并于 1866 年在上海完成了这本书的印刷。作者在此后的十余年间继续在中国从事外交工作，1882 年回到英国后不久，他进入剑桥大学担任汉语教师，直至去世。作为一个汉语教师，除《语言自迩集》外，威妥玛还编写过《寻津录》、《问答篇》、《登瀛篇》和《文件自迩集》。关于作者的生平可参看 James C. Cooley①、顾亮②等人的研究，在此笔者不再赘言。

《语言自迩集》第一版共四册，由八个部分构成，其中第八部分包含了两个附录。

Ⅰ Pronunciation

Ⅱ The Radicals

Ⅲ San Yü Chang, The Forty Exercise

Ⅳ Wên-Ta Chang, The Ten Dialogues

Ⅴ Hsü San Yü, The Eighteen Sections

Ⅵ T'an-Lun P'ien, The Hundred Lessons

Ⅶ Lien-hsi Yen Shan P'ing Tsê Pien, The Tone Exercises

Ⅷ Yen Yü Li Lüo, The Chapter on the Parts of Speech

　　Supplement

　　APPENDICES containing all characters in PartsⅢ, Ⅳ, Ⅵ, and Ⅶ

作者在序言中，详细写明了该书的成书过程、选用的语料、发音系统的建立、教学方法等一系列问题，对读者有莫大的帮助。

威妥玛在序言中首先明确了《语言自迩集》选用了当时汉语的口语作为语料。该书的目的是帮助英国公使馆的见习翻译学习汉语，此外传教士或者商人也可以用这本书学习汉语。序言中还对每一章的内容进行了说明。第一章讲述的是汉语发音的内容，具体分为语音、语调和韵律三个部分，采用的语音是政府官员口语的发音而不是方言发音，因为政府官员的口语

---

① James Cooley, *T. F. Wade in China: Pioneer in Global Diplomacy 1842 - 1881*, Brill, 1981, pp. 1 - 160.

② 顾亮:《威妥玛与〈语言自迩集〉》，华中师范大学硕士学位论文，2009，第 8 ~ 17 页。

几乎能通行全国。第二章主要讲解汉字的"部件",也就是汉字部首,他在书中收录了 214 个汉字部首。第三章叫"散语章",分为 40 个部分,主要讲述汉字词汇。第四章叫"问答章",主要以一问一答的形式教授会话内容,共 10 个部分。第五章为"续散语章",是第三章内容的续编,共 18 个部分。第六章为"谈论篇",由 100 段对话组成。作者在书中还提到,第三章到第六章的内容是以当时中国本土的教材为底本编写而成的,内容都源自当地人的语言。第七章叫"练习燕山平仄篇",主要是学习北京官话语音声调的变化。第八章为"言语例略",主要是对汉语的词类问题进行分析,作者尝试总结汉语口语的语法规则,并试图用西方语言学的方法分析汉语语法。

在语言教学法方面,威妥玛也在序言中做了介绍:

The principle of Ahn and Ollendorf have popularized in Europe. [1]

这里提到的安和奥伦多夫两个人都是当时德国的语言教学学者,他们提倡的语法翻译教学法在当时较为流行。

最后,威妥玛还在序言中提到,用大约 12 个月学习这本书,任何一个学生均能熟练掌握汉语口语。

毫无疑问,在当时,采用威妥玛这种方法编写的汉语教科书是十分罕见的。

《语言自迩集》这本书在 1867 年出版后,于 1886 年出版了第二版,在 1903 年又出版了第三版。这本教科书不仅在当时西方汉语教学界被作为经典教材广泛地运用在汉语教学当中,在近代日本的汉语教学界也产生了极大的影响。《语言自迩集》不仅在当时被日本用于开展汉语官话教学,以这本书为底本,对其进行改编和创新的汉语教科书也很多。《语言自迩集》对日本近代汉语教育产生了极大影响,在日本汉语教育史上具有重要地位。因此笔者选择其为研究对象,对这一时期汉语被动句的发展变化进行较为全面的考察。另外,关于《语言自迩集》版本的研究可参照内田庆市等[2]的

---

[1] 内田庆市·冰野步『語言自邇集の研究(文化交渉と言語接触研究·資料叢刊 4)』好文出版、2015、528 頁。

[2] 内田庆市·冰野步『語言自邇集の研究(文化交渉と言語接触研究·資料叢刊 4)』好文出版、2015、5~96 頁。

研究，在此不再赘言。

（二）《语言自迩集》初版的被动句句型

在整理《语言自迩集》第一版中出现的被动句时，在对电子文本进行检索并对句型方面的语料逐项进行人工统计后，得到了以下结果：《语言自迩集》（1867）一共出现了 43 句被动句。从句型教学的视角出发，为了明确句型的标记，本文仅讨论以介词（"被""叫/教""给""让"等）为标记的被动句，不讨论一般的受事主语句。在分析《语言自迩集》的被动句时，不仅限于语法结构层面的讨论，也试图通过结合其表达功能来讨论被动句的句型。

《语言自迩集》是一本涵盖从发音到翻译的、包含初级到高级学习内容的汉语教科书。在整理前人研究的基础上，笔者拟出四种被动句的基本句型，来考察《语言自迩集》中汉语被动句的编写特征。

句型一：主语＋被/叫/给＋动词。句型一形态构成比较简单，其中介词"被/叫/给"是句型的标志。经过整理分析，在《语言自迩集》初版中没有一例由句型一所构成的被动句。

句型二：主语＋被/叫/给＋动词＋其他成分。同样，介词"被/叫/给"是句型的标志，其他成分可以是助词，可以是补语，也可以是宾语。在《语言自迩集》初版中同样没有此句型出现。

句型三：主语＋被/叫/给＋宾语＋动词。句型三形态结构相对于前两种较为复杂。其中，介词"被/叫/给"是句型的标志。可以说对于汉语初学者来说句型三是不太容易掌握的。例句如：

（1）从前在王大人那儿做门上，是被人的冤屈，说他私受银钱。[言9－257－8]①

（2）学了本事，长了才干，成了正经的事情的，叫人家敬重，那个可少啊。[谈47－177－8]

（3）他带着货物，捏报是行李，叫卡伦察出，全收入官。[散35－

---

① ［言9－257－8］表示在《语言自迩集》言语例略章第9部分第257页第8行。散语章＝［散］，问答章＝［问］，续散语章＝［续］，谈论篇＝［谈］，下同。

66－4]

    （4）背着人拏东西，不教人知道，是偷。[散21－52－3]

    《语言自迩集》初版中有11例由句型三所构成的被动句。出现的句子都是复句，没有单句。从句子中谓语动词的形式来看，双音节动词占了多数，出现了7例，单音节动词仅有4例。这个句型中谓语动词的宾语，都是第三人称代词，或是泛指，或是特指，没有出现第一人称代词或第二人称代词。表示被动的标记"叫"占了绝大多数，还出现了少见的被动标记"教"，现代汉语中常用的被动标记"被"反而是少数。

    句型四：主语＋被/叫/给＋宾语＋动词＋其他成分。句型四的形态结构类似句型三，只是谓语动词后有了其他句子成分。介词"被/叫/给"是句型的标志。

    （5）这件事情，任凭他是谁，总不可叫人知道了。[谈66－161－3]
    （6）连踪影儿都不见了，不知道叫谁偷了去略。[谈38－184－10]
    （7）呌他惦记着，着实劳你的驾。[问4－101－5]
    （8）庄稼都呌大水淹了。[续15－126－6]

    《语言自迩集》初版中有29例由句型四所构成的被动句。在句型四中谓语动词基本是单音节动词，双音节动词占少数，有5例。表示被动的标记仅有"叫/呌"。句型四中出现的以"叫"为标记的被动句多为复句，而以"呌"为标记的被动句多为单句，单句和复句同时出现了，不知当时编写者是否注意到这个问题。

    在上述句型之外，《语言自迩集》初版中还出现了三个特殊的被动句，分别是：

    （9）怎么呢，莫不是银钱被了窃。[问4－101－11]
    （10）我被你打，是那打为我所受的。[言9－257－6]
    （11）是父母行的，儿子为父母所养。[言9－257－5]

    例句（9）的构造是"被＋了＋动词"，这样的结构，在之前的教科书中并未出现过，在现代汉语中也不存在。笔者认为有可能是一个编写错误，但是在《语言自迩集》第二版①中出现了一模一样的句子，因此例句（9）可能是一个存在错误的句子。例句（10）和（11）则是以"为……所"式结构出现，这样的句型结构在古代汉语中较为常见，在现代汉语中不常见。

在《语言自迩集》初版中一共出现了43个被动句，如表1所示。

表1　《语言自迩集》（1867）中被动句句型一览

单位：个

句型类型	句型结构	例句数量
句型一	主语＋被/叫/给＋动词	0
句型二	主语＋被/叫/给＋动词＋其他成分	0
句型三	主语＋被/叫/给＋宾语＋动词	11
句型四	主语＋被/叫/给＋宾语＋动词＋其他成分	29
其他句型	"为……所"等	3

从表1中可以看到，明治早期《语言自迩集》（1867）中被动句的大致情况，同时可以窥见这一时期汉语教科书中被动句的一个全貌。首先，句型一和句型二这种构造相对简单的句型完全没有出现，这两种省略施事者（宾语）的句型没出现的原因可能是编写者并不是一个以汉语为母语者。句型三这种出现了施事者的句型是一个当时次常用的被动句句型，其中施事者多由第三人称代词构成，由第二人称所构成的句子仅有一句。看似结构最为复杂的句型四，实则可能是当时最为常用的被动句，几乎在全四册八部分内容中均有出现，由此可以推测本书编写者应是意识到了被动句的存在。

从整体上来看，这一时期汉语教科书中的被动句动词多为单音节动词，双音节动词在43个被动句中仅占13个。单音节动词作为被动句的谓语动词占多数这个特征正符合后来吕叔湘、刘月华等人对被动句的考察结论：被动句中"被"之后的动词一般多用单个动词，双音节动词使用的较少。其次，这一时期的汉语被动句标记与现代汉语恰好相反，标记多为"叫/呌"，

---

① 刘云、王洪君、郭锐编《早期北京话珍稀文献集成：语言自迩集》（第二版）卷一，北京大学出版社，2017，第147页。

而标记为"被"的仅有 4 句。除此以外，还存在由"教"和"为"等标记构成的被动句。

与这一时期的其他教科书或在中国编辑出版的报刊等对比，能更明确地表现出《语言自迩集》（1867）中被动句的句型特征，相关数据如图 1 所示。

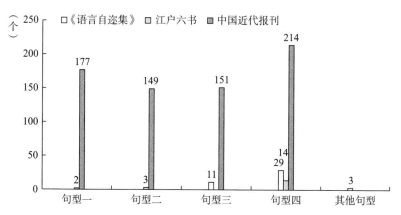

图 1 《语言自迩集》（1867）中被动句与江户晚期教科书及中国近代报刊对比情况

与江户六书①相比，在《语言自迩集》（1867）中句型一和句型二均完全消失；句型三从无到有，并且发展成为较常用的句型；占主流地位的仍然是句型四。被动句标记从"被/见"并存，演变成了"叫/呌"字占绝大多数、"被/教/为"等并存的状态。笔者认为被动句标记之所以这样变化是因为《语言自迩集》（1867）所收语言大多是口语，如果我们考察威妥玛的另一著作《文件自迩集》，有可能得出相反的结论。与这一时期中国出版发行的六种近代报刊②相比较来看，毫无疑问，句型四始终是这一时期的主流被动句，无论在日本教科书中还是在中国近代报刊中均占有最大的比例。与《语言自迩集》（1867）相反的是，中国近代报刊中句型一的数量仅次于句型四，排在第二位；句型三和句型二在数量上很接近，而在《语言自迩集》（1867）中句型二完全不存在。通过这样的结果，不难推测威妥玛在编

① 江户六书是指日本江户晚期所使用的六种汉语教材，它们分别是：《小孩儿》、《闹理闹》、《养儿子》、《汉语跬步》、《唐话纂要》和《官话纂》。这些教材出版时间不详，但均为江户晚期长崎唐通事学习汉语时所使用的教材。

② 中国近代报刊指 1833～1882 年出版发行的六种报刊，分别是：《东西洋考每月统记传》、《遐迩贯珍》、《六合丛谈》、《中西闻见录》、《寰宇琐记》和《益闻录》。其中《益闻录》仅收录 1878～1882 年的数据。

辑此书时忽略了汉语中这两种构造简单的句型，认为它们对当时汉语学习者来说，并不是一个必学的内容。

（三）《语言自迩集》初版被动句句型的表达功能

在考察《语言自迩集》初版中的被动句句型时，既要考察其句型结构，也要考察句型结构的表达功能。众所周知，汉语中所指的句型与欧美语言中所指的句型并不完全相同。从句型的角度来说，汉语中每一个句型都有特定的表达功能，是功能性句型，而不单纯是语法结构上所描述的句型。

一般来说，汉语使用不同的句型来表达陈述、疑问、命令等语气。关于汉语被动句的表达功能的研究，从笔者所调查的资料来看，才刚刚起步。例如，刘月华认为，"被"字句主要用于表达一个受事者受到某种动作行为的影响而有所改变，其中最常见的是用于对受事者或说话者来说是不如意、不愉快、受损害的情况。[①] 但是，王力注意到，"五四"以后，汉语受到了西洋语法的影响，被动式的使用范围扩大了，也就是说，被动式不一定限于不愉快或者不幸的事情。[②] 结合以往的文献资料，笔者认为，从"被"字的原型语义——"蒙受、遭受"义出发，现代汉语中的被动句至少包含以下几种表达功能：（1）表达不幸、不如意或者不期望的情况；（2）表达对客观事实性的强调，具有中性的、客观的色彩；（3）表达出乎意料的情况；（4）表达说话人等如意、愉快的意义。为了考察这四种表达功能在现代汉语中的使用状况，笔者以 BCC 语料库[③]介词"被"表达被动为基础，从报刊中随机抽取了 1000 个句子（其中有效的被动句为 916 句），分析后得出表 2 的数据。

表 2　现代汉语被动句的表达功能分布

单位：句

表达功能	不幸	客观强调	出乎意料	如意
数量	248	606	51	11

---

① 刘月华、潘文娱、故韡：《实用现代汉语语法》，商务印书馆，2001，第 754 页。
② 王力：《汉语史稿》，中华书局，2015，第 421 ~ 422 页。
③ 荀恩东、饶高琦、肖晓悦、臧娇娇：《大数据背景下 BCC 语料库的研制》，《语料库语言学》2016 年第 1 期。

从表 2 中可以看到，在现代汉语中表达客观强调功能的被动句是最多的，超过了 50％。表达被动句原型语义——不幸功能的仅排在第二，有 248 句。被动句中表达如意功能的句子是最少的，仅有 11 句。通过这样的分析，有助于厘清汉语被动句的句型与表达功能的发展历程。

经过整理分析，《语言自迩集》（1867）中 43 个被动句及其同时代的江户晚期汉语教科书和中国近代报刊中汉语被动句的表达功能，可以得到表 3。

表 3　《语言自迩集》（1867）、江户六书及中国近代报刊中被动句的表达功能分布

单位：句

表达功能	不幸	客观强调	出乎意料	如意
《语言自迩集》	36	6	0	1
江户六书	15	2	0	1
中国近代报刊	634	52	0	5

从表 3 中不难看出，以《语言自迩集》（1867）为代表的明治早期的汉语教科书中出现的被动句里，最多的是表达不幸功能的被动句，共有 36 句，表达客观强调功能的被动句出现了 6 句，表达如意功能的被动句仅有 1 句，表达出乎意料功能的被动句尚未出现。几乎处于同一时期的江户六书中的被动句也与《语言自迩集》（1867）的情况相似。此外，同一时期在中国出版的报刊当中所反映出的当时汉语被动句的情况也是如出一辙。和表 2 中现代汉语的情况对照来看，我们不难得出以下结论。首先，明治早期汉语教科书中的被动句依然是表达不幸功能的最多，而非现代汉语中表达客观强调功能的最多。从侧面印证了这一时期被动句的表达功能尚未发达。其次，用被动句来表达如意这一含义，明治早期的汉语教科书与现代汉语的情况相反，也就是说被动句虽可用于表达如意，但是无论古今，它在被动句中都是一个不常用的表达功能。最后，用被动句来表达出乎意料这一语义，与明治早期的汉语教科书相比较，现代汉语中被动句用于表达出乎意料功能的排在第三位，明治早期的汉语教科书及中国近代报刊当中尚未出现这一表达功能，说明汉语被动句用于表达出乎意料功能的产生和应用，不会早于明治早期。也就是说，明治早期的汉语教科书中出现的被动句的表达功能还处于扩展的进程中。

此外，从表 4 中，可以看到明治早期汉语教科书中被动句句型与表达功能的关系。句型四兼有表达不幸与客观强调的功能，但是最主要还是用于表达不幸，表达如意的仅有一句；句型一和句型二都没有出现与之对应的表达功能，简而言之被动句的句型与表达功能之间的联系还不够紧密。

表 4　《语言自迩集》（1867）中被动句句型与其表达功能分布情况

单位：句

表达功能	不幸	客观强调	出乎意料	如意
句型一	0	0	0	0
句型二	0	0	0	0
句型三	10	0	0	1
句型四	24	5	0	0
其他句型	2	1	0	0

三　小结

通过对《语言自迩集》（1867）中被动句句型及其表达功能的分析考察，可以得出以下几条结论。

《语言自迩集》（1867）是明治早期由来华外交官编写的汉语教科书，其内容经过了一定的人工干预，虽然并非完全的自然语料，但经过干预的教科书一方面保持了语言的准确性，另一方面也吸收了较为常用的内容，保证了外语学习的时效性。但是，从教科书中出现的被动句来看，也反映出了当时编写者的局限。如复句占绝大多数，单句数量偏少；仅出现了陈述句。也就是说，被动句在这一时期的汉语教师眼中，可能还不是一个必学的内容。

在考察《语言自迩集》（1867）中被动句句型及其表达功能时，可以看到这一时期被动句句型的一些特征。从被动句句型结构来看，句型结构看似简单的句型，却有可能是当时不常用的，如前文所述，句型一和句型二在教科书中均未出现。看似结构复杂的句型，实有可能是明治早期汉语中常用的被动句，编撰者无意识地编入了很多例句，并且有各种形式，如句型四中即有单句，也有复句。从教科书的整体框架来看，汉语被动句还处在一个无序的状态：没有一个有逻辑的出现顺序，被随意地编写在教科书各章节中。这样的特点也从侧面印证了当时编撰汉语教科书的人，仅从实用的角度出发，无序地编入了只为教科书对话内容服务的有限的被动句，尚未考虑汉语自身的特点。并且，由于《语言自迩集》（1867）的编写更多的是从会话口语的角度出发，被动句的编写依附会话内容，没有考虑被动句的难易度，即没有考虑学习者学习层次的问题，没有一个难易度的先后次序，仅仅根据课文会话内容，无序地插入被动句。从这些实际情况来看，与江户晚期的汉语教科书相比，《语言自迩集》（1867）并没有明显的变化，也就是说被动句仍然不是一个汉语教学的重点。从表达功能上来看，《语言自迩集》（1867）中出现的被动句的表达功能依然是表达不幸功能的被动句占绝对优势，表达其他功能的被动句已经出现，但从数量上来看还是少数。这一时期汉语被动句在表达功能上应该处于向现代汉语中的被动句过渡的过程之中。

The Bei-Construction in Mandarin Chinese Textbooks in early Meiji Period of Japan

A Case Study on the *YÜ-YEN TZŬ-ERH CHI*（1867）

Yang Xin

Abstract

When Japan had entered in the Meiji Era, a series of things has changed by the influence of Meiji Restoration. The Chinese education in Japan was also changed manifestly. In the 9th year of Meiji, the materials which were used to teach Chinese in Japan has moved from Naking Kuan Hua（南京官话）to Mandarin Chinese（北京官话）. From that time on, Chinese Language Education in Japan needs new textbooks written by Mandarin Chinese. Particularly, *YÜ-YEN*

TZǓ-ERH CHI (1867) has used widespread in Japan. *YÜ-YEN TZǓ-ERH CHI*, which was organized with conversations and some short articles, is an oral Chinese textbook used by Japanese in the early period of Meiji. As a preciously record of Mandarin Chinese in the early and mid-19th century, Bei-sentences in this textbook may help us find how the passive pattern changed in mid-19th century, and comparing with Modern Standard Chinese, is there any similarities and differences in it? As we known, *YÜ-YEN TZǓ-ERH CHI* is highly valuable, and also gets a significant position in research of both Mandarin Chinese and the history of Chinese Education in Japan.

Keywords

Sentence Pattern; *YÜ-YEN TZǓ-ERH CHI*; Chinese Textbook; Bei-Construction

晁德莅及其汉语语音系统初探

葛　松[*]

摘　要

意大利传教士晁德莅（1826～1902）于 1848 年来华，并一直寓居上海，在徐家汇传教。他著有《辣丁文字》（1869）、《中国文学教程》（1879～1882）等汉拉双语著作。晁德莅的《中国文学教程》一书，涵盖了多部中国传统典籍及各类文学经典，篇幅巨大，价值很高。笔者拟以其中对中文经典文献的罗马字注音以及第一卷最后附录部分的一个简单字典中的标音为研究对象，进行归纳与研究。从中可以大致窥探晁德莅的汉语语音拼写方案，并将其与当时的官话进行对比，以期探索其音系性质。

关键词

晁德莅　徐家汇　汉语语音　官话

一　晁德莅简介

（一）晁德莅的生平

晁德莅（Angelo Zottoli，也译作"晁德蒞"），1826 年生于意大利，1843 年加入天主教耶稣会，1848 年来华传教，并且成为第一位通过中国科举考试的欧洲人。1852～1866 年，他于上海徐汇公学（原圣依纳爵公学，

---

* 葛松，日本关西大学东亚文化交涉学博士，主要研究方向为汉语官话研究，邮箱：sylvie. ge. 333@ gmail. com。

St. Ignatius College for Chinese Christian）任教，并担任校长。

来到中国后，晁德莅熟读各类经典，中文造诣很高。同时，他通晓拉丁文，汉拉双语著作颇丰。如《辣丁文字》（*Institutio Grammatica*，1869）、《中国文学教程》（*Cursus Litteraturæ Sinicæ*：*Neo-missionariis Accommodates*，1879~1882）等。

据法国传教士史式微（J. de. Ca. Serviere）《江南传教史》记载，1872年8月，在天主教耶稣会江南教区郎怀仁主教和谷振声会长主持的徐家汇会议上，决定成立"江南科学委员会"。这项以徐家汇为中心的"江南科学计划"包含了自然科学、天文气象以及中国历史地理国情等各方面的研究。其中，晁德莅负责汉学的部分，为新来的传教士们提供学习汉语的课程教材。作者在《中国文学教程》一书的序言中写道："写作本教程的主要目的是为了让我们近来刚上岸的传教士们，无需花费大量精力，短时间内在中国研究方面有长足的进步，然后他们就有能力在我们学校中从事中国研究，进而尝试用中文写作。因此，我写作的目的是严肃传达中文的最精奥内核，而非给最有教养的欧洲读者们展示中国事物中的奇珍异宝。"①

（二）汉拉双语《中国文学教程》

《中国文学教程》共五卷，卷帙浩繁，内容丰富，可以被视作当时最为成功的拉丁译汉著作之一。其内容包括日常习语、戏剧、小说以及《周易》《论语》等。作者在第一卷的序言中提出了对整部教程的总体构想："教程分为五年：第一年入门班学习白话文，包括家规、杂居、传奇、小说、俗语选，所有这些都保持俗语或口语的风格。第二年初级班，学习《四书》，或者学习童蒙读物（Elementarios libellos）后，再学习《大学》《中庸》《论语》和《孟子》。第三年中级班，学习《五经》，包括全篇有注解的《诗经》和《尚书》，部分注解（散落于全书各处）的《易经》和《礼记》以及孔子《春秋》中很少的内容。第四年高级班，学习修辞风格，内容包括有关小词，（散）文选，《左传》选，各类牍简和各类典故。第五年修辞班，

---

① 司佳：《晁德莅与清代〈圣谕广训〉的拉丁文译本》，《复旦学报》（社会科学版）2016年第2期。

包括散文和诗歌，研读八股、时文、诗歌、赋词、各种铭文与对联。"① 根据之后其出版的五卷作品来看，其内容与此序文中的计划基本一致，作者达到了最初的目标。

书内表现形式几乎都是先引原文，然后在下面对一些作者认为有必要进行讲解的单字进行注音，注明拉丁文的释义，之后再给出一个总体的解说（见图1）。

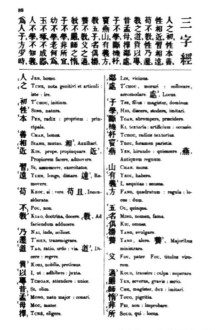

图1　《中国文学教程》表现形式示例

二　晁德莅在上海徐家汇

（一）晁德莅与徐汇公学

清道光三十年（1850），法籍耶稣会士南格禄在上海徐家汇开办了徐汇公学，吸收中国贫家子弟入学。初始，公学因奉圣依纳爵·罗耀拉（St. Ignatius of Loyola）为主保，故亦称"圣依纳爵公学"。这是法国天主教

---

① 拉丁译文转引自司佳《晁德莅与清代〈圣谕广训〉的拉丁文译本》，《复旦学报》（社会科学版）2016年第2期。

在中国创办的最早的教会学校，被誉为"西洋办学第一校"。徐汇公学在文化教育方面以治学严谨、教育质量高而闻名。学校有出色的师资队伍，初期校长晁德莅被誉为"整饬学务，卓著勤劳，至是人咸叹公之镇静毅力不可及也"。马相伯、马建忠、李问渔等均出其门下。

实际上，对于徐汇公学的创立，晁德莅也起了十分重要的推动作用。1849 年，江南遭遇水灾，民生维艰。徐家汇地区有人在万般无奈下，把无力抚养的孩童送到徐家汇天主教堂，请求徐家汇司铎收容并予以教育。时任徐家汇耶稣会院长的晁德莅慨然接收，临时拨茅屋数间以作教室。1850 年，孩童增至 31 人，"多优秀可教，遂成立学校"，取校名徐汇公学。① 公学以教授外国语闻名，其教员多为天主教耶稣会神父。国文教员在学校中也极为特殊，他们有的是清朝的举人，国学根底深厚，有的是同盟会的会员，有的是留洋归来的学者，知识渊博、见多识广。在课堂教学精炼到位的基础上，学校还以各种考核方式检测学生对所学知识的掌握程度。各种笔试、口试等测试系统都比较健全科学。在当时中国大部分的适龄孩童还在拜先生、进私塾、只诵读四书五经的情况下，徐汇公学就有了一套近乎完整的近代学校管理制度和教学考试制度，这可谓具有非凡意义。这些也可以从公学曾在报纸上刊登过的招生广告（见图 2）中读出，如："本公学宗旨向来中西并重，上午教授法文英文，下午华文。凡聪颖驯良子弟年在十一岁以上十四岁以下，有志来学者，请速至本公学报名。指定上午学习或英或法一国文字，下午专读华文。每年修缮金一百二十元，春秋两季，上学时先缴一半。"②

徐汇公学的各种课程设置也是比较完备的，除了必需的国文课程外，它的外文、音乐、美术、科学、体育等方面的教育在当时的中国教育界都处于领先地位。

在清咸丰二年（1852）之后长达 15 年的时间中，晁德莅一直担任徐汇公学校长一职。在此期间，公学教育事业发展稳定，为基督教会在华传教培养了许多能力很强的人才。晁德莅采用了在当时看来非常先进的办学理念，将中国的现实情况同西方的教学方式充分结合起来，把宗教教育同正式的文化教育结合起来，同时将宣扬基督教义和儒学正统思想并行，非常

---

① 引自上海档案信息网《徐汇公学》，http://www.archives.sh.cn/shjy/shzg/201406/t20140625_41068.html。

② 《徐汇公学正月十六日开学》，《申报》1905 年 2 月 14 日，第 11430 号，第 5 版。

图 2　《申报》刊登的徐汇公学招生广告

具有创造性与实用性。①

　　公学于 1859 年开始设立拉丁语课程，一些有志于做神父的中国学生便有机会学习拉丁文，他们被称为"拉丁生"。如著名的马相伯、马建忠兄弟二人便是拉丁生，并且成绩优秀。后来，蔡元培等还专门向马相伯请教拉丁文。

　　徐汇公学作为一个教会学校，其最初的最大的目的当然是传教和培养神职人员。晃德莅就曾阐述过徐汇公学的教育方针："经过长期与严肃的考验之后，我们才敢确认他们的圣召……为了教区的前途，物色征募神职人员，最重要的必须从热心传教和衷心服务方面去考虑。"同时，我们必须承认，公学也培养了中国近代第一批知识分子。

　　1920 年的一份统计资料显示，当年徐汇公学有学生 450 人，自 1859 年起，历年在校学生累计有 3800 余人，英才俊彦，代不乏人。并且，从公学毕业的许多优秀的学生，之后也都曾先后担任过该校的校长或教员，例如

---

① 刘钊：《意大利传教士晃德莅文化贡献浅析》，《兰台世界》2013 年第 18 期，第 34～35 页。

马相伯、李问渔、蒋邑虚、徐宗泽、沈礼门、沈荣斋、潘谷声、张家树等。一代又一代学生将自己习得的西方科技文化传播下去，为中国的近代教育做出了巨大的贡献。除此之外，还有其他方面的人才，例如马建忠、翁文灏、傅雷等，他们在各自的领域都取得了杰出的成就。

公学的杰出毕业生之一，当属近代中国著名的教育家、政治活动家马相伯。马相伯原名建常，后名良，字相伯，天主教圣名若瑟，1840 年 4 月 17 日生于江苏省镇江府丹阳县北乡的天主教村落马家村的一个信奉天主教的家庭。1851 年，年仅 11 岁的他秘密离家，进入徐汇公学就读。1862 年 5 月 29 日，耶稣会在徐家汇设立初学院，22 岁的马相伯入耶稣会，成为首批 11 名见习修士之一。1864 年 6 月 3 日，马相伯完成见习，发初愿，献身教会，后升入大修院，研习神学、哲学、数学及天文学等。1869 年，马相伯获得神学博士学位，并晋升为神父，被派往安徽宁国府（宣城）及江苏徐州一带传教。

马相伯热心教育事业。1872 年，他开始担任徐汇公学的校长。1903 年受耶稣会的资助，创立了震旦学院，这是中国第一所私立大学，由马相伯任校长。在他主持校务期间，震旦培养了许多精通中西学的有志青年。1905 年，因与外籍教士意见不合，马相伯得严复、袁希涛等人的资助，又创立了复旦公学（即复旦大学前身），取"复我震旦"之意，马相伯是首任校长，延请于右任、邵力子等任教。

其弟马建忠 7 岁随他共同进入徐汇公学学习，亦师从晁德莅。之后进入初学院继续深造，学习拉丁文、法文、英文和希腊文等，成了一位"善古文辞，尤精欧文，英、法现行文字以至希腊、拉丁古文，无不兼通"的学贯中西的新式人才。马建忠是清末洋务派重要代表、维新思想家、外交家、语言学家。他所编写的《马氏文通》，是第一部中国人编写的全面系统的汉语语法著作，对之后的汉语语法学界产生了巨大的影响。

晁德莅与马氏兄弟，尤其是马相伯有着深厚的友谊与师生之情。他对马氏兄弟产生了巨大的影响，并且通过他们长期而丰富的文化教育活动，间接地推动了近代中国教育、汉语语法等的发展。[①] 马相伯天资聪颖，学习勤奋，晁德莅对其厚爱有加。马相伯自己也称："我在同学中间，天资还不算坏，晁教习（名德莅，意人）很喜欢我，他教我各种自然科学，我非常

---

① 刘津瑜：《晁德莅、马氏兄弟和拉丁文》，《文汇报》2015 年 2 月 6 日，第 T11 版。

有兴趣，而我对于数学更特别喜欢。"

（二）晃德莅与徐家汇藏书楼

1847 年 7 月，耶稣会修院由青浦横塘迁至徐家汇，当时的传教士们搜集图书并专辟三间"修士室"用以藏书，这就是徐家汇藏书楼（Zi Ka Wei Bibliotheque）的雏形。藏书楼的创始人是南格禄，"然扩充此图书事业而确定其基础者，允为晃德莅和夏鸣雷两位司铎……然助二公发展此钜业者，为晃公高足马公相伯及李公问渔"①。

徐家汇藏书楼可以说是中国最早的西式图书馆。因为一般不接受外来的读者，只是供神父和修士们借阅书籍，并不是公共类型的图书馆，所以称为"藏书楼"。藏书楼的"大书房"（藏书室）改建于 1897 年，共两层，上层模仿罗马梵蒂冈图书馆样式，藏西文图书；下层模仿宁波天一阁样式，藏中文图书。至 20 世纪以前，藏书楼内收藏了拉丁、希腊、法、英、德、西班牙、葡萄牙、意大利等文字的外文图书 8 万余册，中文图书以古籍为主，总数达 12 万册，其中以 2100 余种各类地方志最为珍贵。加上耶稣会住院、天文台、各修院以及徐汇中学等的图书馆，耶稣会在徐家汇收藏了中西书籍 30 余万册。在商务印书馆"东方图书馆"（藏书 46 万册）毁于"一·二八"战火后，徐家汇藏书楼的藏书数量和质量都可称为上海各公私图书馆之最。② 对这些古今中外书籍的收集、保存也可以说是当时以晃德莅为首的耶稣会传教士们对中国文化的传承与进步做出的巨大贡献之一。

三　晃德莅的汉语语音系统初探

（一）《中国文学教程》语音系统

晃德莅最重要的著作应该就是五卷本拉丁文中文双语巨著《中国文学

---

① 《天主教在中国五大文化事业概况（一）徐家汇藏书楼》，《申报》1940 年 11 月 28 日，第 23973 号 9/12。

② 李天纲：《徐家汇—土山湾：上海近代文化的渊源》，《基督宗教研究》2011 年，第 29 ～ 47 页。

教程》，该书涵盖内容十分丰富，从《圣谕广训》到儒家经典，再到八股文的做法等，可谓包罗万象。其中，作者所节选的元杂剧、小说、诗歌、散文、碑铭、尺牍、官职歇后语、典故等都有拉丁文的介绍与选篇翻译，具有十分重要的研究价值。这是一部用来帮助来华传教士学习汉语的教程，被评为"虽体例芜杂，然拉丁文所译我国文学作品，就内容言，要不能不以此为最富也"①。

该书的第一卷（Lingua Familiaris）共 904 页，翻译、阐释了《圣谕广训》以及大量的中国古典戏剧（如《杀狗劝夫》《薛仁贵》）和小说（如《好逑传》《玉娇梨》）等。第一卷的附录部分，即第 797 ~ 904 页，则是一部较为精简的字典。作者按照 214 个部首排列，每个字给出罗马字母的注音以及拉丁文的简单释义（见图 3）。

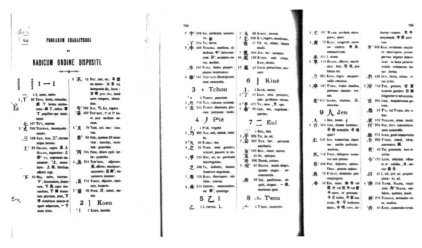

图 3　《中国文学教程》第一卷附录

每个汉字，采用四角标圈法，自左下角起按照逆时针方向在四个角做上标记，分别记录平、上、去、入四个声调。汉字左边的数字表示该字在所属部首的基础上增加的笔画数，以便于检索，例如"丈"左边的"2"代表其比部首"一"多了两画，下面的"三"笔画数相同则不再标注。汉字右边的数字表示该字在此卷正文中出现的页数，以便于读者查阅其使用语例。整个系统还是较为科学、可行的。

---

① 方豪：《方豪六十自定稿》（上），台湾学生书局，1969，第 27 页。

我们根据其对各字的罗马字注音，大致总结出了晁德莅的汉语拼音方案。

1. 声母

晁德莅的汉语声母体系如表 1 所示。

其中有一些比较特殊之处。首先，仍有明显的尖团区分①，例如：进（tsin）［精母］—敬（king）［见母］；前（t'sien）［清母］—谦（k'ien）［溪母］；想（siang）［心母］—项（hiang）［晓母］。其次，晁德莅的声母体系中存在鼻音声母［ng］。

表 1　晁德莅的汉语声母体系

p	p'	m	f
t	t'	n	l
k	k'	h	
ts／k	ts'／t's／ts／k'	h／s	
tch	tch'／t'ch	ch	j
ts	t's	s	
ng			

2. 韵母

晁德莅的汉语韵母体系如表 2 所示。

表 2　晁德莅的汉语韵母体系

e	i	ou	iu／yu
a	ia	oa／wa	
o		ouo／wo	
o／é	ié／yé		iué／yué
eul			
ai	iai	oai／wai	
ei		oei／wei	
ao	iao／yao		
eou	ieou／yeou		
an	ien／yen	oan／wan	iuen／yuen

① 李荣、丁声树认为，精组和见、晓组在细音前的读音不一致。

续表

en	in	oen/ wen	iun/yun
ang	iang/yang	oang/wang	
eng	ing	wong	
		ong	iong/yong

在韵母方面,有几点说明:(1)舌尖前和舌尖后的/ɿ/ʅ/都用/e/表示;(2)除了/i,in,ing/,其余的前面没有组合声母的齐齿呼音节都用半辅音/y/来起始;(3)除/ou/外,前面没有组合声母的合口呼音节都用半辅音/w/来起始;(4)有声母的合口呼音节,用/o/来表示韵头;(5)撮口呼音节,若前方有声母,用/iu/表示介音,若前方没有声母,则用/yu/起始。另外,这套语音系统还有一些特征,例如引入字母/ě/来表示介音导致的开口度介于/a/和/e/之间的一个韵腹音等。

3. 声调

分为平、上、去、入四声,用例如下:

声调方面的特征是保留了入声,但其入声并不体现在韵母的拼式中,而是单独使用调值标注的方式。

此外,还有一些读音较为特殊的字,例如:中古蟹摄开口二等牙喉音标作/iai/,如"解""诫";中古通摄三等/iong/有阳平读音,所以"容"读作/yong 平/;其他还有六/lou 入/、劣/liué 入/、学/hio 去/等。这些特殊读音都带有较为显著的南京官话语音特点。

(二)汉语官话语音

实际上对于历史上官话的标准音,学术界一直未成定论,目前一种主流观点是,"历史上的官话没有形成一个规范的标准音系","正音"只是"文人学士心目中的标准音,它纯粹是一种抽象的观念,没有一定的语音实体和它对应,因此,它只存在于理论上,而不存在于实际生活中"。①

---

① 耿振生:《明清音韵学通论》,语文出版社,1992,第 120 页。

明清时期中国当然也出过许多重要的传统音韵学著作，但是那些传统的韵书韵图都需要读者以十分深厚的音韵学功底为支撑，并且它们还存在反切记音模糊、依赖联系等较为复杂的地方。因此，我们可以换个观察角度，利用明清来华传教士的一些作品来研究当时的语音情况。

来华传教士编撰的汉语字典以及手册可以说是研究明清时期汉语语音、词汇、语法的重要资料。自16世纪初通往亚洲的海上航线开辟之后，西方传教士、外交官、商人等陆续来到中国，并由此开始了对汉语的深入接触。意大利汉学家马西尼曾经写道："几乎所有的著名西方传教士，从16世纪后半叶在菲律宾的早期奥古斯丁会，到利玛窦和道明会的黎玉范（Juan Bautista de Morales），以及1807年广州信教运动的奠基人罗伯特·马礼逊（Robert Morrison），他们都曾编撰汉语字典，乃至汉语语法手册。让人叹服的是，从16世纪初到19世纪，不到一千人的在中国的西方传教士写出了超过两百本汉语字典和汉语手册。"①

罗常培在研究耶稣会士对中国音韵学的贡献时也指出："1、用罗马字母分析汉字的音素，使向来被人们看成繁难的反切变成简易的东西；2、用罗马字母标注明季字音，使现在对于当时的普通音，仍可推知大概；3、给中国音韵学研究开出一条新路，使当时的音韵学者，如方以智、杨选杞、刘献廷等受到了很大的影响。"② 因此，当时西方传教士所编撰的汉外字典通过罗马字记音等形式，为我们提供了关于当时中国语音音系，或者说各个传教士所在地区实际使用语音音系的情况。

实际上语音并不可能是一个单纯的音系，它是会存在各种变体的。例如，从社会语言学的角度来分类，会有读书音和口语音等不同语音变体；从方言学的角度来分类，又会有各个不同地方的语音变体。

因此，我们需要认清不同作品记录的不同语音音系的实质归属。通过分析晃德莅使用的这套原创汉语语音系统，我们可以总结出他所记录的当时实际使用的语音。

近代汉语官话口语音有不同的地方变体，大致可分为南北两系。自麦耘研究近代南北韵书中/－m/韵尾消变时限的不同，并提出现代汉语共同语

---

① 卓新平：《相遇与对话》，宗教文化出版社，2003，第337页。

② 罗常培：《耶稣会士在音韵学上的贡献》，载《罗常培文集》第八卷，山东教育出版社，2008，第188页。

言音系应当分为南北两支起，汉语学界开始从语音系统的演变角度探索南北两系官话的差异。①

早期的历史语言学理论是建立在分化演变的模式上的，高本汉将历史比较法引入汉语语音史的研究之中，提出所有语言是从同一祖语分化出来，再各自独立发展的。他在《论汉语》中说："几乎所有现代分歧巨大的方言都能一个一个合理而系统地从《切韵》中导出。"可以看出，他没有注意到因方言接触而产生的语音之间的影响融合，他的观点并不符合语言历史发展的科学规律。

此后，中国的语言学家们不断引进新的语言理论来取代这些传统的观念，打破了语言系统同质的假说。例如，潘悟云在《语言接触与汉语南方方言的形成》中指出："汉语南方方言不是从北方方言中分化出来的，而是古百越语在北方语音的不断影响下，发生语言的混合，旧质不断消亡，新质不断增加而形成的。历次中原移民的南迁都在方言中留下影响，形成多个层次的叠加。"他在《竞争性音变与历史层次》中提出："历史层次分为两类，一类是由语言接触形成的，称为外源性历史层次；一种是语言系统内部由于滞后音变而产生的层次，这个层次是方言内部音变的词汇扩散形成的，称为内源性历史层次。"

（三）晁德莅音系性质问题

首先，为了实现其著书的初衷，即培养新上岸的传教士以便传教，晁德莅应当选用了他所认为的汉语标准语音，或者说官话语音，来编写教程。其次，通过之前对其使用的汉语音系的总结我们可以看出，他的注音中有许多南京官话特有的语音，但是也有一些例外。所以，他所标记的汉语音系的从属问题值得我们进一步探讨。并且，这也可以帮助我们还原当时的官话语音使用情况。

同赵元任以及黄典诚的相关研究做对比，我们可以发现晁德莅的这套语音体系与南京官话音系既有相同之处也有相异之处。

例如，赵元任总结了南京官话的性质，从大的分类来看，在声母方面主要有三点：（1）l、n 不分，都并入 l；（2）j、ch、sh 跟 tz、ts、s 不混；

---

① 董建交：《明代官话语音演变研究》，复旦大学博士学位论文，2007，第 8 页。

（3）没有 ng 母，别处用 ng 母的都用元音起头。在韵母方面有四个特点：（1）en、eng 不分，都作 eng，in、ing 不分，都作 ing；（2）an、ang 不分，都作 ang，uan、uang 不分，都作 uang；（3）o（渴）、e（客）不混；（4）有 o 而没有 uo。在声调方面，有阴、阳平，上、去各一种，有入声。①

黄典诚在研究 1888 年版罗马字版南京官话《圣经》时，也总结了一些南京官话的语音特点，包括：（1）尖团区分明显；（2）中古庄精两组声母有时不分；（3）中古蟹摄开口二等见系今南京还读 iai；（4）中古果摄一等不分开合均作 o；（5）中古流摄一等读作 eo；（6）"容""荣"读 iung，不作 rung；（7）单元音有入声韵；（8）"没有"说为 muh-iü，"给予"说为 kihü，古入声字无如北京之有读复合元音者。②

对比晁德莅的语音体系，可以看出：其声母系统性质与赵元任所述南京官话声母性质第二点相同，而与第一、三点不同。韵母方面，晁德莅的前后鼻音韵是有区分的，o、e 混用；o、uo 都有，但是有混用的情况。其音系与黄典诚总结的南京官话特征也有部分相符。

在声调方面，由于是用书面上的四角标圈法来记录的，只能确认在这个音系中存在平、上、去、入四声。具体每种调类是否分阴阳，或是调值究竟是怎样的，则比较难以判断。

所以，我们认为晁德莅所记录的汉语音系既不是纯粹的南京官话音，也不是纯粹的北京官话音。

正如叶宝奎所说，"官话音的客观性是不容置疑的。当然由于政治、经济、文化、教育等诸多因素的制约，明清时期的官话音还不够规范，也很不普及。官话音到了不同地区，会在不同程度上受当地方音的影响，形成不同的区域性变体，这也是事实"③。

根据之前的分析，晁德莅所记音系有许多明显的北方官话特征，如边音和鼻音声母的区别清楚、前后鼻音韵母可分等。但是，这套语音系统显然也具有许多北方官话所没有的语音特征，例如区分尖团音、有入声韵等。所以，我们认为这可能是一个混杂的音系，是晁德莅根据当时他自己感受到的周围中国人使用的、他认为标准通用的语音记录下来的一个实际

---

① 赵元任：《南京音系》，《科学》1929 年第 13 卷第 8 期。
② 黄典诚：《一百年前汉语官话初探》，中国语言学会第四届年会，1987 年 12 月。
③ 叶宝奎：《谈清代汉语标准音》，《厦门大学学报》（哲学社会科学版）1998 年第 3 期。

的音系。

四 小结

作为晚清著名的传教士之一，晁德莅虽然最初是带着传播天主教的目的来到中国的，但可以说对旧中国的近代新型教育事业产生了很大的影响。他拥有较高的语言文化素养、非凡的拉丁文修养以及对教育事业非常热爱，对当时的中国人才培养做出了巨大的贡献。

关于汉语语音方面，首先我们需要将标准音，也就是所谓的正音，与不同地区、不同阶层的人们使用官话时的实际语音区别开来。当然，这种区别并不是在否认标准音的存在，但是研究者需要看到其现实生活中可能存在的个性。类似晁德莅的当时的西方来华传教士们，在编写词典、手册时的初衷大多是为后来的传教士介绍、传授在平日可以使用的标准汉语，以便其传教等行为更加顺利地进行。因此，我们认为他们所记录下来的语音系统可以看作当时真正被广泛使用的汉语语音。

Angelo Zottoli and His Chinese Phonetic System

Ge Song

Abstract

Angelo Zottoli (1826 – 1902), an Italian missionary, came to China in 1848 and has been living in Shanghai. He has authored *Institutio Grammatica* (1869), *Cursus Litteraturæ Sinicæ*: *Neo-missionariis Accommodates* (1879 – 1882), and etc. His *Chinese Literature Sinicæ* covers many traditional Chinese books and various literary classics. We intend to take the phonetic transcription of Roman characters for Chinese classics and the phonetic transcription in a simple dictionary at the end of the first volume as the research objects, and from which, we can get the Chinese phonetic spelling in this book, and compare it with the Mandarin at that time, in order to analyze its phonological nature.

Keywords

Angelo Zottoli; Xujiahui; Chinese Phonetic; Mandarin

图书在版编目（CIP）数据

　　亚洲与世界. 第3辑／李雪涛，（日）沈国威主编
. —— 北京：社会科学文献出版社，2020.9
　　ISBN 978 - 7 - 5201 - 7193 - 9

　　Ⅰ.①亚…　Ⅱ.①李…②沈…　Ⅲ.①亚洲 - 研究
Ⅳ.①D73

　　中国版本图书馆 CIP 数据核字（2020）第 164127 号

亚洲与世界　（第 3 辑）

主　　编／李雪涛　［日］沈国威

出 版 人／谢寿光
责任编辑／史晓琳
文稿编辑／许文文

出　　版／社会科学文献出版社·国际出版分社（010）59367142
　　　　　　地址：北京市北三环中路甲 29 号院华龙大厦　邮编：100029
　　　　　　网址：www. ssap. com. cn
发　　行／市场营销中心（010）59367081　59367083
印　　装／三河市尚艺印装有限公司

规　　格／开本：787mm × 1092mm　1/16
　　　　　　印 张：17.75　字 数：285 千字
版　　次／2020 年 9 月第 1 版　2020 年 9 月第 1 次印刷
书　　号／ISBN 978 - 7 - 5201 - 7193 - 9
定　　价／98.00 元